I0817988

Granny Squares

PATRONES DE GANCHILLO CLÁSICOS Y MODERNOS

Granny Squares

PATRONES DE GANCHILLO CLÁSICOS Y MODERNOS

Katy Mitchell

Contenido

Nociones esenciales

Antes de lanzarte a tejer tu primer cuadrado de ganchillo, familiarízate con todo lo que necesitas saber y busca inspiración en la multitud de ideas para utilizar tus cuadrados que te propone este libro.

Primeros pasos

Los *granny squares*, los cuadrados tradicionales, son unas de las piezas de ganchillo más populares. La razón es muy sencilla: son fáciles y rápidos de tejer, además de increíblemente versátiles.

Con los años, los sencillos cuadrados de ganchillo que tejían nuestras abuelas han evolucionado desde unos pocos diseños hasta un número casi incalculable de estilos y modelos. Los que se muestran en este libro son ideales para tejedores de todos los niveles y te permitirán ampliar la gama de tus cuadrados con una gran variedad de texturas, colores y temas divertidos y creativos.

PUNTOS BÁSICOS

Para seguir con éxito las instrucciones de los cuadrados, lo primero que necesitas es conocer los puntos de ganchillo básicos, que aparecen en los patrones de este libro. Los puntos más comunes son estos cuatro. A lo largo de capítulos posteriores se muestran algunos puntos especiales más.

La terminología del ganchillo puede diferir o variar según los países y regiones. En este libro se han utilizado los términos más habituales y recogidos en el Diccionario de la Real Academia de la Lengua Española.

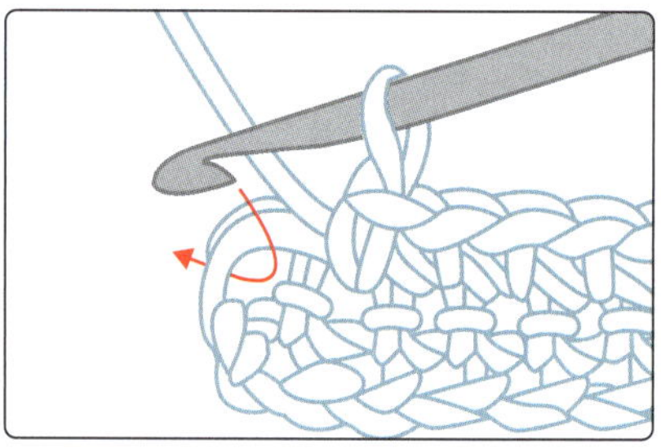

Punto bajo (pb)

Inserta el ganchillo en un punto, echa el hilo y sácalo a través del punto, echa el hilo de nuevo y sácalo a través de las dos lazadas que tienes en el ganchillo.

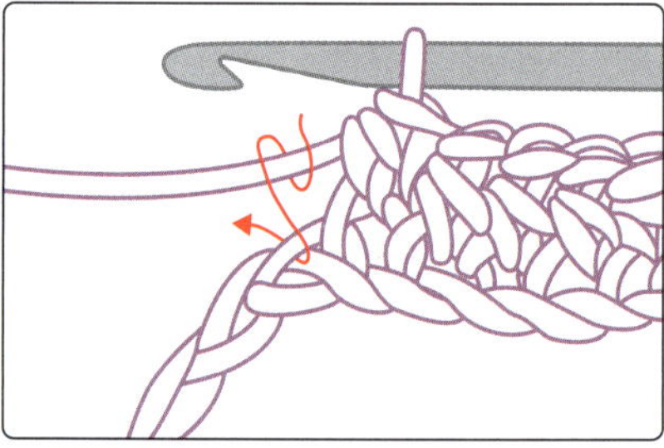

Medio punto alto (mpa)

Echa el hilo e inserta el ganchillo en un punto, echa el hilo y sácalo a través del punto (quedarán tres lazadas), echa el hilo y sácalo a través de todas las lazadas del ganchillo.

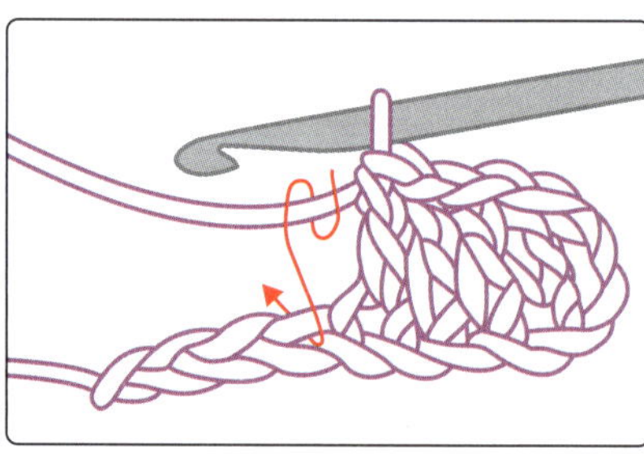

Punto alto (pa)

Echa el hilo e inserta el ganchillo en un punto, echa el hilo y sácalo a través del punto (quedarán tres lazadas en el ganchillo), echa el hilo y sácalo a través de las dos primeras lazadas, echa el hilo y sácalo a través de las dos últimas lazadas.

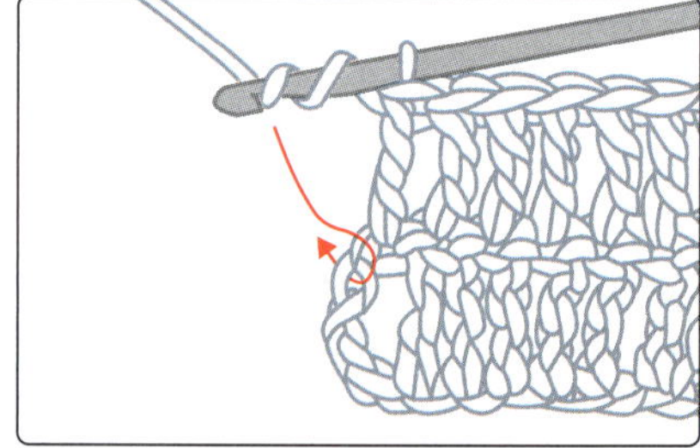

Punto alto doble (pad)

Echa el hilo dos veces e inserta el ganchillo en un punto, echa el hilo y sácalo a través del punto (quedarán cuatro lazadas), echa el hilo y sácalo a través de las dos primeras lazadas, repite a través de las dos lazadas siguientes y finalmente a través de las dos últimas lazadas.

CÓMO EMPEZAR UN CUADRADO

Para empezar un cuadrado (o una aplicación) tejido en redondo, es decir, en vueltas circulares, puedes usar el método del anillo de cadeneta, que es el que se utiliza en este libro, o el del anillo ajustable o «mágico». Algunos cuadrados de este libro también se tejen en vueltas rectas.

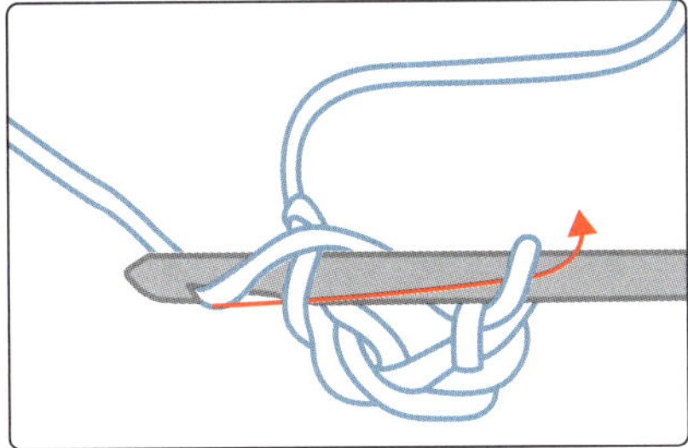

Anillo de cadeneta

Para empezar un cuadrado con este método, teje el número de cadenetas indicado (tres, si no se especifica otro) y un punto raso en la primera cadeneta para crear un pequeño anillo en el que podrás tejer los puntos de la primera vuelta circular.

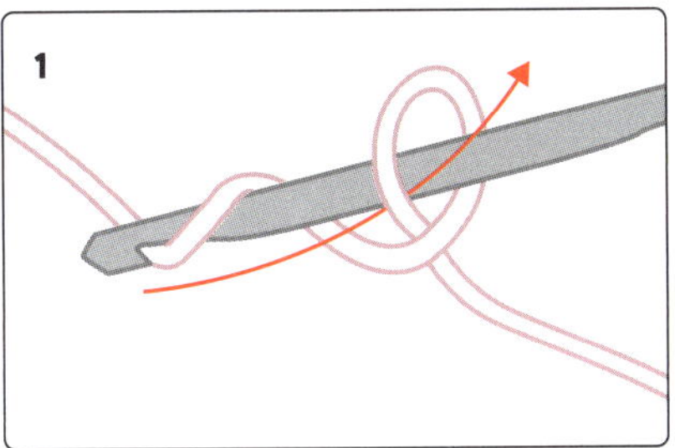

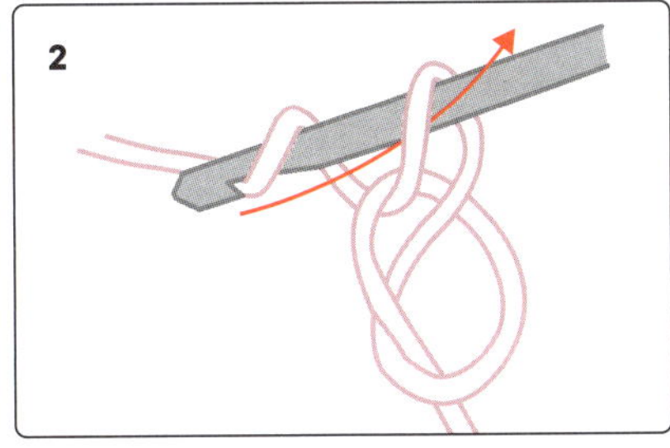

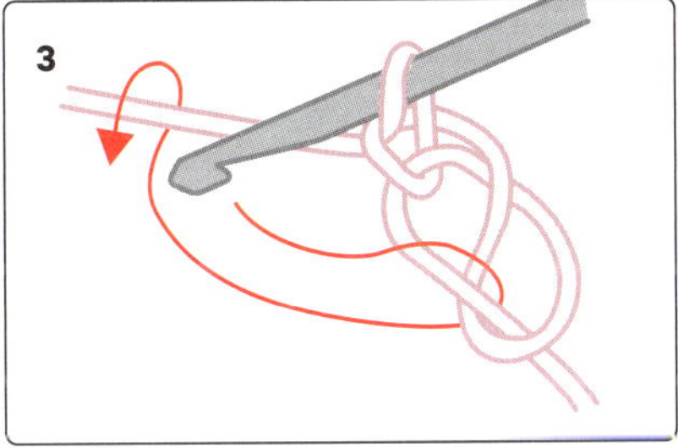

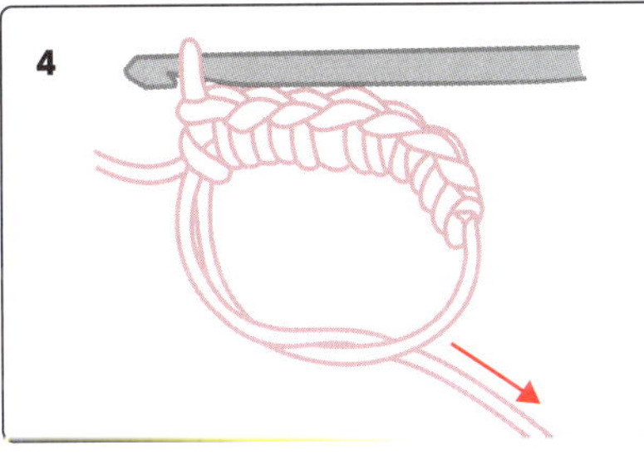

Anillo ajustable

Si lo prefieres, puedes sustituir el anillo de cadeneta por un anillo ajustable, o anillo mágico.

1 Forma un anillo con el hilo, inserta el ganchillo en el anillo, echa el hilo y sácalo a través de él.

2 Sin apretar el anillo, teje el número de cadenetas indicado en las instrucciones.

3 Teje los puntos de la vuelta 1 en el anillo y sobre el cabo suelto.

4 Una vez completados los puntos de la vuelta 1, tira suavemente del cabo suelto para cerrar el anillo.

Tejer en vueltas rectas

Para tejer un cuadrado en vueltas rectas, empieza simplemente haciendo el número de cadenetas indicado y luego teje los puntos en las cadenetas para crear la primera vuelta. Para comenzar una nueva vuelta, haz una cadeneta y gira la labor para volver a tejer a lo largo de los puntos anteriores.

Los cuadrados tejidos en vueltas rectas se suelen acabar añadiendo una vuelta de borde tejida en redondo para enmarcarlos y pulir los lados.

GANCHILLOS E HILOS

Los cuadrados que se muestran en este libro se han tejido con un hilo de grosor medio y un ganchillo de 3,5 mm (número E/4 en EE. UU.) y miden aproximadamente 14,5 cm (5¼ in) de lado, aunque esta medida puede variar según la tensión (cuán prieto hagas el punto).

Si lo deseas, usa un ganchillo más grueso para obtener un tejido más abierto y con más caída (así el cuadrado quedará un poco más grande) o un ganchillo más fino para obtener un tejido más tupido (el cuadrado será más pequeño).

Para tejer cuadrados de distinto tamaño también puedes utilizar un hilo de distinto grosor (más fino para obtener cuadrados más pequeños o más grueso para hacerlos más grandes), pero recuerda adecuar el tamaño de tu ganchillo según el hilo que elijas (p. 23).

Leer los patrones

En las instrucciones escritas de los patrones se utilizan abreviaturas para que resulten más cortas y concisas, mientras que los esquemas y gráficos proporcionan una referencia visual mientras se trabaja. Estos pueden parecen confusos al principio, pero una vez te familiarices con ellos los interpretarás fácilmente de un vistazo.

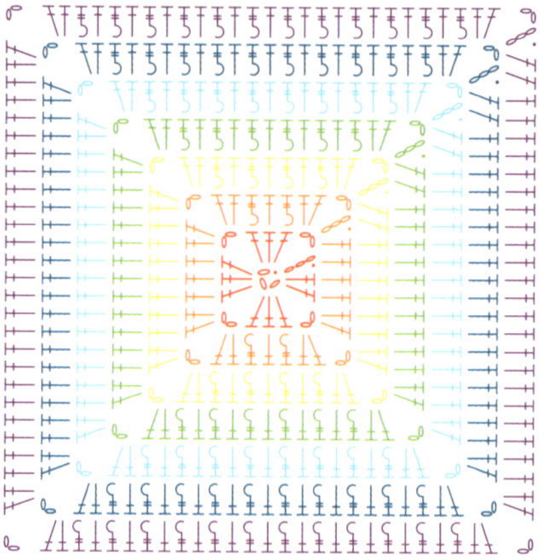

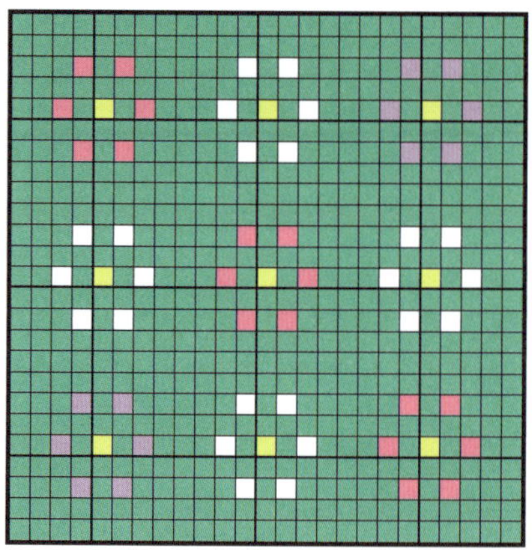

ESQUEMAS

Muchos patrones de este libro van acompañados de esquemas que representan el cuadrado terminado mediante los símbolos de los puntos (p. 11) dispuestos según el diseño. Estos esquemas constituyen una guía visual que puede ser más fácil de seguir que las instrucciones escritas, a las que puede sustituir, y que siempre se puede consultar ante cualquier duda.

GRÁFICOS

En algunos casos, las instrucciones escritas se acompañan de un gráfico cuadriculado en vez de un diagrama.

Cuando se trata de un patrón a punto de tapiz (p. 82) o con madroños (p. 58), cada cuadro representa un punto determinado.

EJEMPLO DE VUELTA ESCRITA

5 pb, 2 mpa, 5 pb, [2 pb, 2 c, 2 pb], rep de * a * tres veces más...

= Teje 1 punto bajo en cada uno de los 5 puntos siguientes, 1 medio punto alto en cada uno de los 2 puntos siguientes, 1 punto bajo en cada uno de los 5 puntos siguientes, luego teje 2 puntos bajos, 2 cadenetas y 2 puntos bajos en el siguiente punto y repite las instrucciones desde el primer asterisco hasta el segundo asterisco otras tres veces.

Clave de los puntos

punto raso (pr)

cadeneta (c)

punto bajo (pb)

medio punto alto (mpa)

punto alto (pa)

punto alto doble (pad)

(punto) en relieve por delante (-rdel) *

(punto) en relieve por detrás (-rdet) *

(punto) tejido por detrás (-det)*

(punto) tejido por delante (-del)*

madroño (m)

racimo (r)

garbanzo (g)

borla (b)

punto en V (V)

*Estos símbolos y abreviaturas se usan añadidos a los símbolos y abreviaturas de los puntos básicos para modificarlos (por ejemplo, pbrdel significa «punto bajo en relieve por delante»).

OTRAS ABREVIATURAS Y SIGNOS

esp = espacio (s)

esp-c = espacio de cadeneta (o cadeneta al aire

p = punto (s)

rep = repite/repetición

rest = restante (s)

[ ] Los corchetes indican que todos los puntos e instrucciones que aparecen entre ellos deben realizarse en el mismo punto. Por ejemplo, [2 pb, 1 c, 2 pb] quiere decir que hay que tejer 2 pb en el punto siguiente (o en el que se especifique), 1 cadeneta y luego 2 pb en el mismo punto que los 2 pb primeros.

Las instrucciones que aparecen fuera de los corchetes se refieren a puntos individuales. Por ejemplo, 3 pb quiere decir que hay que tejer 1 pb en cada uno de los 3 puntos siguientes.

Las repeticiones se indican entre asteriscos (*) o, cuando hay múltiples repeticiones dentro de una vuelta, entre llaves (**{ }**).

Acabado y estirado

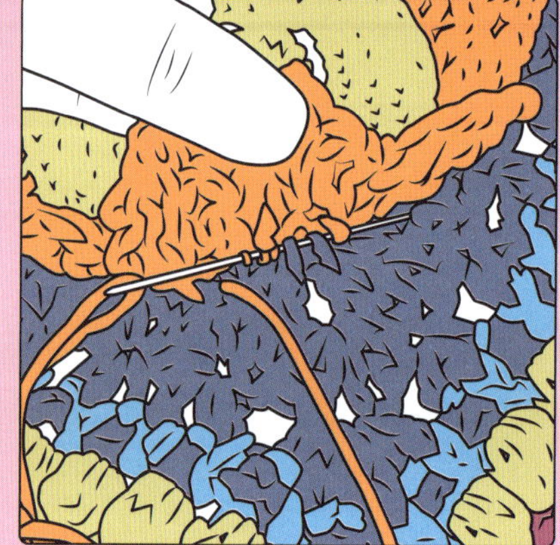

REMATAR LOS CABOS SUELTOS

Tras completar cada cuadrado, debes rematar el cabo o extremo del hilo que queda suelto para evitar que el cuadrado se deshaga. Para ello necesitarás una aguja de zurcir o de coser y unas tijeras para cortar con cuidado el hilo sobrante.

Enhebra el cabo suelto en la aguja, pásalo alternativamente a través de varios puntos en una dirección y tira de él para que no abulte al principio. Luego vuelve a pasarlo a través de los mismos puntos en dirección contraria. Al pasarlo en dos direcciones distintas, entrecruzándolo consigo mismo, quedará más seguro y será menos probable que se suelte.

APLICACIONES

Algunos cuadrados llevan instrucciones para añadirles aplicaciones, es decir, pequeñas piezas que se les cosen una vez acabados (p. 97). Al completar estas piezas conviene rematar dejando un cabo suelto lo suficientemente largo para poder enhebrar una aguja y coserlas al cuadrado. Utilizando este cabo largo para coser la aplicación se evita hacer un nudo para añadir una nueva hebra, que formaría un bulto.

Al coser, ten cuidado de abarcar con la aguja solo la parte anterior de los puntos del cuadrado y la posterior de los puntos de la aplicación para que la costura no se vea por detrás del cuadrado o por delante de la aplicación. Evita coser con un sobrehilado (p. 15), ya que esto haría que las piezas abultaran y deformaría la aplicación.

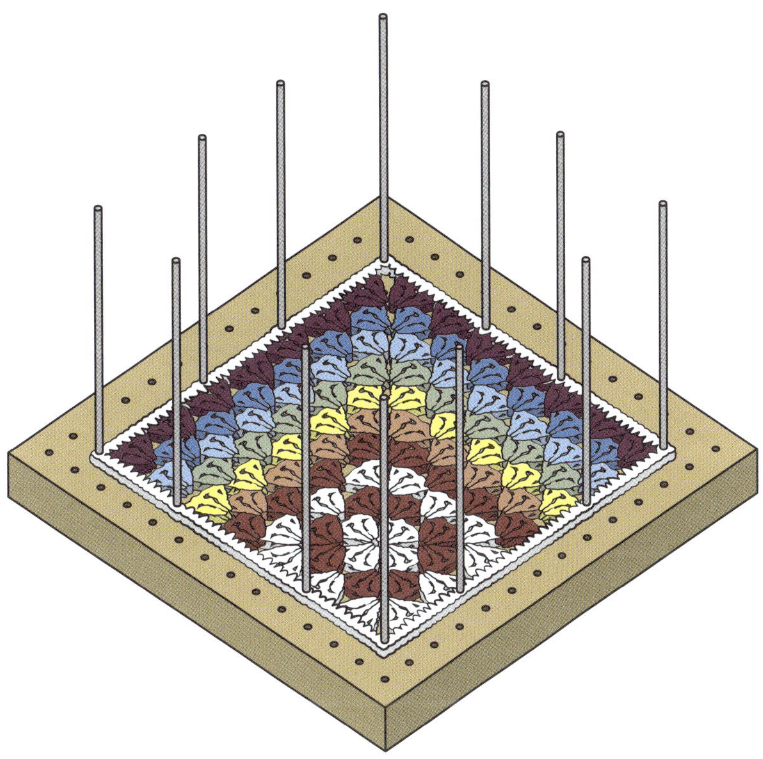

ESTIRADO

Debido a los diferentes puntos utilizados, el tamaño de los cuadrados puede variar, aunque si los has tejido todos con un ganchillo del mismo número y un hilo del mismo grosor es probable que no notes una gran diferencia. Para conseguir que tus cuadrados sean uniformes puedes optar por estirarlos.

El estirado generalmente requiere humedecer la labor, darle forma de modo que tenga las dimensiones o el tamaño deseados, prenderla con alfileres y dejarla secar. Si los cuadrados llevan detalles añadidos, como aplicaciones cosidas, es conveniente estirarlos previamente, a fin de darles su verdadera forma antes de decidir cómo colocar y añadir las piezas.

En primer lugar, humedece la labor (tras consultar las instrucciones de cuidado del hilo), ya sea sumergiéndola en agua fría o templada y estrujándola suavemente para escurrirla, o rociándola con un vaporizador con agua limpia, o incluso lavándola en la lavadora.

Cuando aún esté húmedo, estira el cuadrado dándole forma. Para ello puedes colocarlo en un marco (arriba) insertando palillos o alfileres en las cuatro esquinas y a intervalos regulares en cada lado. También puedes sujetarlo con alfileres sobre una alfombrilla de gomaespuma (como una esterilla de gimnasia o de juego infantil). Recuerda que siempre hay que usar alfileres inoxidables para evitar manchas anaranjadas de herrumbre.

Una vez colocado el cuadrado, déjalo secar por completo antes de retirarlo del marco o la alfombrilla.

Cómo unir los cuadrados

Uniendo tus cuadrados podrás crear algo realmente especial. Existen varias maneras de unirlos, según el aspecto que busques o el método que prefieras.

ORDEN DE UNIÓN

La manera más eficiente de unir los cuadrados es en filas.

Primero ordena los cuadrados según tu plan de composición. Une los de la primera fila de izquierda a derecha con el método preferido (p. 15), repite con los de la segunda fila y luego une la primera y la segunda filas de manera continua. Después, une todos los cuadrados de la tercera fila y cose esta a la segunda. Repite con todas las filas siguientes hasta unir todos los cuadrados.

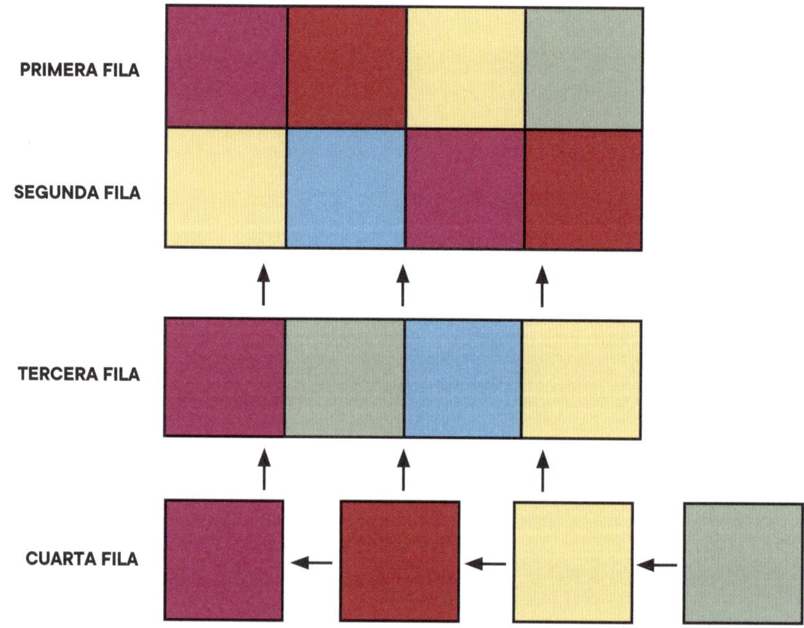

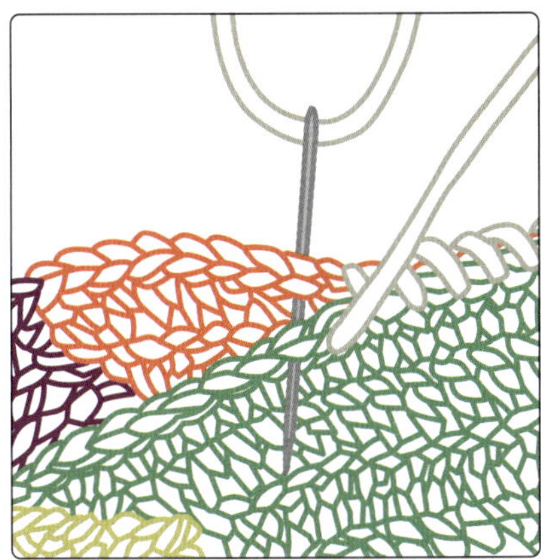

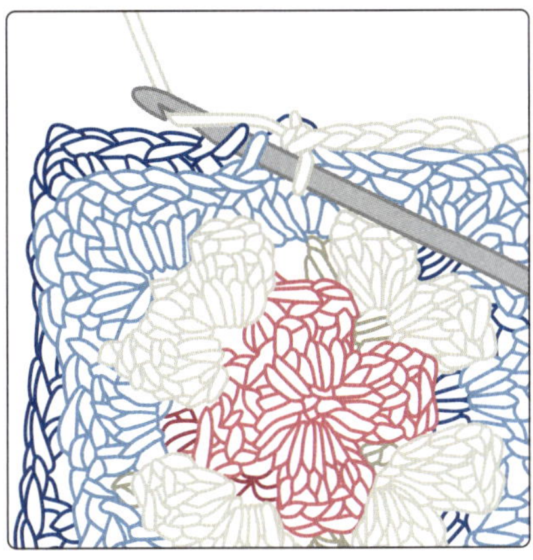

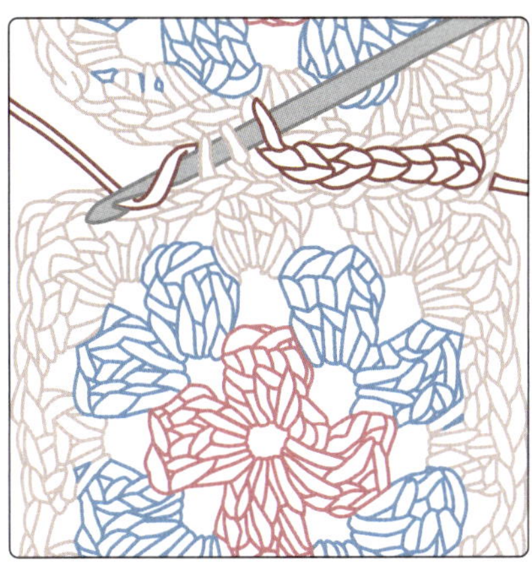

SOBREHILADO (O PUNTO POR ENCIMA)

Este punto de costura crea una unión sutil que solo es ligeramente visible si usas un hilo a tono con los puntos de borde.

Coloca dos cuadrados juntos encarados derecho con derecho, alineando los puntos. Empezando por una esquina, pasa la aguja a través de las dos hebras de la parte superior de dos puntos adyacentes para hacer las puntadas. No tires demasiado fuerte del hilo, o los cuadrados se fruncirán.

A PUNTO BAJO

Este sencillo método produce un acabado sin huecos que apenas se nota en el derecho de la labor, pero crea una línea en relieve en el revés. En la p. 134 puedes ver un ejemplo de una prenda unida de esta manera.

Empieza juntando los dos cuadrados derecho con derecho. Empalma el hilo en una esquina, inserta el ganchillo a través de las dos hebras de la parte superior del primer punto de ambas piezas y teje un punto bajo. Continúa tejiendo a lo largo del borde hasta el final, atravesando ambas piezas con cada punto, y remata.

Si prefieres que la línea en relieve quede en el derecho de la labor para añadir un detalle tridimensional en torno a los cuadrados, únelos encarados por el revés. Puedes ver un ejemplo de artículo unido de esta manera en la p. 148.

A PUNTO RASO

A punto raso se obtiene una unión visible en el derecho (algo menos si se usan hilos de colores a tono), pero sin la línea en relieve del punto bajo y gastando menos hilo.

Coloca dos cuadrados juntos lado a lado, con el derecho hacia ti. Inserta el ganchillo de delante atrás en la hebra posterior de la segunda cadeneta de esquina del cuadrado derecho y luego de delante atrás en la hebra posterior de la misma cadeneta del cuadrado izquierdo (quedarán dos lazadas en el ganchillo). Pon un nudo corredizo en el ganchillo y sácalo por las dos lazadas: así se completa el primer punto raso.

Después, inserta el ganchillo de delante atrás en la hebra posterior del siguiente punto del cuadrado izquierdo y luego de delante atrás en la hebra posterior del siguiente punto del cuadrado derecho (quedarán tres lazadas en el ganchillo). Echa el hilo y sácalo por las tres lazadas para completar el siguiente punto raso. Continúa alternando la inserción del ganchillo en el cuadrado derecho y el izquierdo. En el siguiente espacio de 2 cadenetas, haz el punto raso a través de la primera cadeneta de cada esquina.

Cómo usar tus cuadrados

Hay muchas maneras de usar los cuadrados de ganchillo tradicional. Saca partido a tus cuadrados y demuestra tu creatividad confeccionando desde mantas y jerséis hasta maceteros colgantes.

Mantas

La primera labor ideal para utilizar tus cuadrados de ganchillo es una manta o un cubrecama: este es tradicionalmente su destino.

Añadiendo un ribete darás a tu manta un aspecto más pulido. La manera más sencilla de hacerlo es tejer una vuelta más alrededor de toda la manta del mismo modo que alrededor de cualquier cuadrado (p. 23).

Convierte tu manta en un tapiz para decorar tu casa empalmando un hilo a las esquinas superiores y tejiendo algunos puntos de cadeneta, o fijando un listón a lo largo del borde superior.

TAMAÑOS DE MANTA

Las mantas pueden ser de cualquier tamaño. Esta tabla te dará una idea del número de cuadrados necesarios para diversas mantas, suponiendo que cada uno mida 15 × 15 cm (6 x 6 in). Si vas a tejer con un hilo más grueso (p. 23), tendrás que calcular cuántos necesitarás dividiendo el largo de cada lado por el largo de cada cuadrado.

Tipo de manta	Cuadrados	Cuadrados totales	Tamaño (sin ribete)
Cochecito de bebé	6 × 6	36	90 × 90 cm (35½ × 35½ in)
Pequeña	8 × 10	80	120 × 150 cm (47 × 59 in)
Individual	11 × 15	165	165 × 225 cm (65 × 88½ in)
Mediana	13 × 15	195	195 × 225 cm (77 × 88½ in)
Grande	15 × 17	255	225 × 255 cm (88½ × 100½ in)
Extragrande	17 × 18	306	255 × 270 cm (100½ × 106½ in)

Fundas de cojín

Para confeccionar una funda de cojín teje tres piezas como las que se muestran abajo. Coloca las dos piezas traseras sobre la pieza delantera encaradas por el derecho (D) y únelas por los cuatro lados. Vuelve la funda del derecho, introduce el relleno de cojín por la abertura que queda entre las dos piezas traseras y luego cose la abertura o añade presillas y botones para cerrarla.

SÍMBOLOS (PP. 17-22)

- —— unir
- ◇◇◇◇◇ coser
- - - - doblez
- × asa
- • • • cadeneta

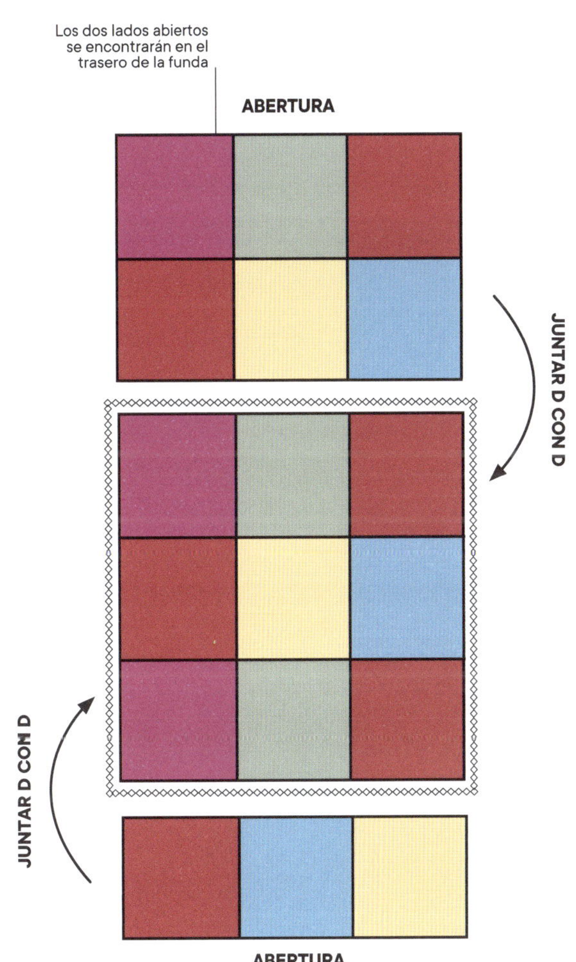

Funda de cojín de 60 × 60 cm (24 × 24 in)

Delantero: 4 × 4 cuadrados (16 en total)
Trasero: 2 piezas de 4 × 2 cuadrados (8 por pieza)
Total: 32 cuadrados

Funda de cojín de 45 x 45 cm (18 × 18 in)

Delantero: 3 × 3 cuadrados (9 en total)
Trasero superior: 3 × 1 cuadrados (3 en total)
Trasero inferior: 3 × 2 cuadrados (6 en total)
Total: 18 cuadrados

Bolsas y bolsos

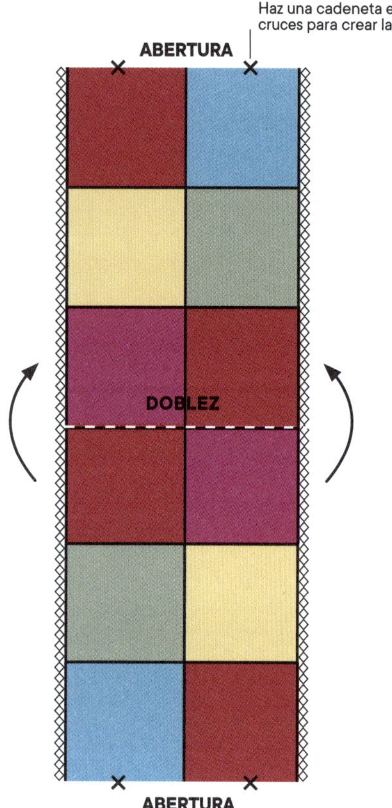

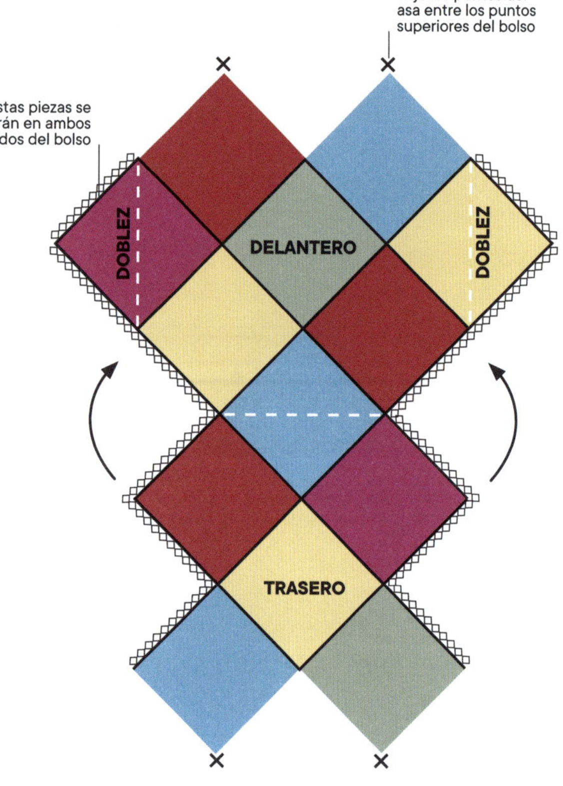

BOLSA

Para hacer una bolsa sencilla basta con unir doce cuadrados para formar una pieza plana, que luego se dobla por la mitad y se une por los lados, dejando uno de ellos abierto. Después, añádele simplemente unas tiras o un asa, como prefieras (derecha).

Bolsa sencilla: 12 cuadrados
Bolso: 13 cuadrados
Bolsa de almacenaje pequeña: 8 cuadrados
Bolsa de almacenaje grande: 14 cuadrados

BOLSO

Para aportar una nota creativa y hacer un bolso tan divertido y lleno de color como el que se muestra en la página 118, añade un cuadrado más y gira la labor 45°. Asegúrate de colocar también en un ángulo de 45° algunas de las aplicaciones.

TIRAS Y ASAS

Puedes completar tu bolsa o bolso con tiras o asas prefabricadas, o tejidas a ganchillo de esta manera:

1 Empalma el hilo en el punto marcado y haz una cadeneta de la longitud que desees.

2 Teje a punto bajo a lo largo de la cadeneta y haz un punto raso en el siguiente punto del bolso, luego haz 1 cadeneta, gira y vuelve a tejer una vuelta a punto bajo.

3 Remata y cose o teje para fijar el asa en el punto marcado contrario. Repite para hacer la otra asa.

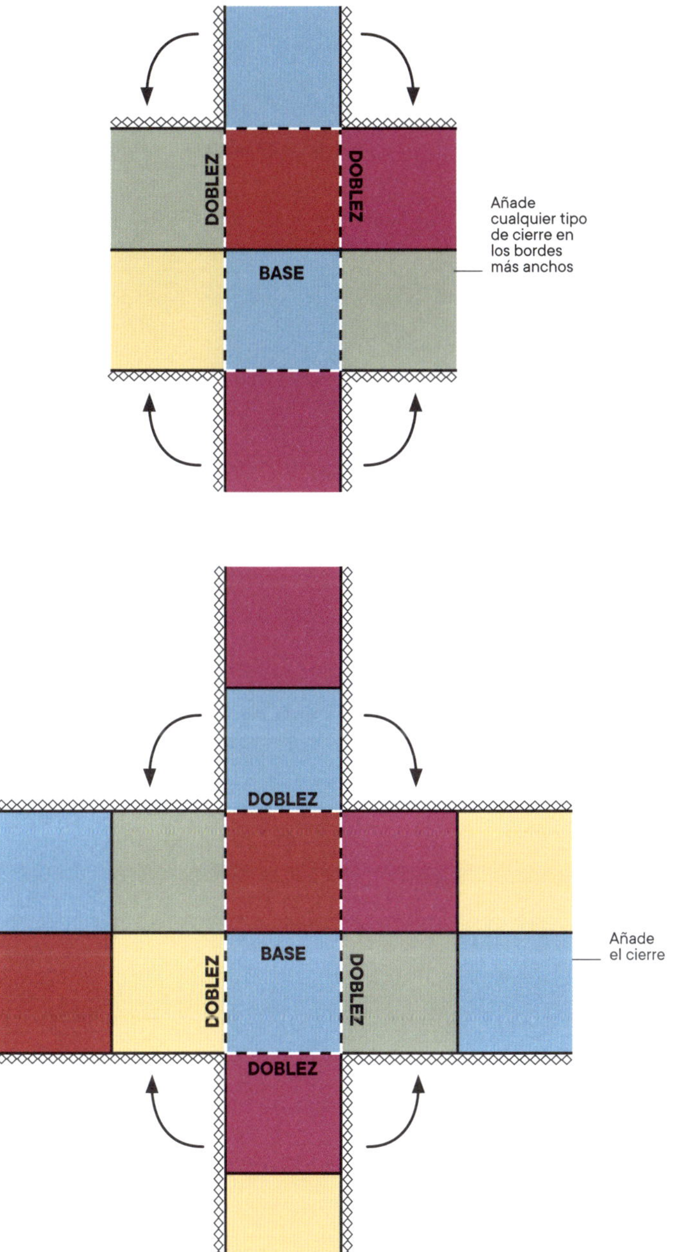

SOLUCIONES PARA AUMENTAR LA CAPACIDAD

Si deseas una bolsa más espaciosa, dale amplitud con un fondo y unos lados planos. Aquí se muestran dos ejemplos, pero puedes agrandarla fácilmente añadiendo más cuadrados a cada lado.

DETALLES DE ACABADO

Cualquier bolsa de cuadrados de ganchillo quedará bien sin más, pero puedes hacer que sea más segura siguiendo algunos pasos más.

Para evitar que los objetos pequeños, como un bolígrafo, se cuelen entre los puntos de los cuadrados de diseño calado puedes forrar la bolsa. Para ello, corta piezas de una tela de algodón o polialgodón del tamaño de las piezas de la bolsa y cóselas encaradas por el derecho. Introduce el forro en la bolsa y cose la tela a la abertura.

También puedes cerrar la abertura con uno de estos métodos:

Añadiendo una cremallera: mide la abertura y busca una cremallera de la misma longitud o algo más corta; abre la cremallera, prende con alfileres cada una de sus dos mitades a cada uno de los lados (esto se ha de hacer antes de añadir un forro) y cóselas a mano con pequeñas puntadas y un hilo fino de algodón.

Añadiendo un botón: cose un botón en un lado de la bolsa; en el opuesto, haz una cadeneta lo bastante larga para formar una anilla por la que pase el botón y fíjala tejiendo un punto raso en el punto donde empalmaste el hilo.

Añadiendo un cordón: simplemente, teje una cadeneta al menos una vez y media más larga que la abertura y pásala a lo largo de esta por los huecos entre los cuadrados a intervalos. Este método es más adecuado para diseños calados, como el del cuadrado clásico.

Prendas de vestir

CHALECO

Para empezar, opta por una prenda sencilla. Une los delanteros a los hombros, dóblalos por encima para que coincidan los bordes del bajo y une los lados de los dos cuadrados inferiores de los delanteros y la espalda. Acaba con un canalé (abajo) o ribetea añadiendo una vuelta (p. 23) en torno a las sisas, el bajo y la abertura.

Delanteros (2): 6 cuadrados (12 en total)
Espalda (1): 3 × 4 cuadrados (12 en total)

Total: 24 cuadrados

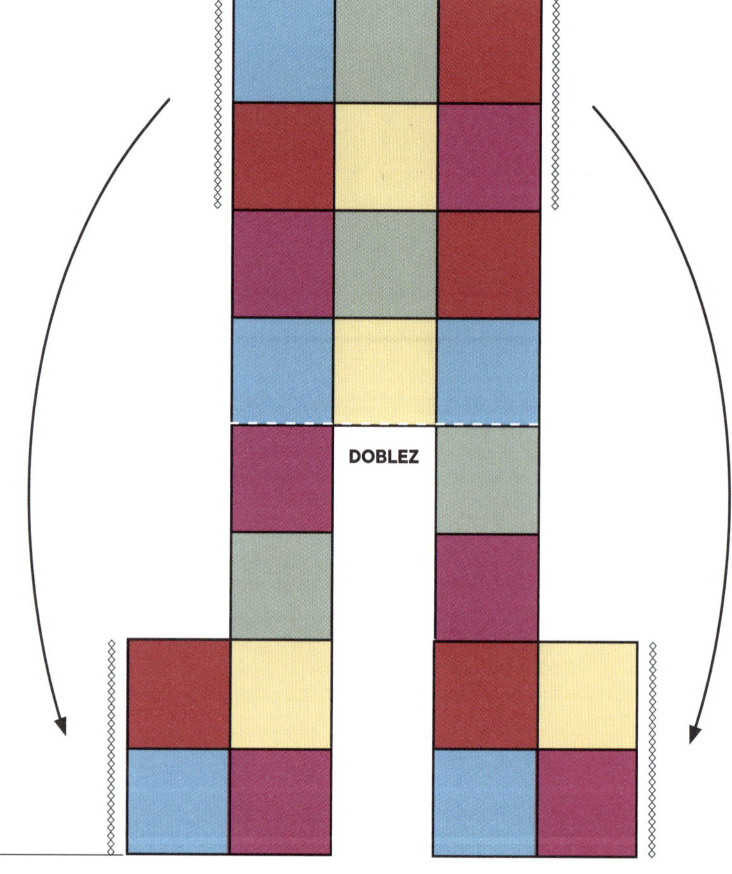

CANALÉ

Para dar un toque más pulido a tu prenda, añade un canalé en los puños o el escote.

Vuelta 1 Empalma el hilo a cualquier p de un borde abierto (cuello, bajo o puño), 1 c, (NO se cuenta como p), 1 pb en cada p y cada esp-c alrededor del borde, 1 pr en el pb inicial.

Vuelta 2 2 c (se cuentan como primer pa), *1 pardel, 1 pardet*, rep de * a * hasta las 2 c iniciales, 1 pr en la segunda c de las 2 c iniciales. Repite esta vuelta tantas veces como desees para hacer el canalé tan ancho como prefieras.

Si quieres ceñir el borde en los puños y el bajo, simplemente mengua (es decir, disminuye) un punto de cada tres en la vuelta 1: * 1 pb, 2 pb juntos*, rep de * a * hasta el pb inicial. Teje la vuelta 2 como la anterior. Para ceñir aún más el canalé, repite esto en la siguiente vuelta.

A TU MEDIDA

Puedes ajustar tu chaleco, chaqueta o jersey incluyendo más o menos cuadrados para alargarlos o acortarlos.

Si necesitas modificar la talla de la prenda, recuerda que los cuadrados miden 15 cm de lado. La manera más fácil de obtener una talla mayor o menor es añadir o restar una columna de cuadrados al delantero y la espalda. Al hacerlo, recuerda asegurarte de que todas las partes sean simétricas.

Otra manera de aumentar o disminuir la talla es cambiar el tamaño de los cuadrados (p. 23).

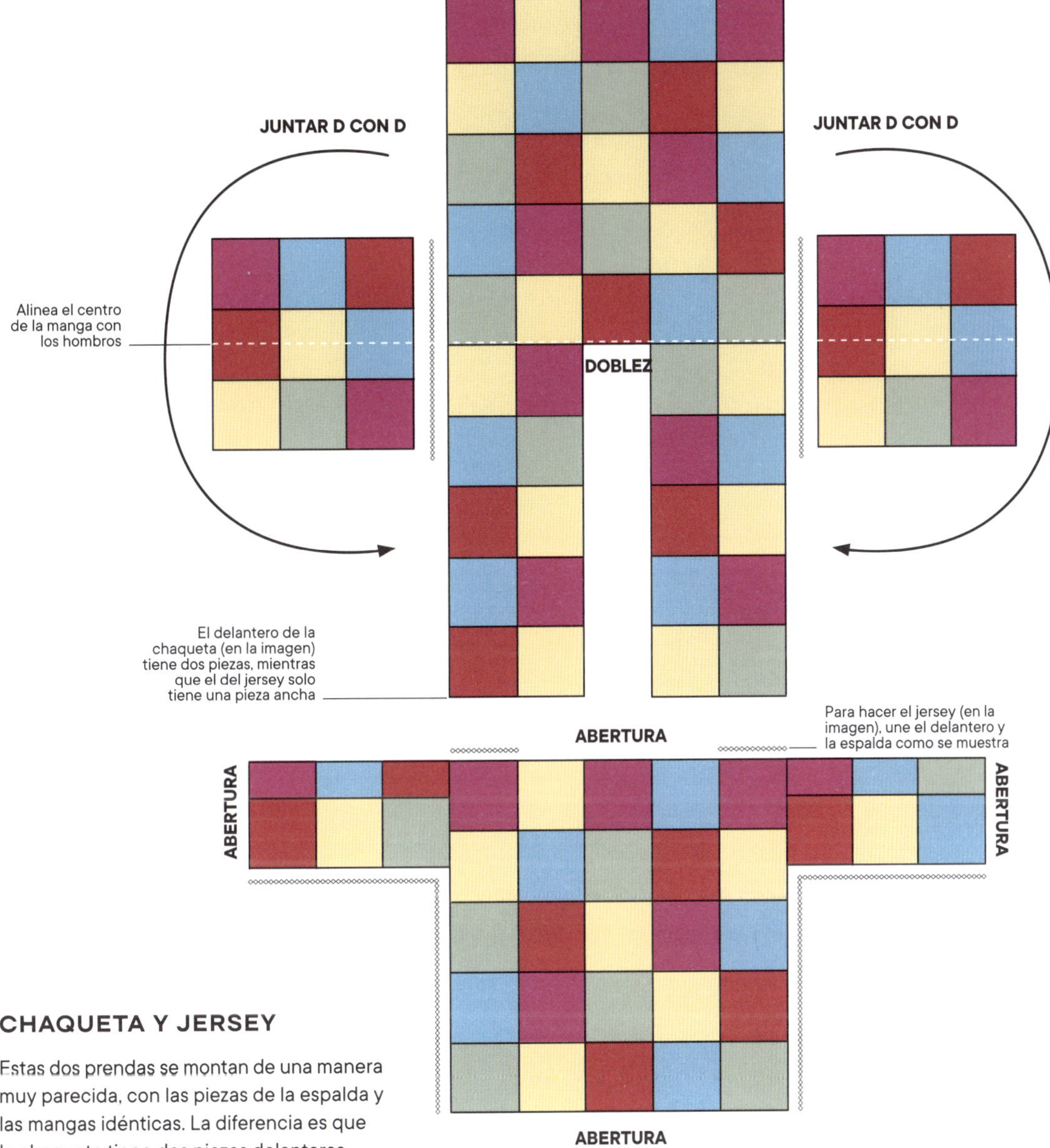

CHAQUETA Y JERSEY

Estas dos prendas se montan de una manera muy parecida, con las piezas de la espalda y las mangas idénticas. La diferencia es que la chaqueta tiene dos piezas delanteras, separadas por un espacio equivalente a la anchura de un cuadrado, mientras que el jersey (p. 134) solo tiene una pieza delantera, con una abertura en el cuello de dos o tres cuadrados de ancho.

Une la espalda al delantero, o delanteros, dejando una abertura si se trata del jersey. Añade las mangas colocándolas como se muestra arriba. Dobla toda la prenda encarando los derechos, cose a lo largo de las mangas y los lados, y vuélvela del derecho. Acábala con un canalé (p. 20) si lo deseas.

Chaqueta

Delanteros (2):
2 × 5 cuadrados (10 cada uno)
Espalda (1):
5 × 5 cuadrados (25 en total)
Mangas (2):
3 × 3 cuadrados (9 cada una)

Total: 63 cuadrados

Jersey

Delantero y espalda (2):
5 × 5 cuadrados (25 cada uno)
Mangas (2):
3 × 3 cuadrados (9 cada uno)

Total: 68 cuadrados

Artículos para el hogar

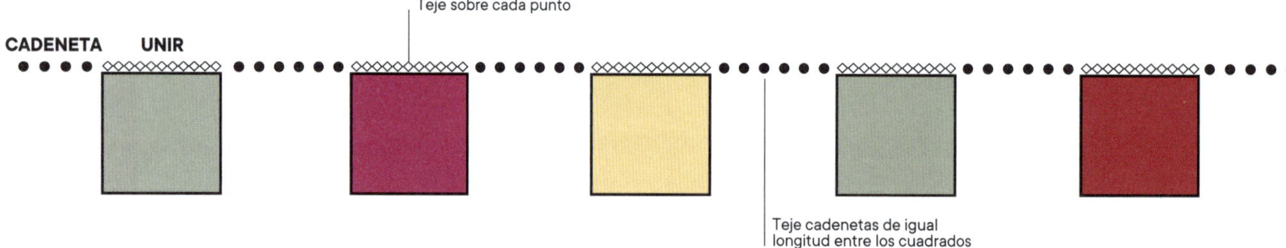

GUIRNALDA

Uniendo una serie de cuadrados obtendrás una bonita guirnalda para decorar una fiesta. Empieza tejiendo una cadeneta tan larga como desees y luego teje a punto raso o a punto bajo a lo largo de la parte superior del primer cuadrado. Con el mismo hilo, haz otra cadeneta con más o menos puntos (según cuán separados quieras que estén los cuadrados), y luego teje a punto raso o a punto bajo sobre el siguiente cuadrado. Continúa hasta unir todos los cuadrados, acabando con otra serie de puntos de cadeneta.

MACETERO COLGANTE

Con tan solo tres cuadrados unidos en círculo podrás hacer un sencillo macetero colgante (p. 100), con la base formada por tres cordones a cadeneta (a continuación de las costuras de unión) anudados en el centro, dejando colgar una parte a modo de borla decorativa, si lo deseas. Teje a punto bajo sobre los cordones que quedan bajo la maceta para reforzarlos.

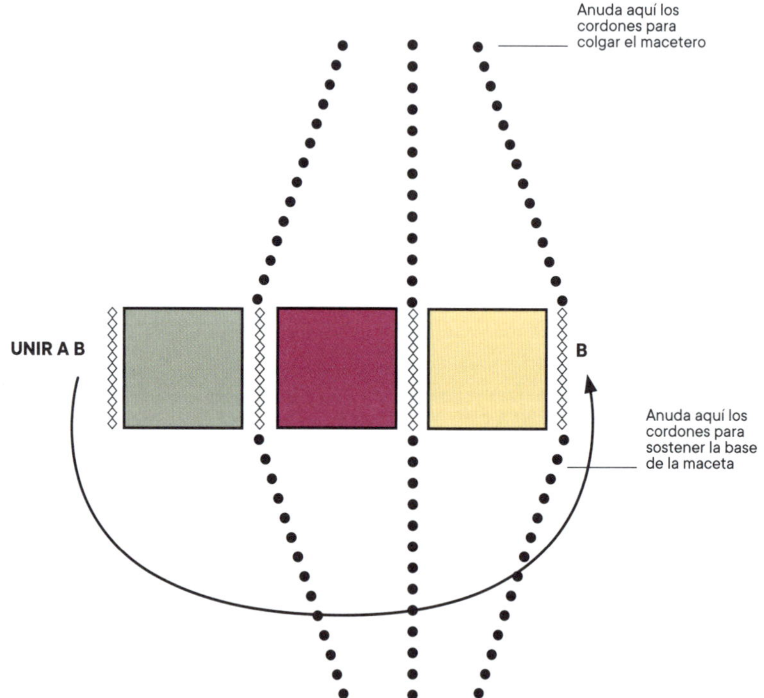

Redimensionar tus cuadrados

Cambiar el tamaño de tus cuadrados es tan fácil como cambiar de hilo o tejer una vuelta más.

USAR UN HILO MÁS GRUESO

La manera más sencilla es usar un hilo y un ganchillo más o menos gruesos. Con una lana de grosor medio y un ganchillo de 4,5 mm obtendremos cuadrados de 18 cm (7 in) de lado aproximadamente; con una lana gruesa y un ganchillo de 5,5 mm medirán unos 21 cm (8 in) de lado.

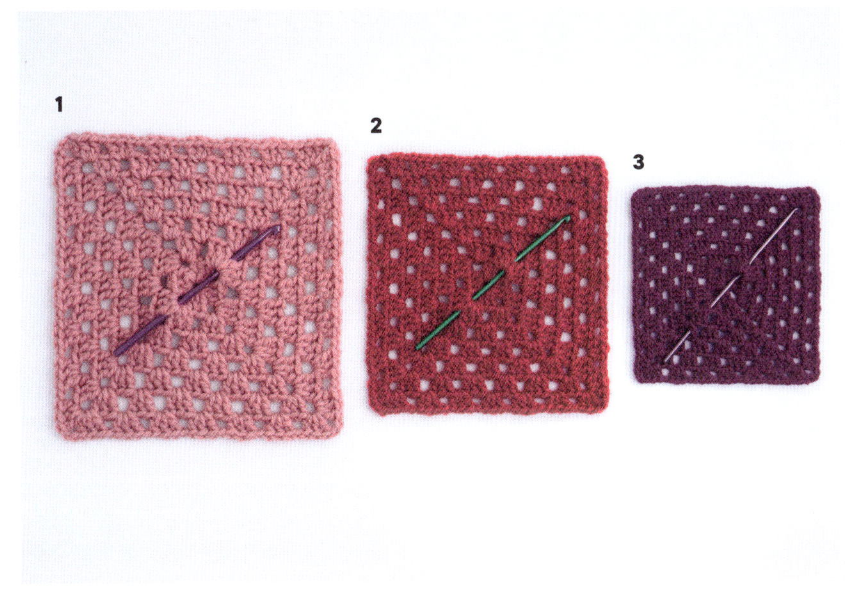

1 Lana gruesa tejida con un ganchillo de 5,5 mm (número I/9 en EE. UU.)

2 Lana media tejida con un ganchillo de 4,5 mm (número G/7 en EE. UU.)

3 Lana ligera tejida con un ganchillo de 3,5 mm (número E/4 en EE. UU.)

TEJER MÁS VUELTAS

Otra opción es tejer más vueltas en los cuadrados. Continúa añadiendo vueltas hasta que tus cuadrados tengan el tamaño deseado antes de unirlos o hasta tejer un solo cuadrado más grande para hacer una manta o una funda de cojín, con el cuadrado inicial en el centro.

AÑADIR UNA VUELTA A PUNTO BAJO:

Haz 1 pr (o empalma un nuevo hilo) en un esp de esquina de 2 c, 1 c (NO se cuenta como p), *[1 pb, 2 c, 1 pb] en el esp de esquina, 1 pb en cada p hasta el siguiente esp de esquina*, rep de * a * tres veces más, 1 pr en el primer pb.

AÑADIR UNA VUELTA A PUNTO ALTO:

Haz 1 pr (o empalma un nuevo hilo) en un esp de esquina de 2 c, 1 c (NO se cuenta como p), *[1 pb, 2 c, 1 pb] en el esp de esquina, 1 pb en cada p hasta el siguiente esp de esquina*, rep de * a * tres veces más, 1 pr en el primer pb.

Cuadrados básicos

Comencemos por lo básico: desde el cuadrado tradicional de nuestras abuelas hasta cómo tejer cuadrados en vueltas rectas. Una vez que domines estos, se abrirá ante ti todo un mundo de posibilidades.

Cuadrado tradicional

El método para tejer el humilde cuadrado de ganchillo tradicional admite muchas variantes: algunas personas prefieren hacer cadeneta entre los grupos de puntos, y otras no; algunas giran la labor para comenzar cada nueva vuelta, y otras no; algunas comienzan las nuevas vueltas en las esquinas, y otras, en el centro de una vuelta. Al final, el resultado es muy similar.

A medida que aprendas y practiques, probablemente desarrollarás tus propias preferencias y encontrarás tu método favorito.

Con el hilo A, 3 c y 1 pr en la primera c para crear un anillo.

Vuelta 1: 5 c (se cuentan como primer pa y 2 c en todas las vueltas), *3 pa en el centro del anillo, 2 c*, rep de * a * dos veces más, 2 pa en el centro del anillo, 1 pr en la tercera c de las 5 c iniciales. Remata. *3 p por lado, con esp de esquina de 2 c en todas las vueltas*

Vuelta 2: Empalma el hilo B a cualquier esp de esquina de 2 c, 5 c, 3 pa en el mismo esp de esquina, *1 c, [3 pa, 2 c, 3 pa] en el esp de esquina*, rep de * a * dos veces más, 1 c, 2 pa en el esp de esquina inicial, 1 pr en la tercera c de las 5 c iniciales. Remata. *7 p/esp-c por lado*

Vuelta 3: Empalma el hilo C a cualquier esp de esquina de 2 c, 5 c, 3 pa en el mismo esp de esquina, *1 c, 3 pa en el siguiente esp-c, 1 c, [3 pa, 2 c, 3 pa] en el esp de esquina*, rep de * a * dos veces más, 1 c, 3 pa en el siguiente esp-c, 1 c, 2 pa en el esp de esquina inicial, 1 pr en la tercera c de las 5 c iniciales. Remata. *11 p/esp-c por lado*

Vuelta 4: Empalma el hilo D a cualquier esp de esquina de 2 c, 5 c, 3 pa en el mismo esp de esquina, {1 c, *3 pa en el siguiente esp-c, 1 c*, rep de * a * hasta la siguiente esquina, [3 pa, 2 c, 3 pa] en el esp de esquina}, rep de { a } dos veces más, 1 c, rep de * a * hasta la siguiente esquina, 2 pa en el esp de esquina inicial, 1 pr a la tercera c de las 5 c iniciales. Remata. *15 p/esp-c por lado, 4 grupos de 3 pa, con 1 c entre cada uno*

Vueltas 5–7: Rep la vuelta 4 con los hilos E, F y G. *27 p/esp-c por lado después de la vuelta 7*

Cuadrado tradicional tupido

Con el hilo A, 3 c y 1 pr en la primera c para crear un anillo.

Vuelta 1: 5 c (se cuentan como primer pa y 2 c en todas las vueltas), *3 pa en el centro del anillo, 2 c*, rep de * a * dos veces más, 2 pa en el centro del anillo, 1 pr en la tercera c de las 5 c iniciales. Remata. *3 p por lado, con esp de esquina de 2 c en todas las vueltas*

Vuelta 2: Empalma el hilo B a cualquier esp de esquina de 2 c, 5 c, 2 pa en el mismo esp de esquina, *1 pa en cada p hasta la siguiente esquina, [2 pa, 2 c, 2 pa] en el esp de esquina*, rep de * a * dos veces más, 1 pa en cada p rest, 1 pa en el esp de esquina inicial, 1 pr en la tercera c de las 5 c iniciales. Remata. *7 pa por lado*

Vueltas 3–7: Rep la vuelta 2 con los hilos C, D, E, F y G. *4 p aumentados por lado en cada vuelta; 27 pa por lado tras la vuelta 7*

CONSEJO

Si quieres continuar usando el mismo hilo en una nueva vuelta, en vez de rematar y empalmar un nuevo hilo, simplemente teje 1 pr en el esp de esquina de 2 c y comienza la vuelta.

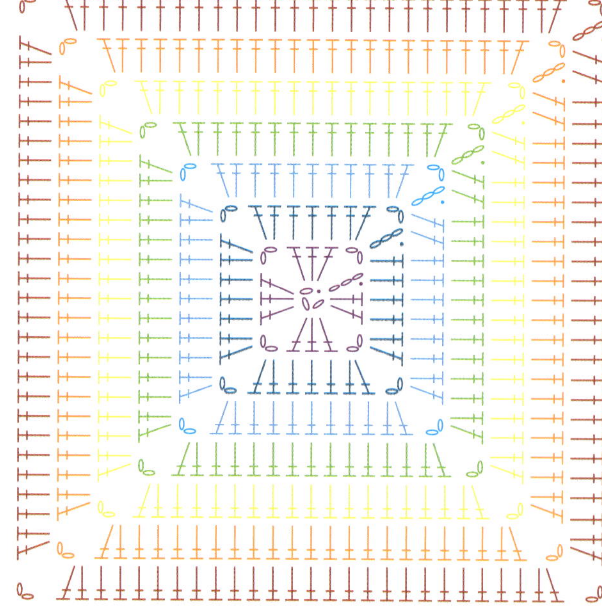

Cuadrado tradicional con círculo

Con el hilo A, 3 c y 1 pr en la primera c para crear un anillo.

Vuelta 1: 3 c (se cuentan como primer pa en todas las vueltas), 11 pa en el centro del anillo, 1 pr en la tercera c de las 3 c iniciales. Remata. *12 p*

Vuelta 2: Empalma el hilo B a cualquier p, 3 c, 1 pa en el mismo p, 2 pa en cada uno de los 11 p siguientes, 1 pr en la tercera c de las 3 c iniciales. Remata. *24 p*

Vuelta 3: Empalma el hilo C a cualquier p, 3 c, 1 pa en el mismo p, *1 pa, 2 pa en el siguiente p*, rep de * a * hasta que quede 1 p, 1 pa, 1 pr en la tercera c de las 3 c iniciales. Remata. *36 p*

Vuelta 4: Empalma el hilo D a cualquier p, 3 c, 1 pa en el mismo p, *2 pa, 2 pa en el siguiente p*, rep de * a * hasta que queden 2 p, 2 pa, 1 pr en la tercera c de las 3 c iniciales. Remata. *48 p*

Vuelta 5: Empalma el hilo E a cualquier p, 3 c, 1 pa en el mismo p, *3 pa, 2 pa en el siguiente p*, rep de * a * hasta que queden 3 p, 3 pa, 1 pr en la tercera c de las 3 c iniciales. Remata. *60 p*

Vuelta 6: Empalma el hilo F a cualquier p, 5 c (se cuentan como primer pa y 2 c en todas las vueltas), 2 pa en el siguiente p, *1 pa, 1 mpa, 9 pb, 1 mpa, 1 pa, 2 pa en el siguiente p, 2 c, 2 pa en el siguiente p*, rep de * a * dos veces más, 1 pa, 1 mpa, 9 pb, 1 mpa, 1 pa, 1 pa en el p inicial, 1 pr en la tercera c de las 5 c iniciales. *17 p por lado, más esp de esquina de 2 c de aquí en adelante*

Vuelta 7: 1 pr en el esp de esquina de 2 c, 5 c, 2 pa en el mismo esp de esquina, *1 pa, 15 mpa, 1 pa, [2 pa, 2 c, 2 pa] en el esp de esquina*, rep de * a * dos veces más, 1 pa, 15 mpa, 1 pa, 1 pa en el esp de esquina inicial, 1 pr en la tercera c de las 5 c iniciales. *21 p por lado*

Vuelta 8: 1 pr en el esp de esquina de 2 c, 1 c (NO se cuenta como p en ninguna de las vueltas), *[2 mpa, 2 c, 2 mpa] en el esp de esquina, 21 mpa*, rep de * a * tres veces más, 1 pr en el primer mpa. Remata. *25 p por lado*

Vuelta 9: Empalma el hilo G a cualquier esp de esquina de 2 c, 1 c, *[1 pb, 2 c, 1 pb] en el esp de esquina, 25 pb*, rep de * a * tres veces más, 1 pr en el primer pb. Remata. *27 p por lado*

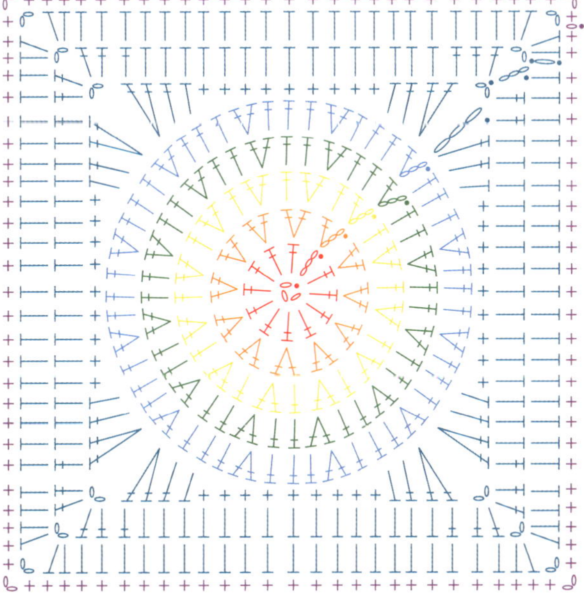

Cuadrado tradicional 50/50

Con el hilo A, 3 c y 1 pr en la primera c para crear un anillo.

Vuelta 1: 3 c (se cuenta como primer pa en todas las vueltas), 2 pa en el centro del anillo, *2 c, 3 pa en el centro del anillo*, rep de * a * dos veces más, 2 c, 1 pr en la tercera c de las 3 c iniciales. Remata. *3 p por lado, más esp de esquina de 2 c en todas las vueltas*

Vuelta 2: Empalma el hilo B a cualquier esp de esquina de 2 c, 3 c, 2 pa en el mismo esp de esquina, 1 c, [3 pa, 2 c, 3 pa] en el siguiente esp de esquina, 1 c, [3 pa, 2 c, 2 pa] en el siguiente esp de esquina, 3 pa, [2 pa, 2 c, 2 pa] en el siguiente esp de esquina, 3 pa, 2 pa en el esp de esquina inicial, 2 c, 1 pr a la tercera c de las 3 c iniciales. Remata. *7 p/esp-c por lado*

Vuelta 3: Empalma el hilo C al último esp de esquina de 2 c de la vuelta anterior, 3 c, 2 pa en el mismo esp de esquina, 1 c, 3 pa en el siguiente esp-c, 1 c, [3 pa, 2 c, 3 pa] en el esp de esquina, 1 c, 3 pa en el siguiente esp-c, 1 c, [3 pa, 2 c, 2 pa] en el esp de esquina, 7 pa, [2 pa, 2 c, 2 pa] en el esp de esquina, 7 pa, 2 pa en el esp de esquina inicial, 2 c, 1 pr en la tercera c de las 3 c iniciales. Remata. *11 p/esp-c por lado*

Vuelta 4: Empalma el hilo D al último esp de esquina de 2 c de la vuelta anterior, 3 c, 2 pa en el mismo esp de esquina, *1 c, 3 pa en el siguiente esp-c*, rep de * a * hasta la siguiente esquina, 1 c, [3 pa, 2 c, 3 pa] en el esp de esquina, rep de * a * hasta la siguiente esquina, 1 c, [3 pa, 2 c, 2 pa] en el esp de esquina, 1 pa en cada p hasta la siguiente esquina, [2 pa, 2 c, 2 pa] en el esp de esquina, 1 pa en cada p rest, 2 pa en el esp de esquina inicial, 2 c, 1 pr en la tercera c de las 3 c iniciales. Remata. *15 p/esp-c por lado*

Vueltas 5–7: Rep la vuelta 4 con los hilos E, F y G. *27 p/esp-c por lado tras la vuelta 7*

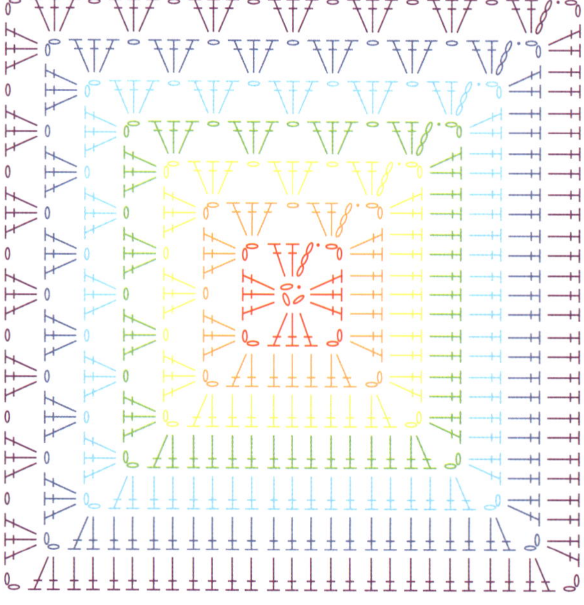

Cuadrado tradicional mixto

Con el hilo A, 3 c y 1 pr en la primera c para crear un anillo.

Vuelta 1: 3 c (se cuentan como primer pa en todas las vueltas), 2 pa en el centro del anillo, *2 c, 3 pa en el centro del anillo*, rep de * a * dos veces más, 2 c, 1 pr en la tercera c de las 3 c iniciales. Remata. *3 p por lado, más esp de esquina de 2 c en todas las vueltas*

Vuelta 2: Empalma el hilo B al siguiente esp de esquina, 3 c, 2 pa en el mismo esp de esquina, 1 c, [3 pa, 2 c, 2 pa] en el esp de esquina, 3 pa, [2 pa, 2 c, 3 pa] en el esp de esquina, 1 c, [3 pa, 2 c, 2 pa] en el esp de esquina, 3 pa, 2 pa en el esp de esquina inicial, 2 c, 1 pr en la tercera c de las 3 c iniciales. Remata. *7 p/esp-c por lado*

Vuelta 3: Empalma el hilo C al último esp de esquina de 2 c de la vuelta anterior, 3 c, 2 pa en el mismo esp de esquina, 1 c, 3 pa en el siguiente esp-c, 1 c, [3 pa, 2 c, 2 pa] en el esp de esquina, 7 pa, [2 pa, 2 c, 3 pa] en el esp de esquina, 1 c, 3 pa en el siguiente esp-c, 1 c, [3 pa, 2 c, 2 pa] en el esp de esquina, 7 pa, 2 pa en el esp de esquina inicial, 2 c, 1 pr en la tercera c de las 3 c iniciales. Remata. *11 p/esp-c por lado*

Vuelta 4: Empalma el hilo D al último esp de esquina de 2 c de la vuelta anterior, 3 c, 2 pa en el mismo esp de esquina, *1 c, 3 pa en el siguiente esp-c*, rep de * a * hasta la siguiente esquina, 1 c, [3 pa, 2 c, 2 pa] en el esp de esquina, 11 pa, [2 pa, 2 c, 3 pa] en el esp de esquina, rep de * a * hasta la siguiente esquina, 1 c, [3 pa, 2 c, 2 pa] en el esp de esquina, 11 pa, 2 pa en el esp de esquina inicial, 2 c y 1 pr en la tercera c de las 3 c iniciales. Remata. *15 p/esp-c por lado*

Vuelta 5: Empalma el hilo E al último esp de esquina de 2 c de la vuelta anterior, 3 c, 1 pa en el mismo esp de esquina, 1 pa en cada p y cada esp-c hasta la siguiente esquina, [2 pa, 2 c, 3 pa] en el esp de esquina, *1 c, salta 3 p, 3 pa en el siguiente p*, rep de * a * hasta que queden 3 p antes de la esquina, 1 c, salta 3 p, [3 pa, 2 c, 2 pa] en el esp de esquina, 1 pa en cada p y cada esp-c hasta la siguiente esquina, [2 pa, 2 c, 3 pa] en el esp de esquina, rep de * a * hasta que queden 3 p antes de la siguiente esquina, 1 c, salta 3 p, 3 pa en el esp de esquina inicial, 2 c y 1 pr en la tercera c de las 3 c iniciales. Remata. *19 p/esp-c por lado*

Vuelta 6: Empalma el hilo F al siguiente esp de esquina de 2 c de la vuelta anterior, 3 c, 2 pa en el mismo esp de esquina, *1 c, 3 pa en el siguiente esp-c*, rep de * a * hasta que queden 3 p antes de la esquina, 1 c, [3 pa, 2 c, 2 pa] en el esp de esquina, 1 pa en cada p hasta la siguiente esquina, [2 pa, 2 c, 3 pa] en el esp de esquina, rep de * a * hasta que queden 3 p antes de la siguiente esquina, 1c, [3 pa, 2 c, 2 pa] en el esp de esquina, 1 pa en cada p hasta la siguiente esquina, 2 pa en el esp de esquina inicial, 2 c y 1 pr en la tercera c de las 3 c iniciales. Remata. *23 p/esp-c por lado*

Vuelta 7: Rep la vuelta 4 con el hilo G. *27 p/esp-c por lado*

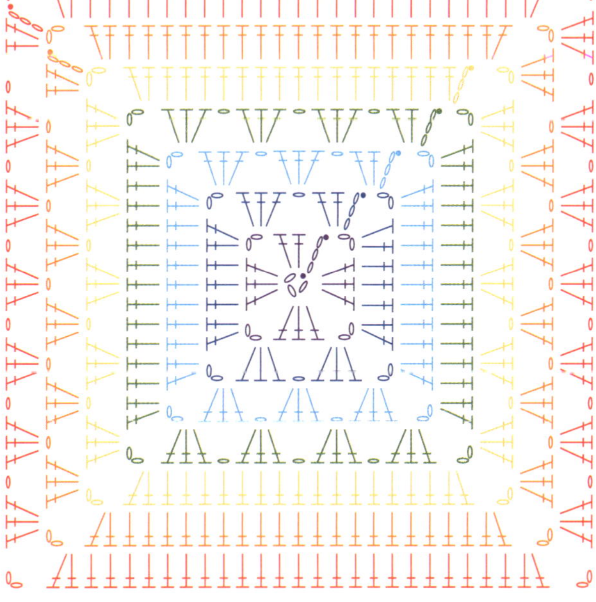

Cuadrado tradicional ingleteado

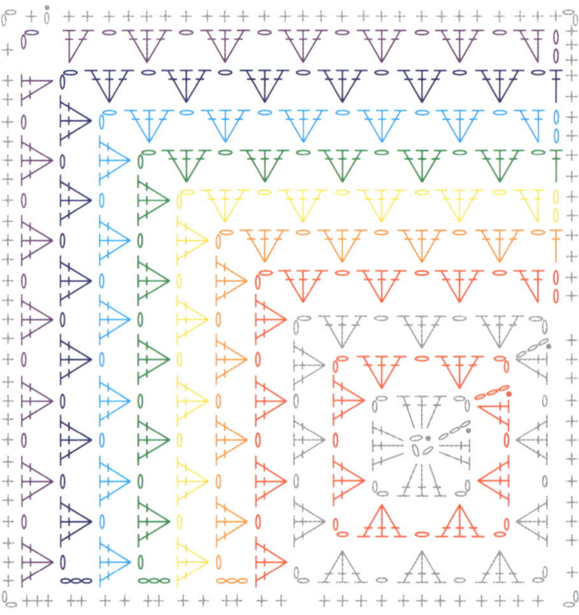

Con el hilo A, 3 c y 1 pr en la primera c para crear un anillo.

Vuelta 1: 5 c (se cuentan como primer pa y 2 c en todas las vueltas), *3 pa en el centro del anillo, 2 c*, rep de * a * dos veces más, 2 pa en el centro del anillo, 1 pr en la tercera c de las 5 c iniciales. Remata. *3 p por lado, más esp de esquina de 2 c en toda la vuelta*

Vuelta 2: Empalma el hilo B a cualquier esp de esquina de 2 c, 5 c, 3 pa en el mismo esp de esquina, *1 c, [3 pa, 2 c, 3 pa] en el siguiente esp de esquina*, rep de * a * dos veces más, 1 c, 2 pa en el esp de esquina inicial, 1 pr en la tercera c de las 5 c iniciales. Remata. *7 p/esp-c por lado*

Vuelta 3: Empalma el hilo A a cualquier esp de esquina de 2 c, 5 c, 3 pa en el mismo esp de esquina, *1 c, 3 pa en el siguiente esp-c, 1 c, [3 pa, 2 c, 3 pa] en el siguiente esp de esquina*, rep de * a * dos veces más, 1 c, 3 pa en el siguiente esp-c, 1 c, 2 pa en el esp de esquina inicial, 1 pr en la tercera c de las 5 c iniciales. Remata. *11 p/esp-c por lado*

Vuelta 4: Empalma el hilo B a cualquier esp de esquina de 2 c, 2 c (se cuentan como primer pa en todas las vueltas), 2 pa en el primer esp-c, *1 c, 3 pa en el siguiente esp-c*, rep de * a * hasta el esp de esquina, 1 c, [3 pa, 2 c, 3 pa] en el esp de esquina, rep de * a * hasta la siguiente esquina, 1 c, 3 pa en el esp de esquina. Remata. *8 grupos de 3 pa*

Vuelta 5: Gira, empalma el hilo C al primer p, 4 c (se cuentan como primer pa más 1 c en todas las vueltas), *3 pa en el siguiente esp-c, 1 c*, rep de * a * hasta el esp de esquina, [3 pa, 2 c, 3 pa] en el esp de esquina, 1 c, rep de * a * hasta el último esp-c, 1 pa en el último p. Remata. *8 grupos de 3 pa y 1 pa en cada extremo*

Vuelta 6: Gira, empalma el hilo D al primer p, 2 c, 2 pa en el primer esp-c, *1 c, 3 pa en el siguiente esp-c*, rep de * a * hasta el esp de esquina, 1 c, [3 pa, 2 c, 3 pa] en el esp de esquina, rep de * a * hasta el final. Remata. *10 grupos de 3 pa*

Vuelta 7: Rep la vuelta 5 con el hilo E. *10 grupos de 3 pa y 1 pa en cada extremo*

Vuelta 8: Rep la vuelta 6 con el hilo F. *12 grupos de 3 pa*

Vuelta 9: Rep la vuelta 5 con el hilo G. *12 grupos de 3 pa y 1 pa en cada extremo*

Vuelta 10: Gira, empalma el hilo H al primer p, 2 c, 2 pa en el primer esp-c, *1 c, 3 pa en el siguiente esp-c*, rep de * a * hasta el esp de esquina, 1 c, [2 pa, 2 c, 2 pa] en el esp de esquina, rep de * a * hasta el final. Remata. *12 grupos de 3 pa y 2 grupos de 2 pa*

Vuelta 11: Sin girar, empalma el hilo A al último esp de esquina, 1 c (NO se cuenta como p), [1 pb, 2 c, 1 pb] en el esp de esquina, 1 pb en cada p y cada esp-c hasta el final, [1 pb, 2 c, 1 pb] en el último p para crear la siguiente esquina, 2 pb en las 7 vueltas siguientes, *1 pb en cada uno de los 3 p siguientes, 1 pb en el esp-c*, rep de * a * una vez más, 1 pb en cada uno de los 3 p siguientes, [1 pb, 2 c, 1 pb] en el esp de esquina, rep de * a * dos veces más, 1 pb en los 3 p siguientes, 2 pb en las 7 vueltas siguientes, [1 pb, 2 c, 1 pb] para crear la última esquina, 1 pb en cada p y cada esp-c hasta el final, 1 pr en el primer pb. *27 p por lado*

Cuadrado a rayas

Con el hilo A, 28 c.

Vuelta 1: 1 pa en la tercera c desde el ganchillo, 25 pa. Remata. *27 p (las 2 c iniciales se cuentan como primer p en todas las vueltas)*

Vuelta 2: Gira, empalma el hilo B, 2 c, 26 pa. Remata.

Vueltas 3–13: Rep la vuelta 2 con los hilos C, B, D, B, E, B, F, B, G, B y H.

Vuelta 14: Gira, empalma el hilo B, 1 c (NO se cuenta como p), [1 pb, 2 c, 1 pb] en el mismo p para hacer la primera esquina, 25 pb, [1 pb, 2 c, 1 pb] en el siguiente p para hacer la segunda esquina, 26 pb hacia abajo (2 p en el lado de cada vuelta), 2 c para hacer la tercera esquina, 27 pb, 2 c para hacer la última esquina, 26 pb hacia arriba (2 p en el lado de cada vuelta), 1 pr en el primer pb. Remata. *27 p por lado, más esp de esquina de 2 c*

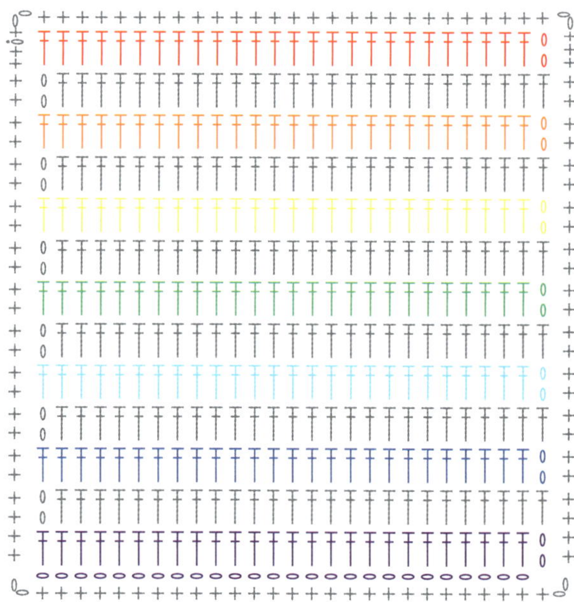

Cuadrado de ganchillo tradicional a rayas

Con el hilo A, 28 c.

Vuelta 1: 1 pb en la segunda c desde el ganchillo, 26 pb. *27 p*

Vuelta 2: 4 c (se cuentan como primer pa más 1 c en todas las vueltas), gira, salta 3 p, 3 pa en el siguiente p, *1 c, salta 3 p, 3 pa en el siguiente p*, rep de * a * cuatro veces más, 1 c, salta 1 p, 1 pa en el último p. Remata. *6 grupos de 3 pa y 1 pa en cada extremo, más 1 c entre cada uno de aquí en adelante*

Vuelta 3: Gira, empalma el hilo B al primer p, 2 c (se cuentan como primer pa en todas las vueltas), 2 pa en el esp-c, *1 c, 3 pa en el esp-c*, rep de * a * cinco veces más. Remata. *7 grupos de 3 pa*

Vuelta 4: Gira, empalma el hilo C al primer p, 4 c, *3 pa en el esp-c, 1 c*, rep de * a * cinco veces más, 1 pa en las 2 c iniciales de la vuelta anterior. Remata.

Vueltas 5–14: Rep las vueltas 3–4 cinco veces, con los hilos B, D, B, E, B, F, B, G, B y H. NO remates después de la vuelta 14.

Vuelta 15: 1 c (NO se cuenta como p en ninguna de las vueltas), gira, 1 pb en cada p y cada esp-c hasta el último esp-c, 2 pb en el último esp-c. Remata.

Vuelta 16: Gira, empalma el hilo B al primer p, 1 c, 27 pb, 2 c para hacer la primera esquina, 26 pb hacia abajo (2 p en el lado de cada vuelta), [1 pb, 2 c, 1 pb] para hacer la segunda esquina, 25 pb, [1 pb, 2 c, 1 pb] para hacer la tercera esquina, 26 pb hacia arriba (2 p en el lado de cada vuelta), 2 c para hacer la última esquina, 1 pr en el primer pb. Remata. *27 p por lado, más esp de esquina de 2 c*

Texturas, madroños y racimos

Una vez hayas dominado lo básico, añade algo de textura a tus cuadrados probando diferentes puntos y combinaciones.

Combina distintos puntos y motivos para crear efectos interesantes y dar un aire nuevo al cuadrado de ganchillo tradicional.

Cuadrado con cruz de canalé

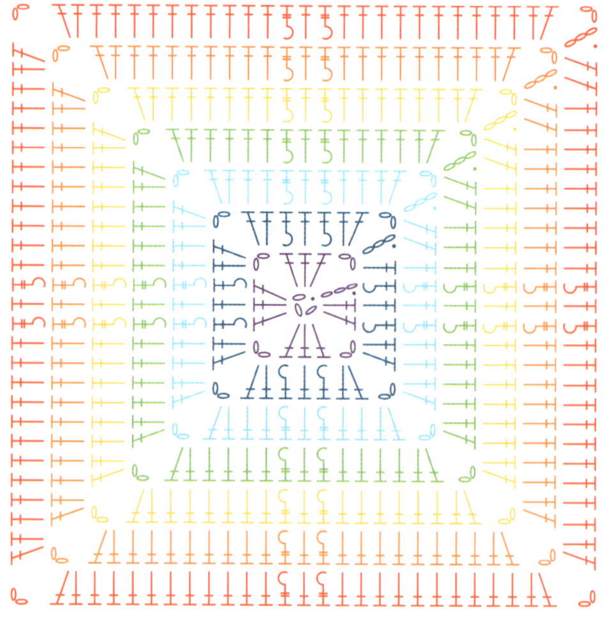

Con el hilo A, 3 c y 1 pr en la primera c para crear un anillo.

Vuelta 1: 5 c (se cuentan como primer pa y 2 c en todas las vueltas), *3 pa en el centro del anillo, 2 c*, rep de * a * dos veces más, 2 pa en el centro del anillo, 1 pr en la tercera c de las 5 c iniciales. Remata. *3 p por lado, con esp de esquina de 2 c en todas las vueltas.*

Vuelta 2: Empalma el hilo C a cualquier esp de esquina de 2 c, 5 c, 2 pa en el mismo esp de esquina, *1 pardel, 1 pa, 1 pardel, [2 pa, 2 c, 2 pa] en el siguiente esp de esquina*, rep de * a * dos veces más, 1 pardel, 1 pa, 1 pardel, 1 pa en el esp de esquina inicial, 1 pr en la tercera c de las 5 c iniciales. Remata. *7 p por lado*

Vuelta 3: Empalma el hilo C a cualquier esp de esquina de 2 c, 5 c, 2 pa en el mismo esp de esquina, *1 pa en cada pa y 1 padrdel en cada p en relieve por delante hasta la siguiente esquina, [2 pa, 2 c, 2 pa] en el esp de esquina*, rep de * a * dos veces más, 1 pa en cada p rest y 1 padrdel en cada p en relieve por delante rest, 1 pa en el esp de esquina inicial, 1 pr en la tercera c de las 5 c iniciales. Remata. *11 p por lado*

Vueltas 4–7: Rep la vuelta 3 con los hilos D, E, F y G. *27 p por lado tras la vuelta 7*

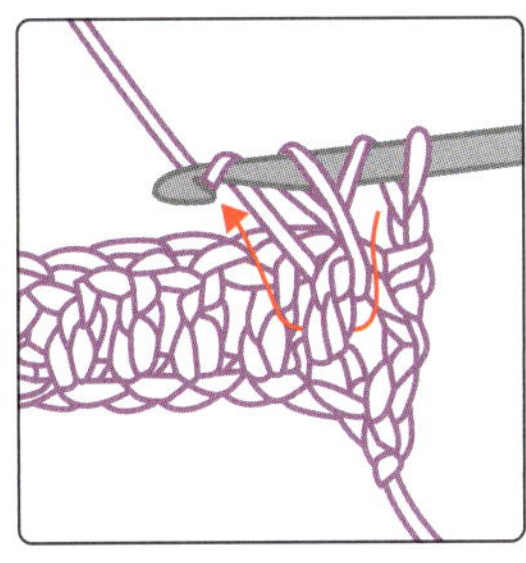

PUNTOS EN RELIEVE POR DELANTE (RDEL)

Los puntos en relieve por delante son puntos elevados que destacan por el derecho del tejido. Se hacen igual que los normales, pero rodeando la «pata», o cuerpo del punto sobre el que se tejen, en lugar de a través de las hebras de la parte superior. Prácticamente cualquier punto de ganchillo puede tejerse con esta técnica, ya sea por delante o por detrás (p. 41).

Por ejemplo, para hacer un punto alto en relieve por delante (pardel), echa el hilo e inserta el ganchillo alrededor de la pata del punto sobre el que trabajas (de delante hacia atrás y hacia delante), echa el hilo y pásalo a través y alrededor de la pata, echa el hilo y pásalo por dos lazadas, echa el hilo y pásalo por las dos lazadas restantes.

Cuadrado con canalé ribeteado

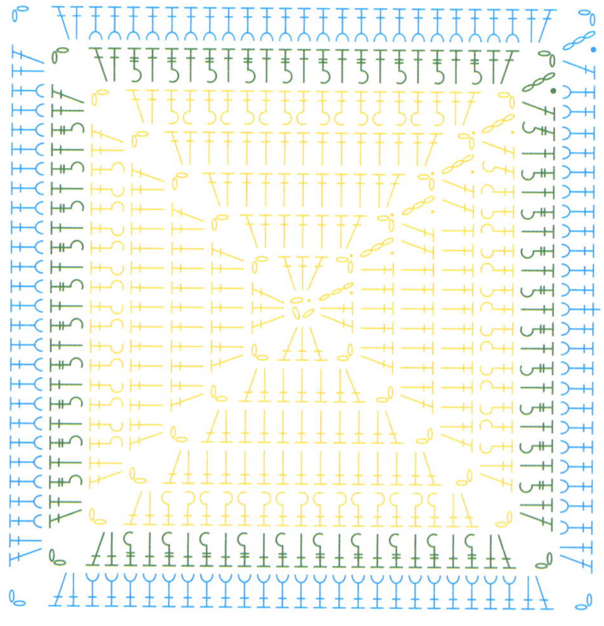

Con el hilo A, 3 c y 1 pr en la primera c para crear un anillo.

Vuelta 1: 5 c (se cuentan como primer pa y 2 c en todas las vueltas), *3 pa en el centro del anillo, 2 c*, rep de * a * dos veces más, 2 pa en el centro del anillo, 1 pr en la tercera c de las 5 c iniciales. *3 p por lado, con esp de esquina de 2 c en todas las vueltas*

Vuelta 2: 1 pr en el esp de esquina de 2 c, 5 c, 2 pa en el mismo esp de esquina, *1 pa en cada p hasta la siguiente esquina, [2 pa, 2 c, 2 pa] en el esp de esquina*, rep de * a * dos veces más, 1 pa en cada p rest, 1 pa en el esp de esquina inicial, 1 pr en la tercera c de las 5 c iniciales. *7 p por lado*

Vueltas 3–4: Rep la vuelta 2. *15 p por lado tras la vuelta 4*

Vuelta 5: 1 pr en el esp de esquina de 2 c, 5 c, 2 pa en el mismo esp de esquina, {*1 pardel, 1 pardet*, rep de * a * hasta el último p antes de la siguiente esquina, 1 pardel, [2 pa, 2 c, 2 pa] en el siguiente esp de esquina}, rep de { a } dos veces más, rep de * a * hasta el último p antes de la esquina, 1 pardel, 1 pa en el esp de esquina inicial, 1 pr en la tercera c de las 5 c iniciales. Remata. *19 p por lado*

Vuelta 6: Empalma el hilo B a cualquier esp de esquina de 2 c, 5 c, 2 pa en el mismo esp de esquina, {* 1 padrdel, 1 pa*, rep de * a * hasta el último p antes de la siguiente esquina, 1 padrdel, [2 pa, 2 c, 2 pa] en el esp de esquina}, rep de { a } dos veces más, rep de * a * hasta 1 p antes de la esquina, 1 padrdel, 1 pa en el esp de esquina inicial, 1 pr en la tercera c de las 5 c iniciales. Remata. *23 puntos por lado.*

Vuelta 7: Empalma el hilo C a cualquier esp de esquina de 2 c, 5 c, 2 pa en el mismo esp de esquina, *1 padet en cada p hasta la siguiente esquina, [2 pa, 2 c, 2 pa] en el esp de esquina, rep de * a * dos veces más, 1 padet en cada p hasta la siguiente esquina, 1 pa en el esp de esquina inicial, 1 pr en la tercera c de las 5 c iniciales. *27 p por lado*

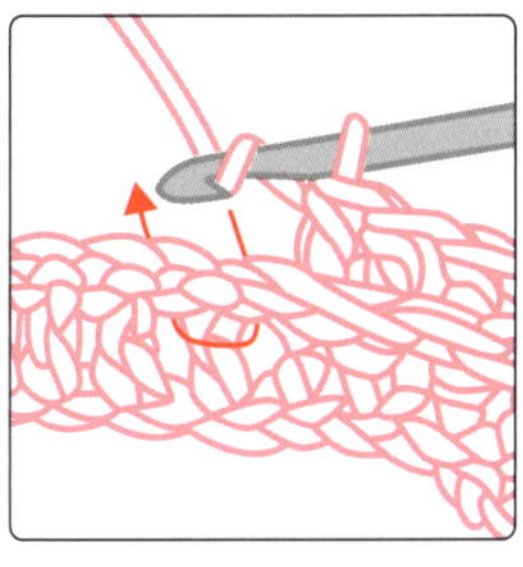

PUNTOS EN RELIEVE POR DETRÁS (RDET)

Los puntos en relieve por detrás se tejen de una manera muy similar a los puntos en relieve por delante (p. 39), solo que en vez de pasar alrededor de la pata del punto de delante hacia atrás y hacia delante, se pasa de atrás hacia delante y de nuevo hacia atrás.

Por ejemplo, para hacer un punto alto en relieve por detrás (pardet), echa el hilo e inserta el ganchillo alrededor de la pata del punto correspondiente (de atrás hacia delante y de nuevo hacia atrás), echa el hilo y pásalo a través y alrededor de la pata, echa el hilo y sácalo a través de dos lazadas, echa el hilo y sácalo a través de las dos lazadas restantes.

Puntos tejidos por detrás (p. 53)

Cuadrado de canalé 50/50

Con el hilo A, 3 c y 1 pr en la primera c para crear un anillo.

Vuelta 1: 5 c (se cuentan como primer pa y 2 c en todas las vueltas), *3 pa en el centro del anillo, 2 c*, rep de * a * dos veces más, 2 pa en el centro del anillo, 1 pr en la tercera c de las 5 c iniciales. Remata. *3 p por lado, más esp de esquina de 2 c en todas las vueltas*

Vuelta 2: Empalma el hilo B a cualquier esp de esquina de 2 c, 5 c, 2 pa en el mismo esp de esquina, 1 padrdel, 1 pa, 1 padrdel, [2 pa, 2 c, 2 pa] en el esp de esquina, 3 pa, [2 pa, 2 c, 2 pa] en el esp de esquina, 1 padrdel, 1 pa, 1 padrdel, [2 pa, 2 c, 2 pa] en el esp de esquina, 3 pa, 1 pa en el esp de esquina inicial, 1 pr en la tercera c de las 5 c iniciales. Remata. *7 p por lado*

Vuelta 3: Empalma el hilo C al último esp de esquina de 2 c de la vuelta anterior, 5 c, 2 pa en el mismo esp de esquina, *1 padrdel, 1 pa*, rep de * a * hasta el último p antes de la siguiente esquina, 1 padrdel, [2 pa, 2 c, 2 pa] en el esp de esquina, 1 pa en cada p hasta la siguiente esquina, [2 pa, 2 c, 2 pa] en el esp de esquina, rep de * a * hasta el último p antes de la siguiente esquina, 1 padrdel, [2 pa, 2 c, 2 pa] en el esp de esquina, 1 pa en cada p hasta la siguiente esquina, 1 pa en el esp de esquina inicial, 1 pr en la tercera c de las 5 c iniciales. Remata. *11 p por lado*

Vueltas 4–7: Rep la vuelta 3 con los hilos D, E, F y G. *25 p por lado tras la vuelta 7*

Puntos en relieve por delante (p. 39)

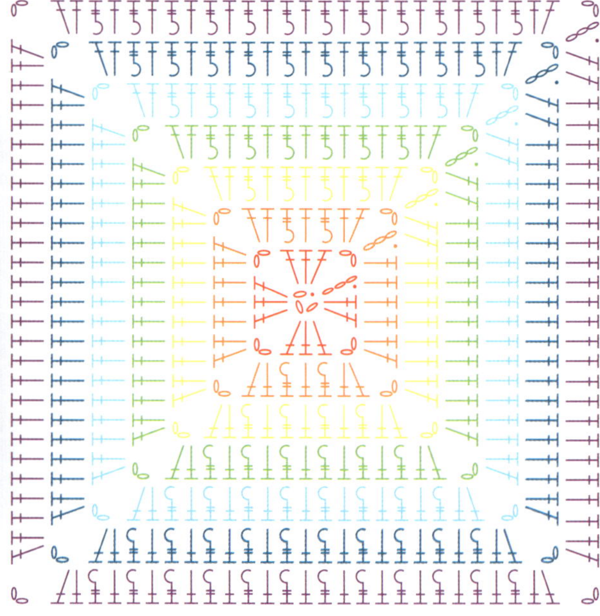

Cuadrado de canalé alterno

Con el hilo A, 3 c y 1 pr en la primera c para crear un anillo

Vuelta 1: 5 c (se cuentan como primer pa y 2 c en todas las vueltas), *3 pa en el centro del anillo, 2 c*, rep de * a * dos veces más, 2 pa en el centro del anillo, 1 pr en la tercera c de las 5 c iniciales. *3 p por lado, con esp de esquina de 2 c en todas las vueltas*

Vuelta 2: 1 pr en el esp de esquina de 2 c, 5 c, 2 pa en el mismo esp de esquina, *1 pa en cada p hasta la siguiente esquina, [2 pa, 2 c, 2 pa] en el esp de esquina*, rep de * a * dos veces más, 1 pa en cada p rest, 1 pa en el esp de esquina inicial, 1 pr en la tercera c de las 5 c iniciales. *7 p por lado*

Vuelta 3: 1 pr en el esp de esquina de 2 c, 5 c, 2 pa en el mismo esp de esquina, {*1 padrdel, 1 pa*, rep de * a * hasta el último p antes de la siguiente esquina, 1 padrdel, [2 pa, 2 c, 2 pa] en el siguiente esp de esquina}, rep de { a } dos veces más, rep de * a * hasta el último p antes de la siguiente esquina, 1 padrdel, 1 pa en el esp de esquina inicial, 1 pr en la tercera c de las 5 c iniciales. Remata. *11 p por lado*

Vuelta 4: Empalma el hilo B a cualquier esp de esquina de 2 c, 5 c, 2 pa en el mismo esp de esquina, *1 pa en cada p hasta la siguiente esquina, [2 pa, 2 c, 2 pa] en el esp de esquina*, rep de * a * dos veces más, 1 pa en cada p hasta la siguiente esquina, 1 pa en el esp de esquina inicial, 1 pr en la tercera c de las 5 c iniciales. *15 p por lado*

Vuelta 5: 1 pr en el esp de esquina de 2 c, 5 c, 2 pa en el mismo esp de esquina, {*1 pardet, 1 padrdel*, rep de * a * hasta el último p antes de la siguiente esquina, 1 pardet, [2 pa, 2 c, 2 pa] en el siguiente esp de esquina}, rep de { a } dos veces más, rep de * a * hasta el último p antes de la siguiente esquina, 1 pardet, 1 pa en el esp de esquina inicial, 1 pr en la tercera c de las 5 c iniciales. Remata. *19 p por lado*

Vuelta 6: Rep la vuelta 4 con el hilo C. *23 p por lado*

Vuelta 7: Rep la vuelta 3 con el hilo C. *27 p por lado*

Puntos en relieve por delante (p. 39)
Puntos en relieve por detrás (p. 41)

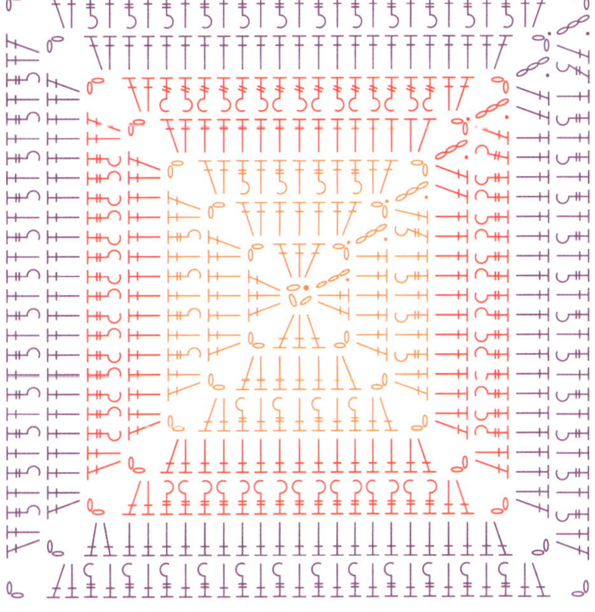

Cuadrado de punto de cesta

Con el hilo A, 24 c.

Vuelta 1: 1 pa en la tercera c desde el ganchillo, 21 pa. *23 p (las 2 c iniciales se cuentan como primer p)*

Vuelta 2: 2 c (se cuentan como primer pa en todas las vueltas), gira, *3 pardet, 3 pardel*, rep de * a * hasta que queden 4 p, 3 pardet, 1 pa.

Vuelta 3: 2 c, gira, *3 pardel, 3 pardet*, rep de * a * hasta que queden 4 p, 3 pardel, 1 pa.

Vuelta 4: Rep la vuelta 3.

Vueltas 5–10: Rep las vueltas 2–4 dos veces.

Vueltas 11–12: Rep las vueltas 2 y 3.

Vuelta 13: 3 c (se cuentan como primer pa), gira, [1 pa, 2 c, 2 pa] en el mismo p para hacer la primera esquina, 21 pa, [2 pa, 2 c, 2 pa] para hacer la segunda esquina, *salta la primera vuelta, 2 pa en el lado de cada una de las 10 vueltas siguientes, 1 pa en el lado de la última vuelta*, [2 pa, 2 c, 2 pa] para hacer la tercera esquina, 21 pa, [2 pa, 2 c, 2 pa] para hacer la última esquina, rep de * a * una vez más, 1 pr en la tercera c de las 3 c iniciales. Remata. *25 p por lado, más esp de esquina de 2 c de aquí en adelante*

Vuelta 14: Gira y empalma el hilo B a cualquier esp de esquina de 2 c, 5 c (se cuentan como primer pa más 2 c), 1 pa en el esp de esquina, *25 pardet, [1 pa, 2 c, 1 pa] en el esp de esquina*, rep de * a * dos veces más, 25 pardet, 1 pr en la tercera c de las 5 c iniciales. Remata. *27 p por lado*

Puntos en relieve por delante (p. 39)
Puntos en relieve por detrás (p. 41)

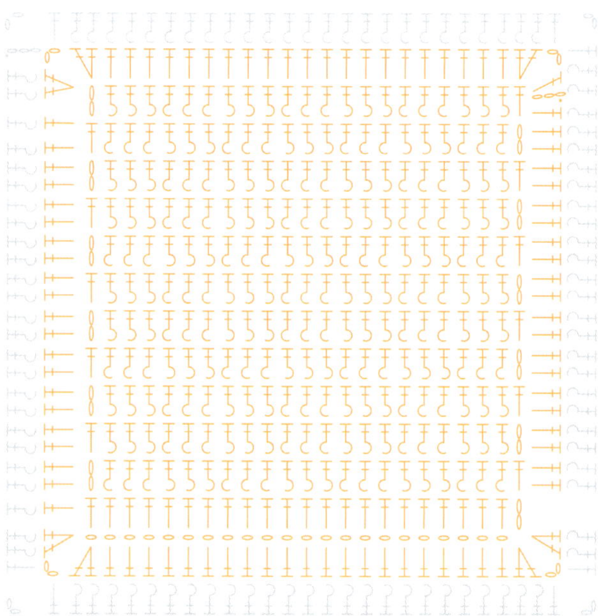

Cuadrado de punto de gofre

Con el hilo A, 25 c.

Vuelta 1: 1 pa en la tercera c desde el ganchillo, 22 pa. *24 p (las 2 c iniciales se cuentan como primer p)*

Vuelta 2: 2 c (se cuentan como primer pa en todas las vueltas), gira, *1 pardel, 2 pa*, rep de * a * hasta que queden 2 p, 1 pardel, 1 pa.

Vuelta 3: 2 c, gira, 1 pa, *2 pardel, 1 pa*, rep de * a * hasta que queden 2 p, 2 pa.

Vueltas 4–11: Rep las vueltas 2–3 cuatro veces.

Vuelta 12: Rep la vuelta 2.

Vuelta 13: 3 c (se cuentan como primer pa), gira, [1 pa, 2 c, 1 pa] en el mismo p para hacer la primera esquina, 22 pa, [2 pa, 2 c, 1 pa] para hacer la segunda esquina, *1 pa en el lado de la primera vuelta, 2 pa en el lado de cada una de las 10 vueltas siguientes, 1 pa en el lado de la última vuelta*, [2 pa, 2 c, 1 pa] para hacer la tercera esquina, 22 pa, [2 pa, 2 c, 1 pa] para hacer la última esquina, rep de * a * una vez más, 1 pr en la tercera c de las 3 c iniciales. Remata. *25 p por lado, más esp de esquina de 2 c de aquí en adelante*

Vuelta 14: Gira y empalma el hilo B a cualquier esp de esquina de 2 c, 5 c (se cuentan como primer pa más 2 c), 1 pa en el esp de esquina, *25 pardet, [1 pa, 2 c, 1 pa] en el esp de esquina*, rep de * a * dos veces más, 25 pardet, 1 pr en la tercera c de las 5 c iniciales. Remata. *27 p por lado*

Puntos en relieve por delante (p. 39)
Puntos en relieve por detrás (p. 41)

Cuadrado de punto alpino

Con el hilo A, 3 c y 1 pr en la primera c para crear un anillo.

Vuelta 1: 5 c (se cuentan como primer pa y 2 c en todas las vueltas), 3 pa en el centro del anillo, *2 c, 3 pa en el centro del anillo*, rep de * a * una vez más, 2 c, 2 pa en el centro del anillo, 1 pr en la tercera c de las 5 c iniciales. *3 p por lado, más esp de esquina de 2 c en todas las vueltas*

Vuelta 2: 1 pr en un esp de esquina, 5 c, 2 pa en el esp de esquina, *1 pa, 1 padrdel, 1 pa, [2 pa, 2 c, 2 pa] en un esp de esquina*, rep de * a * dos veces más, 1 pa, 1 padrdel, 1 pa, 1 pa en el esp de esquina inicial, 1 pr en la tercera c de las 5 c iniciales. Remata. *7 p por lado*

Vuelta 3: Empalma el hilo B a cualquier esp de esquina, 5 c, 2 pa en el esp de esquina, {*1 padrdel, 1 pa*, rep de * a * dos veces más, 1 padrdel, [2 pa, 2 c, 2 pa] en el esp de esquina}, rep de { a } dos veces más, rep de * a * tres veces más, 1 padrdel, 1 pa en el esp de esquina inicial, 1 pr en la tercera c de las 5 c iniciales. Remata. *11 p por lado*

Vuelta 4: Empalma el hilo C a cualquier esp de esquina, 5 c, 2 pa en el esp de esquina, {*1 pa, 1 padrdel*, rep de * a * cuatro veces más, 1 pa, [2 pa, 2 c, 2 pa] en el esp de esquina}, rep de { a } dos veces más, rep de *a * cinco veces más, 1 pa, 1 pa en el esp de esquina inicial, 1 pr en la tercera c de las 5 c iniciales. Remata. *15 p por lado*

Vuelta 5: Empalma el hilo D a cualquier esp de esquina, 5 c, 2 pa en el esp de esquina, {*1 padrdel, 1 pa*, rep de * a * seis veces más, 1 padrdel, [2 pa, 2 c, 2 pa] en el esp de esquina}, rep de { a } dos veces más, rep de * a * siete veces más, 1 padrdel, 1 pa en el esp de esquina inicial, 1 pr en la tercera c de las 5 c iniciales. Remata. *19 p por lado*

Vuelta 6: Empalma el hilo E a cualquier esp de esquina, 1 c (NO se cuenta como p en ninguna de las vueltas), [1 mpa, 2 c, 1 mpa] en el esp de esquina, {*1 mpa, 1 pardel*, rep de * a * ocho veces más, 1 mpa}, rep de { a } tres veces más, 1 pr en primer mpa. Remata. *21 p por lado*

Vuelta 7: Empalma el hilo F a cualquier esp de esquina, 5 c, 2 pa en el esp de esquina, *1 pa en cada p hasta la siguiente esquina, [2 pa, 2 c, 2 pa] en el esp de esquina*, rep de * a * dos veces más, 1 pa en cada p hasta la siguiente esquina, 1 pa en el esp de esquina inicial, 1 pr en la tercera c de las 5 c iniciales. Remata. *25 p por lado*

Vuelta 8: Empalma el hilo G a cualquier esp de esquina, 1 c, *[1 pb, 2 c, 1 pb] en el esp de esquina, 1 pb en cada p hasta la siguiente esquina*, rep de * a * tres veces más, 1 pr en el primer pb. Remata. *27 p por lado*

Puntos en relieve por delante (p. 39)

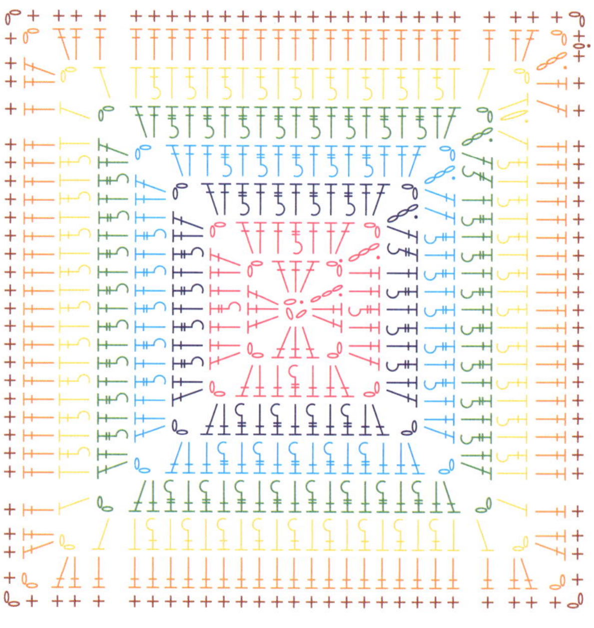

Cuadrado de punto en V

Con el hilo A, 3 c y 1 pr en la primera c para crear un anillo.

Vuelta 1: 5 c (se cuentan como primer pa más 2 c en todas las vueltas, *1 V en el centro del anillo, 2 c*, rep de * a * dos veces más, 1 pa, 1 c, 1 pr en la tercera c de las 3 c iniciales. Remata. *1 V por lado, más esp de esquina de 2 c en todas las vueltas*

Vuelta 2: Empalma el hilo B a cualquier esp de esquina de 2 c, 5 c, 1 V en el mismo esp de esquina, *1 V en el siguiente V, [1 V, 2 c, 1 V] en el esp de esquina*, rep de * a * dos veces más, 1 V en la siguiente V, 1 pa en el esp de esquina inicial, 1 c, 1 pr en la tercera c de las 5 c iniciales. Remata. *3 V por lado*

Vuelta 3: Empalma el hilo C a cualquier esp de esquina de 2 c, 5 c, 1 V en el mismo esp de esquina, *1 V en cada V hasta la siguiente esquina, [1 V, 2 c, 1 V] en el esp de esquina*, rep de * a * dos veces más, 1 V en cada V rest, 1 pa en el esp de esquina inicial, 1 c, 1 pr en la tercera c de las 5 c iniciales. *5 V por lado*

Vueltas 4–6: Rep la vuelta 3 con los hilos D, A y B. *11 V por lado tras la vuelta 6*

Vuelta 7: Empalma el hilo C a cualquier esp de esquina de 2 c, 1 c (NO se cuenta como p en ninguna de las vueltas), *[2 mpa, 2 c, 2 mpa] en el esp de esquina, 2 mpa en cada V hasta la siguiente esquina*, rep de * a * tres veces más, 1 pr en el primer mpa. *26 p por lado*

Nota: En esta vuelta, teje los p ENTRE los p de la vuelta anterior, NO en las hebras de la parte superior del p como de costumbre.

Vuelta 8: Empalma el hilo D a cualquier esp de esquina de 2 c, 1 c, *[1 mpa, 2 c, 1 mpa] en el esp de esquina, 1 mpa en cada esp entre p hasta la siguiente esquina*, rep de * a * tres veces más, 1 pr en el primer mpa. Remata. *27 p por lado*

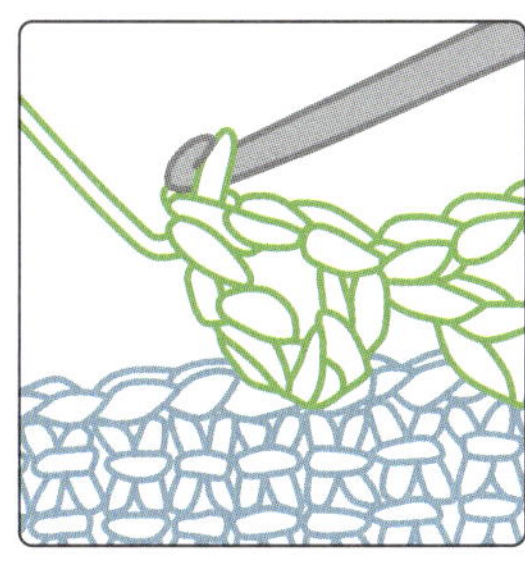

PUNTO EN V (V)

Teje [1 pa, 1 c, 1 pa] en el mismo espacio o punto. Al trabajar en los puntos en V en las vueltas siguientes, coloca tu(s) punto(s) en el espacio de 1 c de la V.

Cuadrado de punto de concha

Con el hilo A, 3 c y 1 pr en la primera c para crear un anillo.

Vuelta 1: 4 c (se cuentan como primer pa más 1 c en todas las vueltas), *1 pa en el centro del anillo, 1 c*, rep de * a * seis veces más, 1 pr en la tercera c *de las 4 c iniciales. Remata.* 8 pa con 1 c entre cada uno

Vuelta 2: Empalma el hilo B a cualquier esp-c de 1 c, 1 c (NO se cuenta como p en ninguna de las vueltas), 1 pb en el mismo esp-c, *7 pa en el siguiente esp-c, 1 pb en el siguiente esp-c*, rep de * a * dos veces más, 7 pa en el siguiente esp-c, 1 pr en el primer pb. Remata. *4 conchas, 4 pb*

Vuelta 3: Empalma el hilo A a cualquier pb, 4 c, [1 pa, 3 c, 1 V] en el mismo p, *5 c, [1 V, 3 c, 1 V] en el siguiente pb*, rep de * a * dos veces más, 5 c y 1 pr en la tercera c de las 4 c iniciales. Remata. *8 V, 4 esp de 5 c, más esp de esquina de 3 c*

Vuelta 4: Empalma el hilo C a cualquier esp de esquina, 1 c, 1 pb en el mismo esp de esquina, 7 pa en la siguiente V, *trabajando alrededor de las 5 c de la vuelta 3, 1 pb en el cuarto pa de la concha de la vuelta 2 de abajo, 7 pa en la siguiente V, 1 pb en el esp de 3 c, 7 pa en la siguiente V*, rep de * a * dos veces más, trabajando alrededor de las 5 c de la vuelta 3, 1 pb en el cuarto pa de la concha de la vuelta 2 de abajo, 7 pa en la siguiente V, 1 pr en el primer pb. Remata. *8 conchas, 8 pb*

Vuelta 5: Empalma el hilo A en el pb donde remataste la última vuelta, 4 c, [1 pa, 3 c, 1 V] en el mismo p, *5 c, 1 V en el siguiente pb, 5 c, [1 V, 3 c, 1 V] en el pb de la esquina*, rep de * a * dos veces más, 5 c, 1 V en el siguiente pb, 5 c, 1 pr en la tercera c de las 4 c iniciales. Remata. *12 V, 8 esp de 5 c, más esp de esquina de 3 c*

Vuelta 6: Empalma el hilo B en el esp de esquina más cercano a donde remataste la vuelta 5, 1 c, {pb en el esp de esquina, 7 pa en la siguiente V, *trabajando alrededor de las 5 c de la vuelta 5, 1 pb en el cuarto pa de la concha de la vuelta 4 de abajo, 7 pa en la siguiente V*, rep de * a * hasta el siguiente esp de esquina}, rep de { a } tres veces más, 1 pr en el primer pb. Remata. *12 conchas, 12 pb*

Vuelta 7: Empalma el hilo A en el pb donde remataste la última vuelta, 4 c, [1 pa, 3 c, 1 V] en el mismo p, {*2 c, 1 pb en el cuarto pa de la siguiente concha, 2 c, 1 V en el siguiente pb*, rep de * a * una vez más, 2 c, 1 pb en el cuarto pa de la siguiente concha, 2 c, [1 V, 3 c, 1 V] en el pb de la esquina}, rep de { a } dos veces más, rep de * a * dos veces más, 2 c, 1 pb en el cuarto pa de la siguiente concha, 2 c, 1 pr en la tercera c de las 4 c iniciales. Remata. *16 V, 12 pb, 24 esp de 2 c, más esp de esquina de 3 c*

Vuelta 8: Empalma el hilo C a cualquier esp de esquina, 1 c, *[2 pb, 2 c, 2 pb] en el esp de esquina, 1 pb en cada V y cada pb y 2 pb en cada esp de 2 c hasta el siguiente esp de esquina (19 pb entre las esquinas)*, rep de * a * tres veces más, 1 pr en el primer pb. Remata. *23 p por lado, más esp de esquina de 2 c de aquí en adelante*

Vuelta 9: Empalma el hilo D a cualquier esp de esquina, 1 c, *[2 mpa, 2 c, 2 mpa] en el esp de esquina, 23 mpa*, rep de * a * tres veces más, 1 pr en el primer mpa. Remata. *27 p por lado*

Punto en V (p. 47)

Cuadrado de punto de red alterno

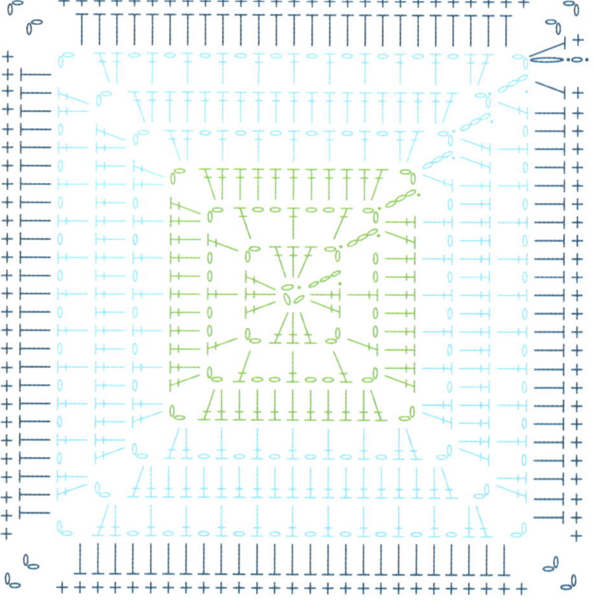

Con el hilo A, 3 c y 1 pr en la primera c para crear un anillo.

Vuelta 1: 5 c (se cuentan como primer pa y 2 c en todas las vueltas), *3 pa en el centro del anillo, 2 c*, rep de * a * dos veces más, 2 pa en el centro del anillo, 1 pr en la tercera c de las 5 c iniciales. *3 p por lado, más esp de esquina de 2 c en todas las vueltas*

Vuelta 2: 1 pr en el esp de esquina de 2 c, 5 c, 1 pa en el esp de esquina, *2 c, salta 1 p, 1 pa en el siguiente p, 2 c, salta 1 p, [1 pa, 2 c, 1 pa] en el esp de esquina*, rep de * a * dos veces más, 2 c, salta 1 p, 1 pa en el siguiente p, 2 c, salta 1 p, 1 pr en la tercera c de las 5 c iniciales. *3 p por lado con 2 c entre ellos*

Vuelta 3: 1 pr en el esp de esquina de 2 c, 5 c, 2 pa en el esp de esquina, {*1 pa en el siguiente p, 2 pa en el esp-c*, rep de * a * una vez más, 1 pa en el siguiente p, [2 pa, 2 c, 2 pa] en el esp de esquina}, rep de { a } dos veces más, rep de * a * dos veces más, 1 pa en el último p, 1 pa en el esp de esquina inicial, 1 pr en la tercera c de las 5 c iniciales. Remata. *11 p por lado*

Vuelta 4: Empalma el hilo B a cualquier esp de esquina de 2 c, 5 c, 2 pa en el esp de esquina, {*1 c, salta 1 p, 1 pa en el siguiente p*, rep de * a * hasta el último p antes de la siguiente esquina, 1 c, salta 1 p, [2 pa, 2 c, 2 pa] en el esp de esquina}, rep de { a } dos veces más, rep de * a * hasta el último p, 1 c, salta 1 p, 1 pa en el esp de esquina inicial, 1 pr en la tercera c de las 5 c iniciales. *9 p y 6 esp-c por lado*

Vuelta 5: 1 pr en el esp de esquina de 2 c, 5 c, 2 pa en el esp de esquina, *1 pa en cada p y cada esp-c hasta la siguiente esquina, [2 pa, 2 c, 2 pa] en el esp de esquina*, rep de * a * dos veces más, 1 pa en cada p y cada esp-c hasta la siguiente esquina, 1 pa en el esp de esquina inicial, 1 pr en la tercera c de las 5 c iniciales. *19 p por lado*

Vuelta 6: 1 pr en el esp de esquina de 2 c, 5 c, 2 pa en el esp de esquina, {*1 c, salta 1 p, 1 pa en el siguiente p*, rep de * a * hasta el último p antes de la siguiente esquina, 1 c, salta 1 p, [2 pa, 2 c, 2 pa] en el esp de esquina}, rep de { a } dos veces más, rep de * a * hasta el último p, 1 c, salta 1 p, 1 pa en el esp de esquina inicial, 1 pr en la tercera c de las 5 c iniciales. Remata. *13 p y 10 esp-c por lado*

Vuelta 7: Empalma el hilo C a cualquier esp de esquina de 2 c, 1 c (NO se cuenta como p en ninguna de las vueltas), *[1 mpa, 2 c, 1 mpa] en el esp de esquina, 1 mpa en cada p y cada esp-c hasta la siguiente esquina*, rep de * a * tres veces más, 1 pr en el primer mpa. *25 p por lado*

Vuelta 8: 1 pr en el esp de esquina de 2 c, 1 c, *[1 pb, 2 c, 1 pb] en el esp de esquina, 1 pb en cada p hasta la siguiente esquina*, rep de * a * tres veces más, 1 pr en el primer pb. *27 p por lado*

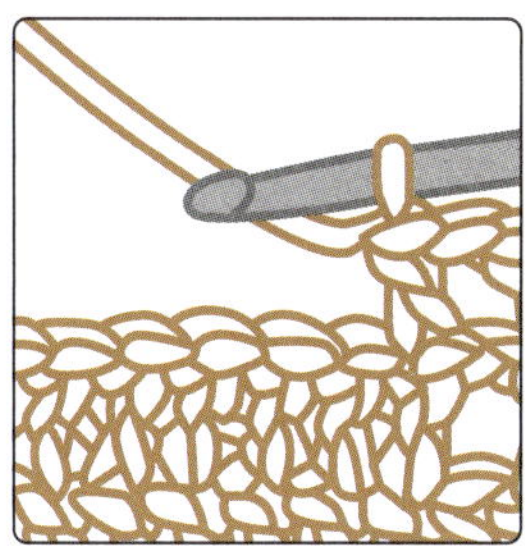

PUNTO DE RED

El punto de red (o punto filet) a ganchillo consiste en una serie de grupos de puntos y espacios vacíos con los que se crean diversos motivos, a menudo imágenes o figuras. El efecto es realmente espectacular y la técnica es muy sencilla, ya que solo se usan puntos altos además de cadenetas para crear el tejido de malla básico.

Cuadrado con estrella a punto de red

Con el hilo A, 3 c y 1 pr en la primera c para crear un anillo.

Vuelta 1: 3 c (se cuentan como primer pa en todas las vueltas), 11 pa en el centro del anillo, 1 pr en la tercera c de las 3 c iniciales. *12 p*

Vuelta 2: 3 c, 1 pa en el mismo p, *1 c, salta 1 p, 2 pa en el siguiente p, 2 c, 2 pa en el siguiente p*, rep de * a * dos veces más, 1 c, salta 1 p, 2 pa en el siguiente p, 2 c, 1 pr en la tercera c de las 3 c iniciales. *16 p y 4 esp-c, más esp de esquina de 2 c de aquí en adelante, excepto en la vuelta 7*

Vuelta 3: Gira, 1 pr en el esp de esquina de 2 c, 3 c, 1 pa en el esp de esquina, *1 pa en cada p hasta el esp-c, 1 c, salta el esp-c, 1 pa en cada p hasta la esquina, [2 pa, 2 c, 2 pa] en el esp de esquina*, rep de * a * dos veces más, 1 pa en cada p hasta el esp-c, 1 c, salta el esp-c, 1 pa en cada p hasta la esquina, 2 pa en el esp de esquina inicial, 2 c, 1 pr en la tercera c de las 3 c iniciales. *9 p/esp-c por lado*

Vueltas 4–5: Rep la vuelta 3. *17 p/esp-c por lado tras la vuelta 5*

Vuelta 6: Gira, 1 pr en el esp de esquina de 2 c, 1 c (NO se cuenta como p en ninguna de las vueltas), *[1 mpa, 2 c, 1 mpa] en el esp de esquina, 1 mpadet en cada p hasta el siguiente esp-c, 1 mpa en el esp-c, 1 mpadet en cada p hasta la esquina*, rep de * a * tres veces más, 1 pr en el primer mpa. Remata. *19 p por lado*

Vuelta 7: Sin girar, empalma el hilo B a cualquier esp de esquina de 2 c, 1 c, {[1 mpa, 3 c, 1 mpa] en el esp de esquina, *1 c, salta 1 p, 1 mpa en el siguiente p*, rep de * a * ocho veces más, 1 c, salta el p rest}, rep de { a } tres veces más, 1 pr en el primer mpa. Remata. *21 p/esp-c por lado, más esp de esquina de 3 c*

Vuelta 8: Sin girar, empalma el hilo C a cualquier esp de esquina de 3 c, 1 c, 2 mpa en el esp de esquina, *1 mpa en cada p y cada esp-c hasta la esquina, [2 mpa, 2 c, 2 mpa] en el esp de esquina*, rep de * a * dos veces más, 1 mpa en cada p y cada esp-c hasta la esquina, 2 mpa en el esp de esquina inicial, 2 c, 1 pr por detrás en el primer mpa. *25 p por lado*

Vuelta 9: Sin girar, 1 c, 1 pbdet en el mismo p, *1 pbdet en cada p hasta la esquina, [1 pb, 2 c, 1 pb] en el esp de esquina*, rep de * a * tres veces más, 1 pr en el primer pb. Remata. *27 p por lado*

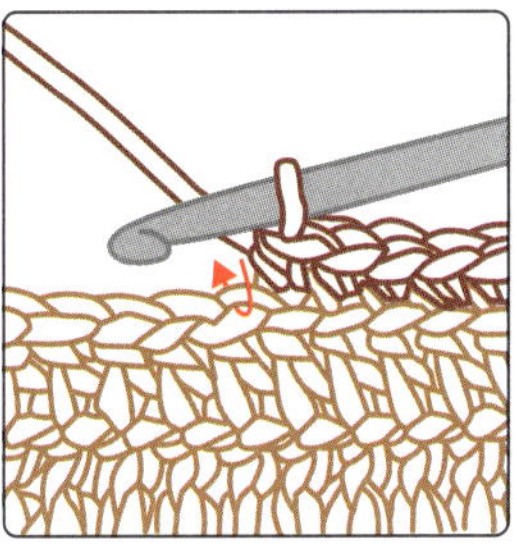

PUNTOS TEJIDOS POR DETRÁS (DET)

Vistos desde arriba, los puntos de ganchillo parecen tener forma de V. Normalmente, para tejer, el ganchillo se inserta por debajo de las dos hebras que forman la V. Sin embargo, los puntos también se pueden hacer trabajando solo en una de las hebras para obtener un efecto diferente.

La hebra de la V más alejada, la que se encuentra en el lado opuesto de tu labor, se considera la hebra posterior. Para tejer cualquier punto por detrás (pbdet, padet, etc.), es decir, por la hebra posterior, inserta el ganchillo solo bajo esta hebra y luego complétalo como de costumbre.

Cuadrado de rayas con madroños

Con el hilo A, 28 c.

Vuelta 1: 1 pb en la segunda c desde el ganchillo, 26 pb. Remata. *27 p*

Vuelta 2: Gira, empalma el hilo B, 1 c (NO se cuenta como p en ninguna de las vueltas), *3 pb, 1 m*, rep de * a * cinco veces más, 3 pb. Remata.

Vuelta 3: Gira, empalma el hilo A, 1 c, gira, 27 pb.

Vuelta 4: 1 c, gira, 27 pb.

Vuelta 5: Rep la vuelta 4. Remata.

Vuelta 6: Gira, empalma el hilo C, 1 c, 1 pb, *1 m, 3 pb*, rep de * a * cinco veces más, 1 m, 1 pb. Remata.

Vuelta 7: Rep la vuelta 3.

Vueltas 8–9: Rep la vuelta 4. Remata tras la vuelta 9.

Vuelta 10: Gira, empalma el hilo D, 1 c, *3 pb, 1 m*, rep de * a * cinco veces más, 3 pb. Remata.

Vuelta 11: Rep la vuelta 3.

Vueltas 12–13: Rep la vuelta 4. Remata tras la vuelta 13.

Vuelta 14: Gira, empalma el hilo E, 1 c, 1 pb, *1 m, 3 pb*, rep de * a * cinco veces más, 1 m, 1 pb. Remata.

Vuelta 15: Rep la vuelta 3.

Vueltas 16–17: Rep la vuelta 4. Remata tras la vuelta 17.

Vuelta 18: Gira, empalma el hilo F, 1 c, *3 pa, 1 m*, rep de * a * cinco veces más, 3 pa. Remata.

Vuelta 19: Rep la vuelta 3.

Vueltas 20–21: Rep la vuelta 4. Remata tras la vuelta 21.

Vuelta 22: Gira, empalma el hilo G, 1 c, 1 pb, *1 m, 3 pb*, rep de * a * cinco veces más, 1 m, 1 pb. Remata.

Vuelta 23: Rep la vuelta 3.

Vueltas 24–25: Rep la vuelta 4. Remata tras la vuelta 25.

Vuelta 26: Gira, empalma el hilo H, 1 c, *3 pb, 1 m*, rep de * a * cinco veces más, 3 pb. Remata.

Vuelta 27: Rep la vuelta 3.

Vuelta 28: Sin girar, 1 c, [1 pb, 2 c, 1 pb] en el mismo p para hacer la primera esquina, 25 pb hacia abajo (1 p en el lado de cada vuelta), [1 pb, 2 c, 1 pb] para hacer la segunda esquina, 25 pb, [1 pb, 2 c, 1 pb] para hacer la tercera esquina, 25 pb hacia arriba (1 p en el lado de cada vuelta), [1 pb, 2 c, 1 pb] para hacer la última esquina, 25 pb, 1 pr en el primer pb. *27 p por lado, más esp de esquina de 2 c*

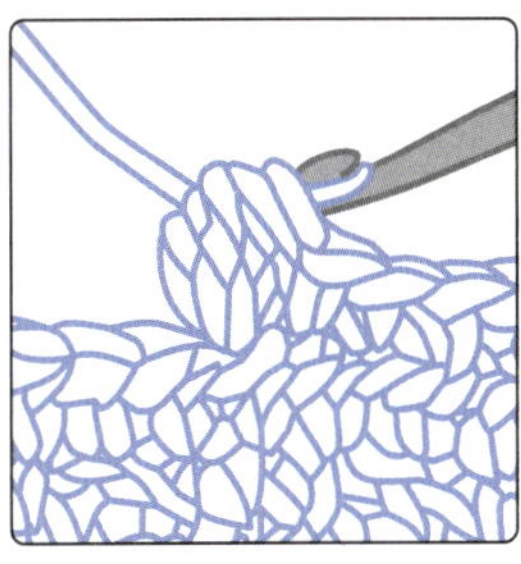

PUNTO DE MADROÑO (M)

Echa el hilo, inserta el ganchillo en un punto, echa el hilo y sácalo, echa el hilo y sácalo a través de dos lazadas, repite de * a * tres veces más, de modo que al final tendrás cinco lazadas en el ganchillo, echa el hilo y sácalo a través de todas las lazadas.

Los madroños se hacen con el REVES de la labor hacia ti, ya que naturalmente se abomban en dirección contraria y sobresaldrán por la CARA DEL DERECHO.

Para hacer madroños aún más grandes, repite de * a * cuatro veces.

Cuadrado tradicional con madroños

Con el hilo A, 3 c y 1 pr en la primera c para crear un anillo.

Vuelta 1: 5 c (se cuentan como primer pa y 2 c en todas las vueltas), *3 pa en el centro del anillo, 2 c*, rep de * a * dos veces más, 2 pa en el centro del anillo, 1 pr en la tercera c de las 5 c iniciales. *3 p por lado, más esp de esquina de 2 c en todas las vueltas*

Vuelta 2: 1 pr en el esp de esquina de 2 c, 5 c, 3 pa en el esp de esquina, *[3 pa, 2 c, 3 pa] en el siguiente esp de esquina* repite de * a * dos veces más, 2 pa en el esp de esquina inicial, 1 pr en la tercera c de las 5 c iniciales. Remata. *6 p por lado*

Vuelta 3: Sin girar, empalma el hilo B a cualquier esp de esquina de 2 c, 1 c (NO se cuenta como p), *[2 mpa, 2 c, 2 mpa] en el esp de esquina, 1 mpa en cada p hasta la siguiente esquina*, rep de * a * tres veces más, 1 pr en el primer mpa. Remata. *10 p por lado*

Vuelta 4: Gira, empalma el hilo C a cualquier esp de esquina de 2 c, 1 c, {[1 pb, 2 c, 1 pb] en el esp de esquina, *1 m, 2 pb*, rep de * a * dos veces más, 1 m}, rep de { a } tres veces más, 1 pr en el primer pb. Remata. *12 p por lado*

Vuelta 5: Gira, empalma el hilo B a cualquier esp de esquina de 2 c, 1 c (NO se cuenta como p), *[2 mpa, 2 c, 2 mpa] en el esp de esquina, 1 mpa en cada p hasta la siguiente esquina*, rep de * a * tres veces más, 1 pr en el primer mpa. Remata. *16 p por lado*

Vuelta 6: Sin girar, empalma el hilo D a cualquier esp de esquina de 2 c, 5 c, 3 pa en el esp de esquina, {salta 3 p, 3 pa en el siguiente p, *salta 2 p, 3 pa en el siguiente p*, repite de * a * hasta que queden 3 p antes de la siguiente esquina, salta 3 p, [3 pa, 2 c, 3 pa] en el esp de esquina}, rep de { a } tres veces más, omitiendo el último [3 pa, 2 c, 3 pa] de la última rep, 2 pa en el esp de esquina inicial, 1 pr en la tercera c de las 5 c iniciales. *18 p por lado*

Vuelta 7: 1 pr en el esp de esquina de 2 c, 3 c, [2 pa, 2 c, 3 pa] en el esp de esquina, *3 pa entre cada grupo de 3 pa de la vuelta anterior, [3 pa, 2 c, 3 pa] en el esp de esquina*, rep de * a * dos veces más, 3 pa entre cada grupo de 3 pa de la vuelta anterior, 1 pr en la tercera c de las 3 c iniciales. Remata. *21 p por lado*

Vuelta 8: Sin girar, empalma el hilo B a cualquier esp de esquina de 2 c, 1 c, *[1 pb, 2 c, 1 pb] en el esp de esquina, 1 pb en cada p hasta la siguiente esquina*, rep de * a * tres veces más, 1 pr en el primer pb. Remata. *23 p por lado*

Vuelta 9: Gira, empalma el hilo E a cualquier esp de esquina de 2 c, 1 c, {[1 pb, 2 c, 1 pb] en el esp de esquina, *1 m, 2 pb*, repite de * a * hasta que queden 2 p antes de la siguiente esquina, 1 m, 1 pb}, rep de { a } tres veces más, 1 pr en el primer pb. Remata. *25 p por lado*

Vuelta 10: Gira, empalma el hilo B a cualquier esp de esquina de 2 c, 1 c, *[1 pb, 2 c, 1 pb] en el esp de esquina, 1 pb en cada p hasta la siguiente esquina*, rep de * a * tres veces más, 1 pr en el primer pb. Remata. *27 p por lado*

Punto de madroño
(p. 55)

Diseñar un cuadrado con madroños

Gracias a su efecto 3D, el punto de madroño es ideal para crear imágenes en relieve en tu labor de ganchillo. Esto se puede hacer fácilmente creando un dibujo en un gráfico cuadriculado.

Cada cuadrado del gráfico sin marcar representa un punto bajo, mientras que cada cuadrado marcado indica un punto de madroño.

Teniendo en cuenta que los madroños se tejen con el revés hacia ti, siempre debes tejer una vuelta de puntos bajos entre cada vuelta de madroños para que todos estos queden en el mismo lado al terminar. Para asegurarte de que tus madroños tengan el efecto 3D deseado, haz siempre un punto bajo justo después de cada uno: nunca tejas madroños uno tras otro sin al menos un punto bajo entre ellos.

En un gráfico de madroños básico (p. 59), cada cuadrado negro representa un punto de madroño. Observa que cada vuelta impar es una vuelta solo de puntos bajos.

Para tejer cada vuelta impar, sigue la cuadrícula de derecha a izquierda, y para tejer cada vuelta par, de izquierda a derecha.

Para comenzar cada nueva vuelta, haz 1 cadeneta y gira la labor. Esta primera cadeneta NO se cuenta como un punto en todo el cuadrado.

Cuadrado con mariposa de madroños

Con el hilo A, 26 c.

Vuelta 1: 1 pb en la segunda c desde el ganchillo, 24 pb. *25 p*

Vuelta 2: 1 c (NO se cuenta como p en ninguna de las vueltas), gira, 25 pb.

Vuelta 3: Rep la vuelta 2.

Vuelta 4: 1 c, gira, 5 pb, *1 m, 1 pb*, rep de * a * una vez más, 8 pb, rep de * a * dos veces más, 4 pb.

Vuelta 5: Rep la vuelta 2.

Vuelta 6: 1 c, gira, *4 pb, 1 m*, rep de * a * una vez más, 5 pb, 1 m, rep de * a * una vez más, 4 pb.

Vuelta 7: Rep la vuelta 2.

Vuelta 8: 1 c, gira, 4 pb, 1 m, 6 pb, *1 m, 1 pb*, rep de * a * una vez más, 5 pb, 1 m, 4 pb.

Vuelta 9: Rep la vuelta 2.

Vuelta 10: 1 c, gira, 5 pb, *1 m, 1 pb*, rep desde * a * una vez más, 2 pb, rep de * a * dos veces más, 2 pb, rep de * a * dos veces más, 4 pb.

Vuelta 11: Rep la vuelta 2.

Vuelta 12: 1 c, gira, 3 pb, 1 m, 7 pb, *1 m, 1 pb*, rep de * a * una vez más, 6 pb, 1 m, 3 pb.

Vuelta 13: Rep la vuelta 2.

Vuelta 14: 1 c, gira, 2 pb, 1 m, 8 pb, *1 m, 1 pb*, rep de * a * una vez más, 7 pb, 1 m, 2 pb.

Vuelta 15: Rep la vuelta 2.

Vuelta 16: 1 c, gira, 2 pb, 1 m, 6 pb, *1 m, 1 pb*, rep de * a * tres veces más, 5 pb, 1 m, 2 pb.

Vuelta 17: Rep la vuelta 2.

Vuelta 18: 1 c, gira, 3 pb, *1 m, 1 pb*, rep de * a * dos veces más, 2 pb, rep de * a * dos veces más, 2 pb, rep de * a * tres veces más, 2 pb.

Vuelta 19: Rep la vuelta 2.

Vuelta 20: 1 c, gira, 10 pb, 1 m, 3 pb, 1 m, 10 pb.

Vuelta 21: Rep la vuelta 2.

Vuelta 22: 1 c, gira, 6 pb, *1 m, 1 pb*, rep de * a * una vez más, 6 pb, rep de * a * dos veces más, 5 pb.

Vueltas 23–25: Rep la vuelta 2.

Por último, teje alrededor del cuadrado para enderezar los lados y facilitar la unión.

Vuelta 26: 1 c, gira, [1 pb, 2 c, 1 pb] en el mismo p para hacer la primera esquina, 23 pb, [1 pb, 2 c, 1 pb] para hacer la segunda esquina, 23 pb hacia abajo (1 pb en el lado de cada vuelta), [1 pb, 2 c, 1 pb] para hacer la tercera esquina, 23 pb, [1 pb, 2 c, 1 pb] para la hacer la última esquina, 23 pb hacia arriba (1 pb en el lado de cada vuelta), 1 pr en el primer pb. Remata. *25 p por lado, más esp de esquina de 2 c de aquí en adelante*

Vuelta 27: Con el derecho hacia ti (que es el lado donde los madroños son más prominentes), empalma el hilo B a cualquier esp de esquina de 2 c, *[1 pb, 2 c, 1 pb] en el esp de esquina, 25 pb*, rep de * a * tres veces más, 1 pr en el primer pb. Remata. *27 p por lado*

☐ Punto bajo ■ Punto de madroño

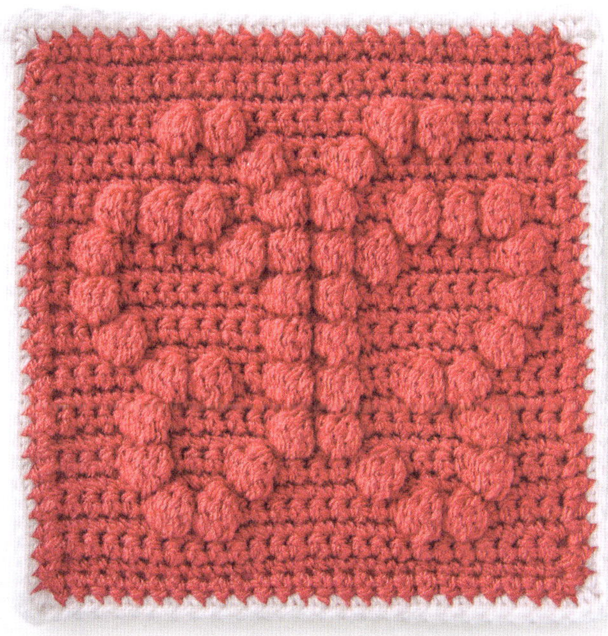

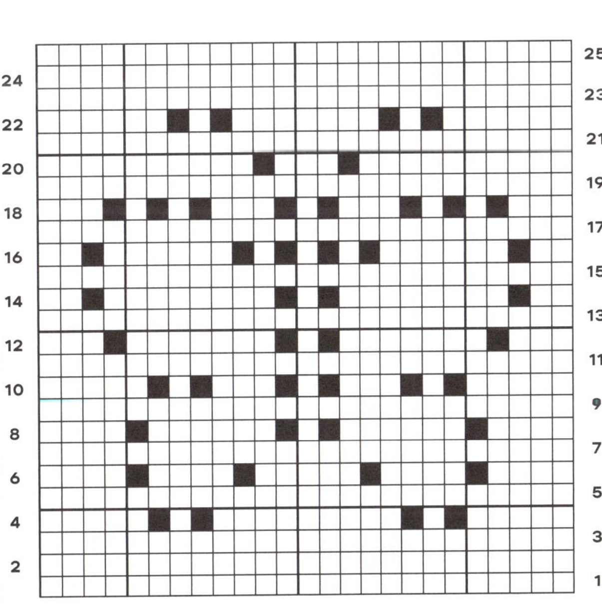

Cuadrado con locomotora de madroños

Con el hilo A, 26 c.

Vuelta 1: 1 pb en la segunda c desde el ganchillo, 24 pb. *25 p*

1 c (NO se cuenta como p en ninguna de las vueltas), gira.

Vueltas 2–25: Sigue el gráfico.

Vuelta 26: 1 c, gira, [1 pb, 2 c, 1 pb] en el mismo p para hacer la primera esquina, 23 pb, [1 pb, 2 c, 1 pb] para hacer la segunda esquina, 23 pb hacia abajo (1 p en el lado de cada vuelta), [1 pb, 2 c, 1 pb] para hacer la tercera esquina, 23 pb, [1 pb, 2 c, 1 pb] para hacer la última esquina, 23 pb hacia arriba (1 p en el lado de cada vuelta), 1 pr en el primer pb. Remata. *25 p por lado, más esp de esquina de 2 c de aquí en adelante*

Vuelta 27: Con el derecho hacia ti, empalma el hilo B a cualquier esp de esquina de 2 c, *[1 pb, 2 c, 1 pb] en el esp de esquina, 25 pb*, rep de * a * tres veces más, 1 pr en el primer pb. Remata. *27 p por lado*

Punto de madroño
(p. 55)

LOCOMOTORA

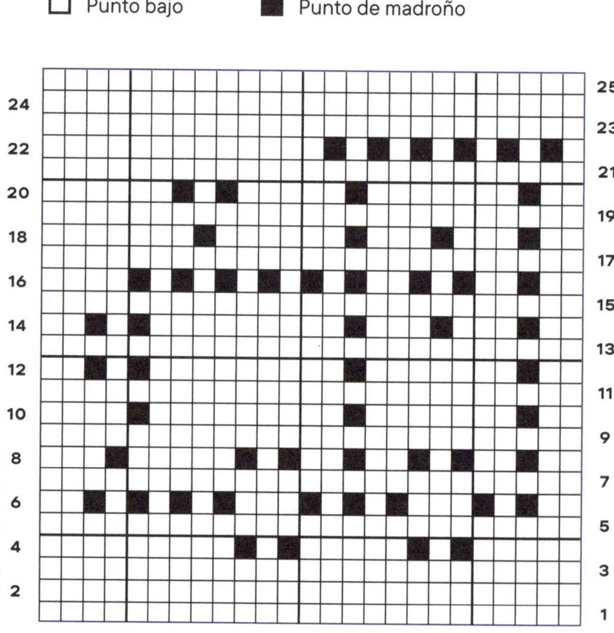

Cuadrado con corona de madroños

Con el hilo A, 26 c.

Vuelta 1: 1 pb en la segunda c desde el ganchillo, 24 pb. *25 p*

1 c (NO se cuenta como p en ninguna de las vueltas), gira.

Vueltas 2–25: Sigue el gráfico.

Vuelta 26: 1 c, gira, [1 pb, 2 c, 1 pb] en el mismo p para hacer la primera esquina, 23 pb, [1 pb, 2 c, 1 pb] para hacer la segunda esquina, 23 pb hacia abajo (1 p en el lado de cada vuelta), [1 pb, 2 c, 1 pb] para hacer la tercera esquina, 23 pb, [1 pb, 2 c, 1 pb] para hacer la última esquina, 23 pb hacia arriba (1 p en el lado de cada vuelta), 1 pr en el primer pb. Remata. *25 p por lado, más esp de esquina de 2 c de aquí en adelante*

Vuelta 27: Con el derecho hacia ti, empalma el hilo B a cualquier esp de esquina de 2 c, *[1 pa, 2 c, 1 pa] en el esp de esquina, 25 pa*, rep de * a * tres veces más, 1 pr en el primer pb. Remata. *27 p por lado*

Punto de madroño
(p. 55)

CORONA

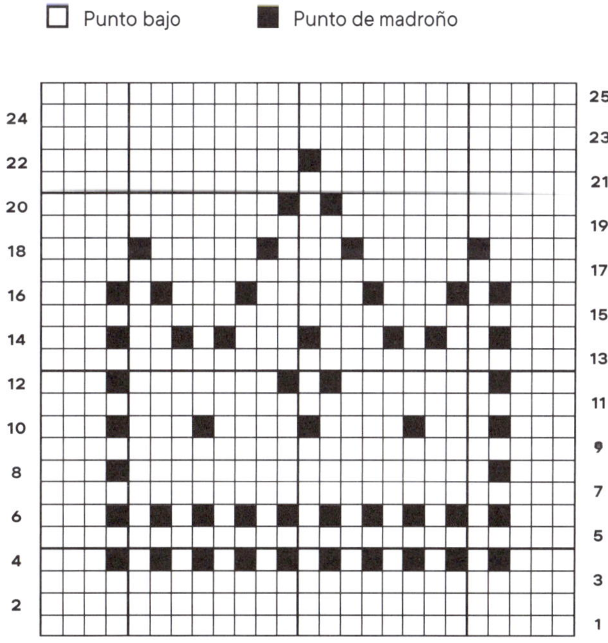

Cuadrado con garbanzos 50/50

Con el hilo A, 3 c y 1 pr en la primera c para crear un anillo.

Vuelta 1: 5 c (se cuenta como primer pa y 2 c en todas las vueltas), *3 pa en el centro del anillo, 2 c*, rep de * a * dos veces más, 2 pa en el centro del anillo, 1 pr en la tercera c de las 5 c iniciales. Remata. *3 p por lado, con esp de esquina de 2 c*

Nota: Esta vuelta es un poco diferente porque las esquinas se forman con [1 pa, 3 c, 1 pa] en vez de los habituales [2 pa, 2 c, 2 pa]; esto permite tejer una vuelta más al final sin modificar el número de puntos.

Vuelta 2: Empalma el hilo B a cualquier esp de esquina de 2 c, 6 c (se cuentan como primer pa y 3 c), 1 pa en el mismo esp de esquina, 1 pa, 1 g, 1 pa, [1 pa, 3 c, 1 pa] en el esp de esquina, 3 pa, [1 pa, 3 c, 1 pa] en el esp de esquina, 1 pa, 1 g, 1 pa, [1 pa, 3 c, 1 pa] en el esp de esquina, 3 pa, 1 pr en la tercera c de las 6 c iniciales. Remata. *5 p por lado, con esp de esquina de 3 c*

Vuelta 3: Empalma el hilo C al último esp de esquina de 3 c de la vuelta anterior, 5 c, 2 pa en el mismo esp de esquina, 1 g, 3 pa, 1 g, [2 pa, 2 c, 2 pa] en el esp de esquina, 5 pa, [2 pa, 2 c, 2 pa] en el esp de esquina, 1 g, 3 pa, 1 g, [2 pa, 2 c, 2 pa] en el esp de esquina, 5 pa, 1 pa en el esp de esquina inicial, 1 pr en la tercera c de las 5 c iniciales. Remata. *9 p por lado, con esp de esquina de 2 c de aquí en adelante*

Vuelta 4: Empalma el hilo D al último esp de esquina de 2 c de la vuelta anterior, 5 c, 2 pa en el mismo esp de esquina, {*1 g, 3 pa*, rep de * a * hasta el último p antes de la esquina, 1 g, [2 pa, 2 c, 2 pa] en el esp de esquina, 1 pa en cada p hasta la siguiente esquina}, [2 pa, 2 c, 2 pa] en el esp de esquina, rep de { a } una vez más, 1 pa en el esp de esquina inicial, 1 pr en la tercera c de las 5 c iniciales. Remata. *13 p por lado*

Vueltas 5–7: Rep la vuelta 4, con los hilos E, F y G. *25 p por lado tras la vuelta 7*

Vuelta 8: Empalma el hilo H a cualquier esp de esquina de 2 c, 1 c, *[1 pb, 2 c, 1 pb] en el esp de esquina, 25 pb*, rep de * a * tres veces más, 1 pr en el primer pb. Remata. *27 p por lado*

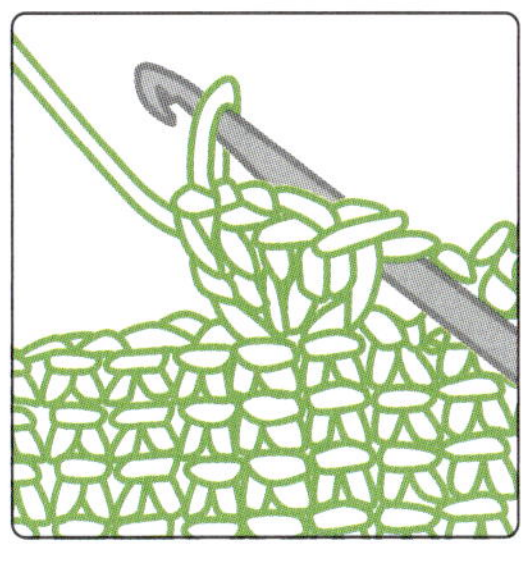

PUNTO DE GARBANZO (G)

Haz 5 puntos altos donde se indique, luego saca el ganchillo de la lazada y vuelve a insertarlo en el primer punto alto, pasa la lazada por él para cerrar el garbanzo y haz 1 c para completar el punto. Al trabajar sobre el garbanzo en las vueltas siguientes, haz el/los punto(s) en la c.

Cuadrado con rombos de garbanzos

Con el hilo A, 3 c y 1 pr en la primera c para crear un anillo.

Vuelta 1: 5 c (se cuentan como primer pa más 2 c en todas las vueltas), 3 pa en el centro del anillo, * 2 c, 3 pa en el centro del anillo*, rep de * a * una vez más, 2 c, 2 pa en el centro del anillo, 1 pr en la tercera c de las 5 c iniciales. *3 puntos por lado, más esp de esquina de 2 c en todas las vueltas*

Vuelta 2: Sin girar, 1 pr en el esp de esquina de 2 c, 5 c, 2 pa en el esp de esquina, *1 pa, 1 g, 1 pa, [2 pa, 2 c, 2 pa] en el esp de esquina*, rep de * a * dos veces más, 1 pa, 1 g, 1 pa, 1 pa en el esp de esquina inicial, 1 pr en la tercera c de las 5 c iniciales. *7 p por lado*

Vuelta 3: Sin girar, 1 pr en el esp de esquina de 2 c, 5 c, 2 pa en el esp de esquina, *2 pa, 1 g, 1 pa, 1 g, 2 pa, [2 pa, 2 c, 2 pa] en el esp de esquina*, rep de * a * dos veces más, 2 pa, 1 g, 1 pa, 1 g, 2 pa, 1 pa en el esp de esquina inicial, 1 pr en la tercera c de las 5 c iniciales. *11 p por lado*

Vuelta 4: Sin girar, 1 pr en el esp de esquina de 2 c, 5 c, 2 pa en el esp de esquina, {3 pa, *1 g, 1 pa*, rep de * a * dos veces más, 2 pa, [2 pa, 2 c, 2 pa] en el esp de esquina}, rep de { a } dos veces más, 3 pa, rep de * a * tres veces más, 2 pa, 1 pa en el esp de esquina inicial, 1 pr en la tercera c de las 5 c iniciales. *15 p por lado*

Vuelta 5: Sin girar, 1 pr en el esp de esquina de 2 c, 5 c, 2 pa en el esp de esquina, *6 pa, 1 g, 1 pa, 1 g, 6 pa, [2 pa, 2 c, 2 pa] en el esp de esquina*, rep de * a * dos veces más, 6 pa, 1 g, 1 pa, 1 g, 6 pa, 1 pa en el esp de esquina inicial, 1 pr en la tercera c de las 5 c iniciales. *19 p por lado*

Vuelta 6: Sin girar, 1 pr en el esp de esquina de 2 c, 5 c, 2 pa en el esp de esquina, *9 pa, 1 g, 9 pa, [2 pa, 2 c, 2 pa] en el esp de esquina*, rep de * a * dos veces más, 9 pa, 1 g, 9 pa, 1 pa en el esp de esquina inicial, 1 pr en la tercera c de las 5 c iniciales. *23 p por lado*

Vuelta 7: Sin girar, 1 pr en el esp de esquina de 2 c, 1 c (NO se cuenta como p), 2 mpa en el esp de esquina, *23 mpa, [2 mpa, 2 c, 2 mpa] en el esp de esquina*, rep de * a * dos veces más, 23 mpa, 2 mpa en el esp de esquina inicial, 2 c, 1 pr en el primer mpa. Remata. *27 p por lado*

Punto de garbanzo
(p. 63)

Cuadrado con estrella de garbanzos

Con el hilo A, 3 c y 1 pr en la primera c para crear un anillo.

Vuelta 1: 5 c (se cuentan como primer pa y 2 c), *3 pa en el centro del anillo, 2 c*, rep de * a * dos veces más, 2 pa en el centro del anillo, 1 pr en la tercera c de las 5 c iniciales. *3 p por lado, con esp de esquina de 2 c en todas las vueltas*

Vuelta 2: 1 pr en el esp de esquina de 2 c, 2 c (NO se cuentan como p en ninguna de las vueltas), *[1 g, 2 c, 1 g] en el esp de esquina, 1 pa, 1 padrdel, 1 pa*, rep de * a * tres veces más, 1 pr en el primer g. *5 p por lado*

Vuelta 3: 1 pr en el esp de esquina de 2 c, 2 c, *[1 g, 2 c, 1 g] en el esp de esquina, 2 pa en el g, 1 pa, 1 padrdel, 1 pa, 2 pa en el g*, rep de * a * tres veces más, 1 pr en el primer g. *9 p por lado*

Vuelta 4: 1 pr en el esp de esquina de 2 c, 2 c, *[1 g, 2 c, 1 g] en el esp de esquina, 2 pa en el g, 1 pa en cada p hasta el padrdel, 1 padrdel, 1 pa en cada p hasta el g, 2 pa en el g*, rep de * a * tres veces más, 1 pr en el primer g. *13 p por lado*

Vueltas 5–6: Rep la vuelta 4. *21 p por lado tras la vuelta 6*

Vuelta 7: 1 pr en el esp de esquina de 2 c, 1 c (NO se cuenta como p), *[2 mpa, 2 c, 2 mpa] en el esp de esquina, 2 mpa en el g, 1 mpa en cada p hasta el siguiente g, 2 mpa en el g*, rep de * a * tres veces más, 1 pr en el primer mpa. *27 p por lado*

Punto de garbanzo (p. 63)
Puntos en relieve por delante (p. 39)

Cuadrado con anillos de racimos

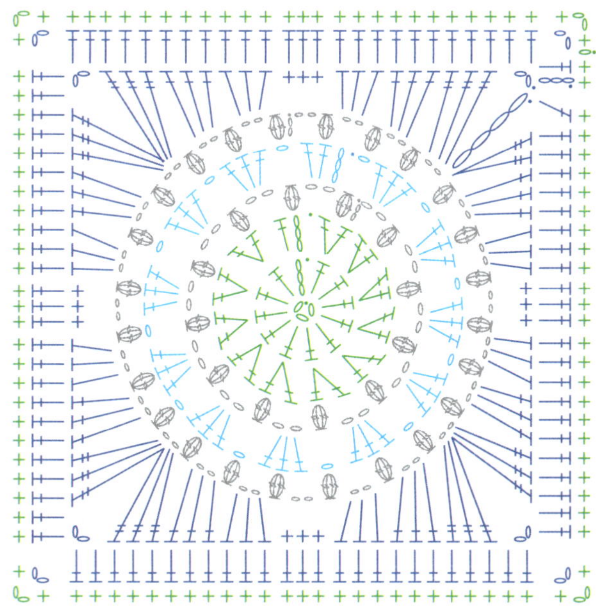

Con el hilo A, 3 c y 1 pr en la primera c para crear un anillo.

Vuelta 1: 3 c (se cuentan como primer pa en todas las vueltas), 11 pa en el centro del anillo, 1 pr en la tercera c de las 3 c iniciales. *12 p*

Vuelta 2: 3 c, 1 pa en el mismo p, 2 pa en cada uno de los 11 p siguientes, 1 pr en la tercera c de las 3 c iniciales. Remata. *24 p*

Vuelta 3: Empalma el hilo B a cualquier p, 2 c (NO se cuentan como p en ninguna de las vueltas), 1 r en el mismo p, *2 c, salta 1 p, 1 r en el p siguiente*, rep de * a * 10 veces más, 2 c, 1 pr en el primer r. Remata. *12 r, 12 esp de 2 c*

Vuelta 4: Empalma el hilo C a cualquier esp de 2 c, 3 c, 2 pa en el mismo esp de 2 c, *1 c, 3 pa en el siguiente esp de c*, rep de * a * 10 veces más, 1 c, 1 pr en la tercera c de las 3 c iniciales. Remata. *36 p, 12 esp de 1 c*

Vuelta 5: Empalma el hilo B a cualquier esp de 1 c, 2 c, 1 r en el mismo esp de 1 c, *2 c, salta 1 p, 1 r en el siguiente p, 2 c, salta 1 p, 1 r en el siguiente esp-c*, rep de * a * 10 veces más, 2 c, salta 1 p, 1 r en el siguiente p, 2 c, 1 pr en el primer r. Remata. *24 r y 24 esp de 2 c*

Vuelta 6: Empalma el hilo D a cualquier esp de 2 c, 6 c (se cuentan como primer pad más 2 c), 3 pad en el mismo esp de 2 c y, trabajando solo en los esp de 2 c, *3 pa en el siguiente esp-c, 3 mpa en el siguiente esp-c, 3 pb en el siguiente esp-c, 3 mpa en el siguiente esp-c, 3 pa en el siguiente esp-c, [3 pad, 2 c, 3 pad] en el siguiente esp-c*, rep de * a * dos veces más, 3 pa en el siguiente esp-c, 3 mpa en el siguiente esp-c, 3 pb en el siguiente esp-c, 3 mpa en el siguiente esp-c, 3 pa en el siguiente esp-c, 2 pad en el esp-c inicial, 1 pr en la cuarta c de las 4 c iniciales. *21 p por lado, más esp de esquina de 2 c de aquí en adelante*

Vuelta 7: 1 pr en el esp de esquina de 2 c, 3 c, [1 pa, 2 c, 2 pa] en el mismo esp de esquina, *21 pa, [2 pa, 2 c, 2 pa] en el esp de esquina*, rep de * a * dos veces más, 21 pa, 1 pr en la tercera c de las 3 c iniciales. Remata. *25 p por lado*

Vuelta 8: Empalma el hilo A a cualquier esp de esquina de 2 c, 1 c, *[1 pb, 2 c, 1 pb] en el esp de esquina, 25 pb*, rep de * a * tres veces más, 1 pr en el primer pb. Remata. *27 p por lado*

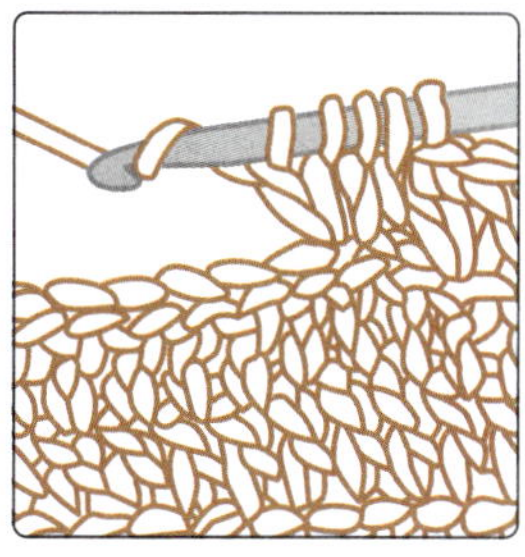

PUNTO DE RACIMO (R)

Echa el hilo e inserta el ganchillo en un espacio o un punto, echa el hilo y sácalo, luego echa el hilo y pásalo por dos lazadas, repite de * a * tres veces más, con lo que tendrás cinco lazadas en el ganchillo (cuatro puntos altos incompletos juntos), echa el hilo y pásalo por todas las lazadas del ganchillo para completar el punto.

Cuadrado con cruz de racimos

Con el hilo A, 3 c y 1 pr en la primera c para crear un anillo.

Vuelta 1: 2 c (NO se cuentan como un punto), *1 r en el centro del anillo, 3 c*, rep de * a * tres veces más, 1 pr en el primer r. Remata. *4 r, más esp de esquina de 3 c*

Vuelta 2: Empalma el hilo B a cualquier esp de esquina de 3 c, 1 c (NO se cuenta como p en ninguna de las vueltas), *[2 pb, 2 c, 2 pb] en el esp de esquina, 1 c, salta 1 r*, rep de * a * tres veces más, 1 pr en el primer pb. Remata. *4 p y 1 esp de 1 c por lado, más esp de esquina de 2 c de aquí en adelante*

Vuelta 3: Empalma el hilo C a cualquier esp de esquina de 2 c, 3 c (se cuentan como primer pa en todas las vueltas), [1 pa, 2 c, 2 pa] en el esp de esquina, *2 c, salta 2 p, 1 r en el esp de 1 c, 2 c, salta 2 p, [2 pa, 2 c, 2 pa] en el esp de esquina*, rep de * a * dos veces más, 2 c, salta 2 p, 1 r en el esp de 1 c, 2 c, 1 pr en la tercera c de las 3 c iniciales. Remata. *5 p y 2 esp de 2 c por lado*

Vuelta 4: Empalma el hilo B a cualquier esp de esquina de 2 c, 1 c, *[1 pb, 2 c, 1 pb] en el esp de esquina, 1 pb en cada p hasta el siguiente esp-c, 2 pb en el esp-c, 1 c, salta 1 p, 2 pb en el siguiente esp-c, 1 pb en cada p hasta la esquina*, rep de * a * tres veces más, 1 pr en el primer pb. Remata. *10 p y 1 esp de 1 c por lado*

Vuelta 5: Empalma el hilo D a cualquier esp de esquina de 2 c, 3 c, [1 pa, 2 c, 2 pa] en el esp de esquina, *3 pa, 2 c, salta 2 p, 1 r en el esp-c, 2 c, salta 2 p, 3 pa, [2 pa, 2 c, 2 pa] en el esp de esquina*, rep de * a * dos veces más, 3 pa, 2 c, salta 2 p, 1 r en el esp-c, 2 c, salta 2 p, 3 pa, 1 pr en la tercera c de las 3 c iniciales. Remata. *11 p y 2 esp de 2 c por lado*

Vuelta 6: Rep la vuelta 4. *16 p y 1 esp de 1 c por lado*

Vuelta 7: Empalma el hilo C a cualquier esp de esquina de 2 c, 3 c, [1 pa, 2 c, 2 pa] en el esp de esquina, *6 pa, 2 c, salta 2 p, 1 r en el esp-c, 2 c, salta 2 p, 6 pa, [2 pa, 2 c, 2 pa] en el esp de esquina*, rep de * a * dos veces más, 6 pa, 2 c, salta 2 p, 1 r en el esp-c, 2 c, salta 2 p, 6 pa, 1 pr en la tercera c de las 3 c iniciales. Remata. *17 p y 2 esp de 2 c por lado*

Vuelta 8: Rep la vuelta 4. *22 p y 1 esp de 1 c por lado*

Vuelta 9: Empalma el hilo A a cualquier esp de esquina de 2 c, 3 c, [1 pa, 2 c, 2 pa] en el esp de esquina, *9 pa, 2 c, salta 2 p, 1 r en el esp-c, 2 c, salta 2 p, 9 pa, [2 pa, 2 c, 2 pa] en el esp de esquina*, rep de * a * dos veces más, 9 pa, 2 c, salta 2 p, 1 r en el esp-c, 2 c, salta 2 p, 9 pa, 1 pr en la tercera c de las 3 c iniciales. Remata. *23 p y 2 esp de 2 c por lado*

Vuelta 10: Empalma el hilo B a cualquier esp de esquina de 2 c, 1 c, *[1 pb, 2 c, 1 pb] en el esp de esquina, 11 pb, 1 pb en el esp-c, 1 pb en el r, 1 pb en el esp-c, 11 pb*, rep de * a * tres veces más, 1 pr en el primer pb. Remata. *27 p por lado*

Punto de racimo
(p. 67)

Cuadrado con racimos en las esquinas

Con el hilo A, 6 c y 1 pr en la primera c para crear un anillo.

Vuelta 1: 2 c (NO se cuentan como p ninguna de las vueltas), *1 r en el centro del anillo, 3 c*, rep de * a * siete veces más, 1 pr en el primer r. Remata. *8 r con esp de 3 c*

Vuelta 2: Empalma el hilo B a cualquier esp de 3 c, 2 c, *[1 r, 3 c, 1 r] en el esp-c, 2 c, 3 pa en el siguiente esp-c, 2 c*, rep de * a * tres veces más, 1 pr en el primer r. Remata. *5 p/esp-c en cada lado, más 2 r con esp de esquina de 3 c de aquí en adelante*

Vuelta 3: Empalma el hilo C a cualquier esp de esquina de 3 c, 2 c, *[1 r, 3 c, 1 r] en el esp de esquina, 2 c, 2 pa en el esp de 2 c, 1 pa en cada p hasta el siguiente esp de 2 c, 2 pa en el esp de 2 c, 2 c*, rep de * a * tres veces más, 1 pr en el primer r. Remata. *9 p/esp-c en cada lado*

Vueltas 4–6: Rep la vuelta 3 con los hilos D, E y F. *21 p/esp-c en cada lado tras la vuelta 6*

Vuelta 7: Empalma el hilo G a cualquier esp de esquina de 3 c, 1 c (NO se cuenta como p), *[2 mpa, 2 c, 2 mpa] en el esp de esquina, 2 mpa en el esp de 2 c, 1 mpa en cada p hasta el siguiente esp de 2 c, 2 mpa en el esp-c*, rep de * a * tres veces más, 1 pr en el primer mpa. Remata. *27 p por lado, más esp de esquina de 2 c*

Punto de racimo
(p. 67)

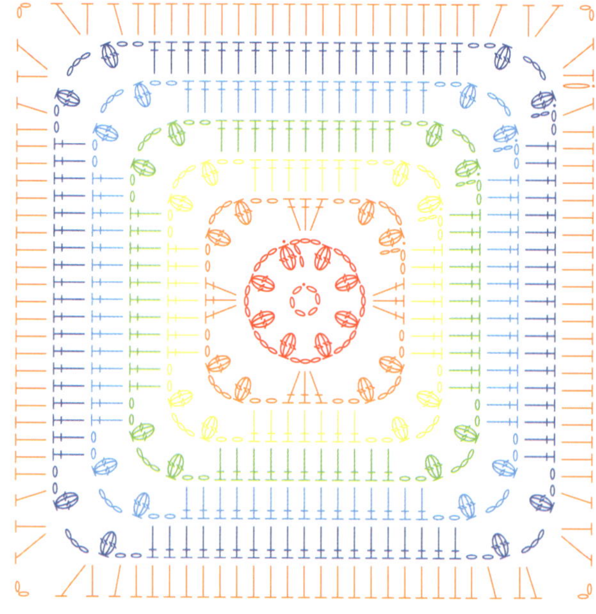

Cuadrado con borlas en las esquinas

Con el hilo A, 6 c y 1 pr en la primera c para crear un anillo.

Vuelta 1: 2 c (NO se cuentan como p en ninguna de las vueltas), *1 b en el centro del anillo, 1 c*, rep de * a * siete veces más, 1 pr en la primera b. Remata. *8 b con 1 c entre cada una*

Vuelta 2: Empalma el hilo B a cualquier esp de c, 2 c, *[1 b, 2 c, 1 b] en el esp-c, 1 c, 3 pa en el siguiente esp de c, 1 c*, rep de * a * tres veces más, 1 pr en la primera b. Remata. *5 p/esp de c por lado, más 2 b con esp de esquina de 2 c de aquí en adelante*

Vuelta 3: Empalma el hilo C a cualquier esp de esquina de 2 c, 2 c, *[1 b, 2 c, 1 b] en el esp de esquina, 1 c, 2 pa en el esp de 1 c, 1 pa en cada p hasta el siguiente esp de 1 c, 2 pa en el esp de 1 c, 1 c*, rep de * a * tres veces más, 1 pr en la primera b. Remata. *9 p/esp-c en cada lado*

Vueltas 4–6: Rep la vuelta 3 con los hilos D, E y F. *21 p/esp-c en cada lado tras la vuelta 6*

Vuelta 7: Empalma el hilo G a cualquier esp de esquina de 2 c, 1 c (NO se cuenta como p), *[2 mpa, 2 c, 2 mpa] en el esp de esquina, 2 mpa en el esp de 1 c, 1 mpa en cada p hasta el siguiente esp de 1 c, 2 mpa en el esp-c*, rep de * a * tres veces más, 1 pr en el primer mpa. Remata. *27 p por lado, más esp de esquina de 2 c*

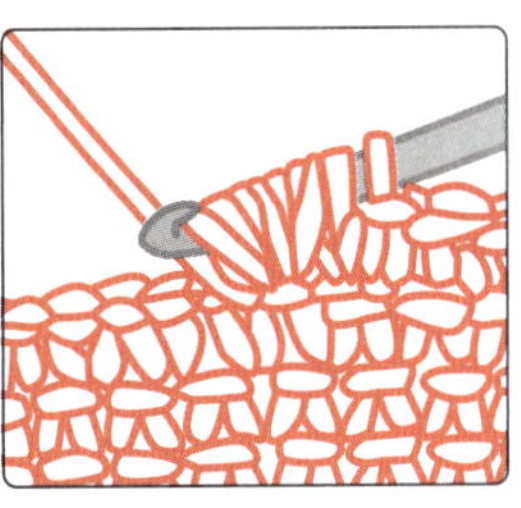

PUNTO DE BORLA (B)

Echa el hilo e inserta el ganchillo en un espacio o un punto, echa el hilo y sácalo, rep de * a * tres veces más para tener nueve lazadas en el ganchillo. Echa el hilo, pásalo por todas las lazadas y termina el punto con 1 c.

Nota: Recuerda siempre que cualquier cadeneta posterior es adicional a la c de cierre.

Cuadrado con rombo de borlas

Con el hilo A, 26 c.

Vuelta 1: 1 pb en la segunda c desde el ganchillo, 24 pb. *25 p*

Vuelta 2: 1 c (NO se cuenta como p en ninguna de las vueltas), gira, 25 pb.

Vueltas 3–6: Rep la vuelta 2.

Vuelta 7: 1 c, gira, 12 pb, 1 b, 12 pb.

Vuelta 8: Rep la vuelta 2.

Vuelta 9: 1 c, gira, 10 pb, *1 b, 1 pb*, rep de * a * una vez más, 1 b, 10 pb.

Vuelta 10: Rep la vuelta 2.

Vuelta 11: 1 c, gira, 8 pb, *1 b, 1 pb*, rep de * a * tres veces más, 1 b, 8 pb.

Vuelta 12: Rep la vuelta 2.

Vuelta 13: 1 c, gira, 6 pb, *1 b, 1 pb*, rep de * a * cinco veces más, 1 b, 6 pb.

Vuelta 14: Rep la vuelta 2.

Vuelta 15: Rep la vuelta 11.

Vuelta 16: Rep la vuelta 2.

Vuelta 17: Rep la vuelta 9.

Vuelta 18: Rep la vuelta 2.

Vuelta 19: Rep la vuelta 7.

Vueltas 20–25: Rep la vuelta 2.

Vuelta 26: 1 c, gira, [1 pb, 2 c, 1 pb] en el primer p para hacer la primera esquina, 23 pb, [1 pb, 2 c, 1 pb] para hacer la segunda esquina, 23 pb hacia abajo (1 p en el lado de cada vuelta), [1 pb, 2 c, 1 pb] para hacer la tercera esquina, 23 pb, [1 pb, 2 c, 1 pb] para hacer la última esquina, 23 pb hacia arriba (1 p en el lado de cada vuelta), 1 pr en el primer pb. Remata. *25 p por lado, más esp de esquina de 2 c*

Vuelta 27: Empalma el hilo B a cualquier esp de esquina de 2 c, 1 c, *[1 pb, 2 c, 1 pb] en el esp de esquina, 25 pb*, rep de * a * tres veces más, 1 pr en el primer pb. Remata. *27 p por lado, más esp de esquina de 2 c*

Punto de borla
(p. 71)

Cuadrado con rombo a punto de red

Con el hilo A, 26 c.

Vuelta 1: 1 pa en la tercera c desde el ganchillo, 23 pa. *25 p (las 2 c iniciales se cuentan como primer p)*

Vuelta 2: 2 c (se cuentan como primer pa en todas las vueltas), gira, 24 pa.

Vuelta 3: 2 c, gira, 11 pa, 1 c, salta el siguiente p, 12 pa.

Vuelta 4: 2 c, gira, 9 pa, 1 c, salta el siguiente p, 1 pa, 1 c, 1 pa en el siguiente pa, 1 c, salta el siguiente p, 10 pa.

Vuelta 5: 2 c, gira, 7 pa, 1 c, salta el siguiente p, 1 pa, *1 c, 1 pa en el siguiente pa*, rep de * a * dos veces más, 1 c, salta el siguiente p, 8 pa.

Vuelta 6: 2 c, gira, 5 pa, 1 c, salta el siguiente p, 1 pa, *1 c, 1 pa en el siguiente pa*, rep de * a * cuatro veces más, 1 c, salta el siguiente p, 6 pa.

Vuelta 7: 2 c, gira, 3 pa, 1 c, salta el siguiente p, 1 pa, *1 c, 1 pa en el siguiente pa*, rep de * a * seis veces más, 1 c, salta el siguiente p, 4 pa.

Vuelta 8: 2 c, gira, 3 pa, 1 pa en el esp-c, 1 pa, *1 c, 1 pa en el siguiente pa*, rep de * a * seis veces más, 1 pa en el esp-c, 4 pa.

Vuelta 9: 2 c, gira, 5 pa, 1 pa en el esp-c, 1 pa, *1 c, 1 pa en el siguiente p*, rep de * a * cuatro veces más, 1 pa en el esp-c, 6 pa.

Vuelta 10: 2 c, gira, 7 pa, 1 pa en el esp-c, 1 pa, *1 c, 1 pa en el siguiente p*, rep de * a * dos veces más, 1 pa en el esp-c, 8 pa.

Vuelta 11: 2 c, gira, 9 pa, 1 pa en el esp-c, 1 pa, 1 c, 1 pa en el siguiente pa, 1 pa en el esp-c, 10 pa.

Vuelta 12: 2 c, gira, 11 pa, 1 pa en el esp-c, 12 pa.

Vueltas 13–14: Rep la vuelta 2.

Vuelta 15: 1 c (NO se cuenta como p en ninguna de las vueltas), gira, 25 pb, 2 c para hacer la primera esquina, *1 pb en el lado de la primera vuelta y luego 2 pb en el lado de cada una de las 12 vueltas siguientes (25 p)*, 2 c para hacer la segunda esquina, 25 pb, 2 c para hacer la tercera esquina, rep de * a * una vez más, 2 c para hacer la última esquina, 1 pr en el primer pb. Remata. *25 p por lado, más esp de esquina de 2 c de aquí en adelante*

Vuelta 16: Empalma el hilo B a cualquier esp de esquina de 2 c, 1 c, *[1 pb, 2 c, 1 pb] en el esp de esquina, 25 pb*, rep de * a * tres veces más, 1 pr en el primer pb. Remata. *27 p por lado*

Punto de red (p. 51)

Cuadrado tradicional entrelazado

Con el hilo A, 3 c y 1 pr en la primera c para crear un anillo.

Vuelta 1: 5 c (se cuentan como primer pa y 2 c en todas las vueltas), *3 pa en el centro del anillo, 2 c*, rep de * a * dos veces más, 2 pa en el centro del anillo, 1 pr en la tercera c de las 5 c iniciales. Remata. *3 p por lado, con esp de esquina de 2 c en todas las vueltas*

Vuelta 2: Empalma el hilo B a cualquier esp de esquina de 2 c, 5 c, 3 pa en el mismo esp de esquina, *1 c, [3 pa, 2 c, 3 pa] en el siguiente esp de esquina*, rep de * a * dos veces más, 1 c, 2 pa en el esp de esquina inicial, 1 pr en la tercera c de las 5 c iniciales. Remata. *7 p/esp-c por lado*

Vuelta 3: Empalma el hilo C a cualquier esp de esquina de 2 c, 5 c, 3 pa en el mismo esp de esquina, *1 c, 3 pa en el esp-c, 1 c, [3 pa, 2 c, 3 pa] en el esp de esquina*, rep de * a * dos veces más, 1 c, 3 pa en el esp-c, 1 c, 2 pa en el esp de esquina inicial, 1 pr en la tercera c de las 5 c iniciales. Remata. *11 p/esp-c por lado*

Vuelta 4: Empalma el hilo D a cualquier esp de esquina de 2 c, 1 c (NO se cuenta como p en ninguna de las vueltas), *[1 pb, 2 c, 1 pb] en el esp de esquina, 1 pb en cada uno de los 3 p siguientes, 1 padrdel en el cuarto pa de la vuelta 2, 1 pb en cada uno de los 3 p siguientes, 1 padrdel en el tercer pa de la vuelta 2, 1 pb en cada uno de los 3 p siguientes*, rep de * a * tres veces más, 1 pr en el primer pb. Remata. *13 p por lado*

Vuelta 5: Empalma el hilo E a cualquier esp de esquina de 2 c, 5 c, 3 pa en el mismo esp de esquina, {*1 c, 3 pa en el primer padrdel de la vuelta 4, 1 c, 3 pa en el segundo padrdel de la vuelta 4, 1 c*, [3 pa, 2 c, 3 pa] en el esp de esquina}, rep de { a } dos veces más, rep de * a * una vez más, 2 pa en el esp de esquina inicial, 1 pr en la tercera c de las 5 c iniciales. Remata. *15 p/esp-c por lado*

Vuelta 6: Empalma el hilo F a cualquier esp de esquina de 2 c, 5 c, 3 pa en el mismo esp de esquina, {1 c, *3 pa en el siguiente esp-c, 1 c*, rep de * a * hasta la siguiente esquina, [3 pa, 2 c, 3 pa] en el esp de esquina}, rep de { a } dos veces más, 1 c, rep de * a * hasta la siguiente esquina, 2 pa en el esp de esquina inicial, 1 pr en la tercera c de las 5 c iniciales. Remata. *19 p/esp-c por lado*

Vuelta 7: Empalma el hilo D a cualquier esp de esquina de 2 c, 1 c, *[1 pb, 2 c, 1 pb] en el esp de esquina, 1 pb en cada uno de los 3 p siguientes, 1 padrdel en el cuarto pa de la vuelta 5, 1 pb en cada uno de los 3 p siguientes, 1 padrdel en el tercer pa de la vuelta 5, 1 pb en cada uno de los 3 p siguientes, 1 padrdel en el décimo pa de la vuelta 5, 1 pb en cada uno de los 3 p siguientes, 1 padrdel en el noveno pa de la vuelta 5, 1 pb en cada uno de los 3 p siguientes*, rep de * a * tres veces más, 1 pr en el primer pb. Remata. *21 p por lado*

Vuelta 8: Empalma el hilo G a cualquier esp de esquina de 2 c, 5 c, 3 pa en el mismo esp de esquina, {*1 c, 3 pa en el primer padrdel de la vuelta 7, 1 c, 3 pa en el segundo padrdel de la vuelta 7, 1 c, 3 pa en el tercer padrdel de la vuelta 7, 1 c, 3 pa en el cuarto padrdel de la vuelta 7, 1 c*, [3 pa, 2 c, 3 pa] en el esp de esquina}, rep de * a * dos veces más, rep de * a * una vez más, 1 pr en la tercera c de las 5 c iniciales. Remata. *23 p/esp-c por lado*

Vuelta 9: Empalma el hilo D a cualquier esp de esquina de 2 c, 1 c, *[1 pb, 2 c, 1 pb] en el esp de esquina, 1 pb en cada p y cada esp-c hasta la siguiente esquina*, rep de * a * tres veces más, 1 pr en el primer pb. Remata. *25 p por lado*

Vuelta 10: Empalma el hilo H a cualquier esp de esquina de 2 c, 1 c, *[1 pb, 2 c, 1 pb] en el esp de esquina, 1 pbdet en cada p hasta la siguiente esquina*, rep de * a * tres veces más, 1 pr en el primer pb. Remata. *27 p por lado*

Puntos en relieve por delante (p. 39)
Puntos tejidos por detrás (p. 53)

Cuadrado tradicional con sol llameante

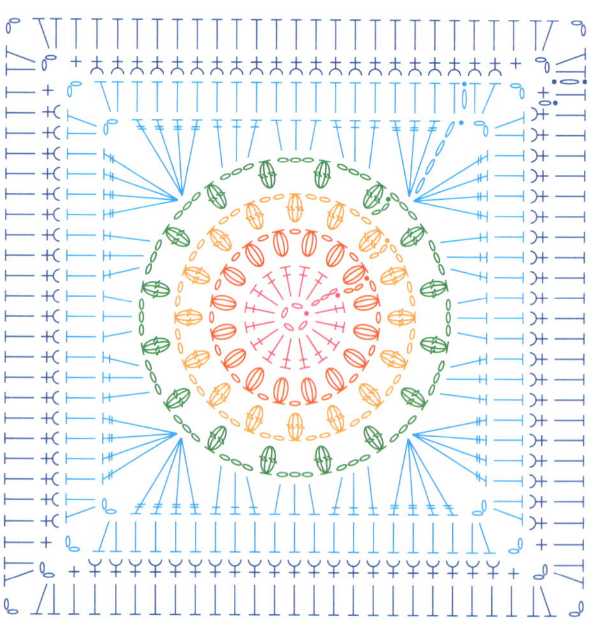

Con el hilo A, 4 c y 1 pr en la primera c para hacer un anillo.

Vuelta 1: 3 c (se cuentan como primer pa), 15 pa en el centro del anillo, 1 pr en la tercera c de las 3 c iniciales. Remata. *16 p*

Vuelta 2: Empalma el hilo B a cualquier p, 2 c (NO se cuentan como p en ninguna de las vueltas), 1 b en el mismo p, *1 c (nota: esta c es adicional a la c para terminar la borla), 1 b en el siguiente p*, rep de * a * 14 veces más, 1 c y 1 pr en la primera b. Remata. *16 b con 1 c entre cada una*

Vuelta 3: Empalma el hilo C a cualquier esp-c, 2 c, 1 r en el mismo esp-c, *2 c, 1 r en el siguiente esp-c*, rep de * a * 14 veces más, 2 c y 1 pr en el primer r. Remata. *16 r con 2 c entre cada uno*

Vuelta 4: Empalma el hilo D a cualquier esp-c, 2 c, 1 r en el mismo esp-c, *3 c, 1 r en el siguiente esp-c*, rep de * a * 14 veces más, 3 c, 1 pr en el primer r. Remata. *16 r con 3 c entre cada uno*

Vuelta 5: Empalma el hilo E a cualquier esp-c, 4 c (se cuentan como primer pad), 3 pad en el mismo esp-c, *3 pa en el siguiente esp-c, 3 mpa en el siguiente esp-c, 3 pa en el siguiente esp-c, [4 pad, 2 c, 4 pad] en el siguiente esp-c*, rep de * a * dos veces más, 3 pa en el siguiente esp-c, 3 mpa en el siguiente esp-c, 3 pa en el último esp-c, 4 pad en el esp-c inicial, 2 c y 1 pr en la cuarta c de las 4 c iniciales. *17 p en cada lado, más esp de esquina de 2 c de aquí en adelante*

Vuelta 6: Gira, 1 pr en el esp de esquina de 2 c, 1 c (NO se cuenta como p en ninguna de las vueltas), *[2 mpa, 2 c, 2 mpa] en el esp de esquina, 17 mpa*, rep de * a * tres veces más, 1 pr en el primer mpa. Remata. *21 p en cada lado*

Vuelta 7: Gira y empalma el hilo F a cualquier esp de esquina de 2 c, 1 c, *[1 pb, 2 c, 1 pb] en el esp de esquina, 1 pbdet en cada p hasta el siguiente esp de esquina*, rep de * a * tres veces más. 1 pr en el primer pb. *23 p en cada lado*

Vuelta 8: 1 c, 1 mpa en el mismo p, *[2 mpa, 2 c, 2 mpa] en el esp de esquina, 23 mpa*, rep de * a * dos veces más, [2 mpa, 2 c, 2 mpa] en el esp de esquina, 22 mpa, 1 pr en el primer mpa. Remata. *27 p en cada lado*

Punto de borla (p. 71)
Punto de racimo (p. 67)
Puntos tejidos por detrás (p. 53)

Cuadrado con flor tropical

Con el hilo A, 4 c y 1 pr en la primera c para crear un anillo.

Vuelta 1: 3 c (se cuentan como primer pa en todas las vueltas), 15 pa en el centro del anillo, 1 pr en la tercera c de las 3 c iniciales. Remata. *16 p*

Vuelta 2: Empalma el hilo B a cualquier p, 2 c (NO se cuentan como p), 1 g, *2 c, 1 pa en el siguiente p, 2 c, 1 g en el siguiente p*, rep de * a * seis veces más, 2 c, 1 pa en el siguiente p, 2 c, 1 pr en el primer g. Remata. *8 g, 8 pa y 16 esp-c*

Vuelta 3: Empalma el hilo C a cualquier g, 3 c, *2 pa en el esp-c, 1 padrdel en el siguiente p, 2 pa en el esp-c, 1 pa en el g*, rep de * a * seis veces más, 2 pa en el esp-c, 1 padrdel en el siguiente p, 2 pa en el esp-c, 1 pr en la tercera c de las 3 c iniciales. Remata. *48 p*

Vuelta 4: Empalma el hilo B al tercer pa después de cualquier padrdel, 3 c, 6 pa en el mismo p, *salta 2 p, 1 mpardel en el siguiente p, salta 2 p, 7 pa en el siguiente p*, rep de * a * seis veces más, salta 2 p, 1 mpardel en el siguiente p, 1 pr en la tercera c de las 3 c iniciales. Remata. *8 conchas y 8 mpardel*

Vuelta 5: Empalma el hilo D al cuarto pa de cualquier concha, 1 c (NO se cuenta como p en ninguna de las vueltas), 1 pb en el mismo p, *4 c, 1 pbrdet en el mpardel de la vuelta 4, 4 c, 1 pb en el cuarto pa de la siguiente concha*, rep de * a * seis veces más, 4 c, 1 pbrdet en el mpardel de la vuelta 4, 4 c, 1 pr en el primer pb. Remata. *16 p con 4 c entre ellos*

Vuelta 6: Empalma el hilo E a cualquier pb, 1 c, 1 pb en el mismo p, *4 c, salta el esp-c, 1 r en el siguiente p, 4 c, salta el esp-c, [1 padrdel, 3 c, 1 padrdel] en el siguiente p, 4 c, salta el esp-c, 1 r en el siguiente p, 4 c, salta el esp-c, 1 pb en el siguiente p*, rep de * a * tres veces más, omitiendo el último pb de la última rep, 1 pr en el primer pb. Remata. *4 pb, 8 r, 8 padrdel, 16 esp-c de 4 c, más esp-de esquina de 3 c*

Vuelta 7: Empalma el hilo F a cualquier esp de esquina de 3 c, 1 c, *[1 pb, 2 c, 1 pb] en el esp de esquina, 1 pb en el siguiente p, 4 pb en el esp-c, salta 1 r, 4 pb en el esp-c, 1 pb en el siguiente p, 4 pb en el esp-c, salta 1 r, 4 pb en el esp-c, 1 pb en el siguiente p*, rep de * a * tres veces más, 1 pr en el primer pb. *21 p por lado, más esp de esquina de 2 c de aquí en adelante*

Vuelta 8: 1 pr en el esp de esquina de 2 c, 1 c, *[2 mpa, 2 c, 2 mpa] en el esp de esquina, 1 mpa en cada p hasta la siguiente esquina*, rep de * a * tres veces más, 1 pr en el primer mpa. Remata. *25 p por lado*

Vuelta 9: Empalma el hilo G a cualquier esp de esquina de 2 c, 1 c, *[1 pb, 2 c, 1 pb] en el esp de esquina, 1 pbdet en cada p hasta la siguiente esquina*, rep de * a * tres veces más, 1 pr en el primer pb. Remata. *27 p por lado*

Punto de garbanzo (p. 63)
Puntos en relieve por delante (p. 39)
Puntos en relieve por detrás (p. 41)
Punto de racimo (p. 67)
Puntos tejidos por detrás (p. 53)

Punto de tapiz y ganchillo multicolor

Da un paso más allá de la textura para hacer más atractivas tus labores con cuadrados tradicionales incorporando diferentes métodos de ganchillo multicolor.

Aprende a tejer a punto de tapiz y otras técnicas de ganchillo multicolor para crear cuadrados vistosos y divertidos.

Diseñar cuadrados a punto de tapiz

El punto de tapiz te permite tejer con dos o más colores en una vuelta a lo largo de tu labor, cambiando de color a medida que lo necesites y trabajando sobre el hilo que no utilices entre los cambios de color (esta última técnica también se denomina jacquard). Es un punto extremadamente versátil y se puede usar para crear una gran variedad de motivos e imágenes en el tejido de ganchillo.

Para cambiar de color, teje hasta el último punto bajo antes del cambio de color, inserta el ganchillo en el punto, echa el hilo y sácalo a través del antiguo color (quedarán 2 lazadas del antiguo color en el ganchillo), echa el hilo del nuevo color y pásalo por las dos lazadas del ganchillo: así se completa el último punto en el antiguo color y queda el nuevo color en el ganchillo listo para trabajar.

A medida que avanzas en la vuelta, puedes transportar el color no utilizado a través de los puntos y tejer sobre él.

ZIGZAGS

Cuadrado con zigzags

Con el hilo A, 28 c.

Vuelta 1: 1 pb en la segunda c desde el ganchillo, 26 pb. *27 p*

Vuelta 2: 1 c (NO se cuenta como p en ninguna de las vueltas), gira, 1 pb con el hilo A; *1 pb con el hilo B; 7 pb con el hilo A*; rep de * a * dos veces más; 1 pb con el hilo B; 1 pb con el hilo A.

Vuelta 3: 1 c, gira, *3 pb con el hilo B; 5 pb con el hilo A*; rep de * a * dos veces más; 3 pb con el hilo B.

Vuelta 4: 1 c, gira, 4 pb con el hilo B, *3 pb con el hilo A; 5 pb con el hilo B*; rep de * a * una vez más; 3 pb con el hilo A; 4 pb con el hilo B.

Vuelta 5: 1 c, gira, 5 pb con el hilo B; *1 pb con el hilo A; 7 pb con el hilo B*; rep de * a * una vez más; 1 pb con el hilo A; 5 pb con el hilo B.

Vuelta 6: 1 c, gira, 1 pb con el hilo B; *1 pb con el hilo A; 7 pb con el hilo B*; rep de * a * dos veces más; 1 pb con el hilo A; 1 pb con el hilo B.

Vuelta 7: 1 c, gira, *3 pb con el hilo A; 5 pb con el hilo B*; rep de * a * dos veces más; 3 pb con el hilo A.

Vuelta 8: 1 c, gira, 4 pb con el hilo A; *3 pb con el hilo B; 5 pb con el hilo A*; rep de * a * una vez más; 3 pb con el hilo B; 4 pb con el hilo A.

Vuelta 9: 1 c, gira, 5 pb con el hilo A; *1 pb con el hilo B; 7 pb con el hilo A*; rep de * a * una vez más; 1 pb con el hilo B; 5 pb con el hilo A.

Vuelta 10: 1 c, gira, 27 pb con el hilo A.

Vueltas 11–19: Rep las vueltas 2–10.

Vueltas 20–27: Rep las vueltas 2–9. Remata el hilo B.

Vuelta 28: Con el hilo A, 1 c, [1 pb, 2 c, 1 pb] en el mismo p para hacer la primera esquina, 25 pb hacia abajo (1 p en el lado de cada vuelta), [1 pb, 2 c, 1 pb] para hacer la segunda esquina, 25 pb, [1 pb, 2 c, 1 pb] para hacer la tercera esquina, 25 pb hacia arriba (1 p en el lado de cada vuelta), [1 pb, 2 c, 1 pb] para hacer la última esquina, 25 pb, 1 pr en el primer pb. Remata. *27 p por lado, más esp de esquina de 2 c*

Cuadrado ajedrezado

Con el hilo A, 28 c.

Vuelta 1: 1 pb en la segunda c desde el ganchillo, 2 pb con el hilo A; *3 pb con el hilo B; 3 pb con el hilo A*, rep de * a * tres veces más. 27 p

1 c (NO se cuenta como p en ninguna de las vueltas), gira.

Vueltas 2–27: Sigue el gráfico.

Remata el hilo A y el hilo B.

Vuelta 28: Con el derecho hacia ti, empalma el hilo C al primer p, 1 c, [1 pb, 2 c, 1 pb] en el mismo p para hacer la primera esquina, 25 pb, [1 pb, 2 c, 1 pb] para hacer la segunda esquina, 25 pb hacia abajo (1 p en el lado de cada vuelta), [1 pb, 2 c, 1 pb] para hacer la tercera esquina, 25 pb, [1 pb, 2 c, 1 pb] para hacer la última esquina, 25 pb hacia arriba (1 p en el lado de cada vuelta), 1 pr en el primer pb. Remata. *27 p por lado, más esp de esquina de 2*

AJEDREZADO

Cuadrado de cuadros vichy

Con el hilo A, 26 c.

Vuelta 1: 1 pb en la segunda c desde el ganchillo, 4 pb con el hilo A; *5 pb con el hilo B; 5 pb con el hilo A*, rep de * a * una vez más. *25 p*

1 c (NO se cuenta como p en ninguna de las vueltas), gira.

Vueltas 2–25: Sigue el gráfico.

Remata el hilo B y el hilo C.

Vuelta 26: Con el hilo A, 1 c, gira, [1 pb, 2 c, 1 pb] en el mismo p para hacer la primera esquina, 23 pb, [1 pb, 2 c, 1 pb] para hacer la segunda esquina, 23 pb hacia abajo (1 p en el lado de cada vuelta), [1 pb, 2 c, 1 pb] para hacer la tercera esquina, 23 pb, [1 pb, 2 c, 1 pb] para hacer la última esquina, 23 pb hacia arriba (1 p en el lado de cada vuelta), 1 pr en el primer pb. Remata. *25 p por lado, más esp de esquina de 2 c de aquí en adelante*

Vuelta 27: Con el derecho hacia ti, empalma el hilo C a cualquier esp de esquina de 2 c, 1 c, *[1 pb, 2 c, 1 pb] en el esp de esquina, 25 pb*, rep de * a * tres veces más, 1 pr en el primer pb. Remata. *27 p por lado*

Punto de tapiz (p. 82)

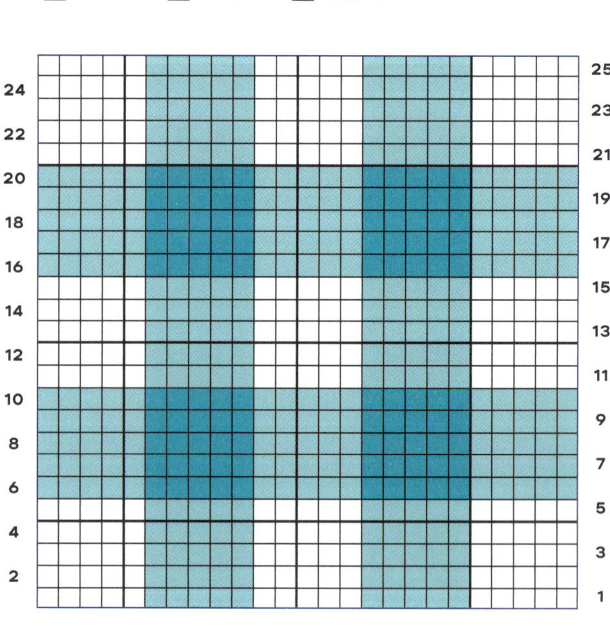

Cuadrado con rombos de colores

Con el hilo A, 26 c.

Vuelta 1: 1 pb en la segunda c desde el ganchillo, 2 pb con el hilo A; *3 pb con el hilo B; 5 pb con el hilo A*; rep de * a * una vez más, 3 pb con el hilo B; 3 pb con el hilo A. *25 p*

1 c (NO se cuenta como p en ninguna de las vueltas), gira.

Vueltas 2–25: Sigue el gráfico.

(El hilo A se puede rematar después de la vuelta 3, el hilo C después de la vuelta 7, el hilo D después de la vuelta 11, el hilo E después de la vuelta 15, el hilo F después de la vuelta 19, el hilo G después de la vuelta 23 y el hilo H después de la vuelta 25.)

Vuelta 26: Gira, empalma el hilo E al primer p, 1 c, [1 pb, 2 c, 1 pb] en el mismo p para hacer la primera esquina, 23 pb, [1 pb, 2 c, 1 pb] para hacer la segunda esquina, 23 pb hacia abajo (1 p en el lado de cada vuelta), [1 pb, 2 c, 1 pb] para hacer la tercera esquina, 23 pb, [1 pb, 2 c, 1 pb] para hacer la última esquina, 23 pb hacia arriba (1 p en el lado de cada vuelta), 1 pr en el primer pb. Remata. *25 p por lado, más esp de esquina de 2 c de aquí en adelante*

Vuelta 27: Con el derecho hacia ti, empalma el hilo B a cualquier esp de esquina de 2 c, 1 c, *[1 pb, 2 c, 1 pb] en el esp de esquina, 25 pb*, rep de * a * tres veces más, 1 pr en el primer pb. Remata. *27 p por lado*

Punto de tapiz
(p. 82)

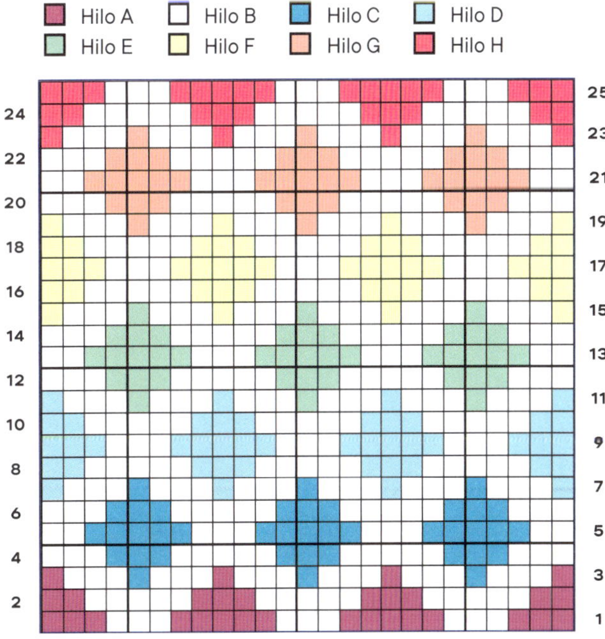

Cuadrado bicolor

Con el hilo A, 3 c y 1 pr en la primera c para crear un anillo.

Vuelta 1: 3 c (se cuentan como primer pa en todas las vueltas), 2 pa en el centro del anillo, 2 c, 3 pa en el centro del anillo con el hilo A; 2 c, 3 pa en el centro del anillo, 2 c, 3 pa en el centro del anillo, 2 c, 1 pr en la tercera c de las 3 c iniciales con el hilo B. *3 p por lado, más esp de esquina de 2 c en todas las vueltas*

Vuelta 2: Gira, 1 pr en el esp de esquina de 2 c, 3 c, 1 pa en el esp de esquina, 1 pa en cada p hasta la siguiente esquina, [2 pa, 2 c, 2 pa] en el esp de esquina, 1 pa en cada p hasta la siguiente esquina, 2 pa en el esp de esquina con el hilo B; 2 c, 2 pa en el esp de esquina, 1 pa en cada p hasta la siguiente esquina, [2 pa, 2 c, 2 pa] en el esp de esquina, 1 pa en cada p hasta la siguiente esquina, 2 pa en el esp de esquina, 2 c, 1 pr en la tercera c de las 3 c iniciales con el hilo A. *7 p por lado*

Vuelta 3: Gira, 1 pr en el esp de esquina de 2 c, 3 c, 1 pa en el esp de esquina, 1 pa en cada p hasta la siguiente esquina, [2 pa, 2 c, 2 pa] en el esp de esquina, 1 pa en cada p hasta la siguiente esquina, 2 pa en el esp de esquina con el hilo A; 2 c, 2 pa en el esp de esquina, 1 pa en cada p hasta la siguiente esquina, [2 pa, 2 c, 2 pa] en el esp de esquina, 1 pa en cada p hasta la siguiente esquina, 2 pa en el esp de esquina, 2 c, 1 pr en la tercera c de las 3 c iniciales con el hilo B. *11 p por lado*

Vueltas 4–7: Rep las vueltas 2–3 dos veces más. *27 p por lado tras la vuelta 7*

CAMBIOS DE COLOR EN ESQUINAS

Para cambiar de color en una esquina, gira tu labor en cada vuelta: esto significa que puedes dejar colgando el hilo sin usar entre cambios de color y volver a recogerlo en la misma esquina cuando trabajes en la dirección opuesta, en lugar de tejer sobre él (como en el punto de tapiz).

Para cambiar de color al tejer puntos altos, haz el punto como de costumbre, pero usa el nuevo color para echar el hilo por última vez para terminar. Así tendrás el nuevo color en tu ganchillo listo para continuar.

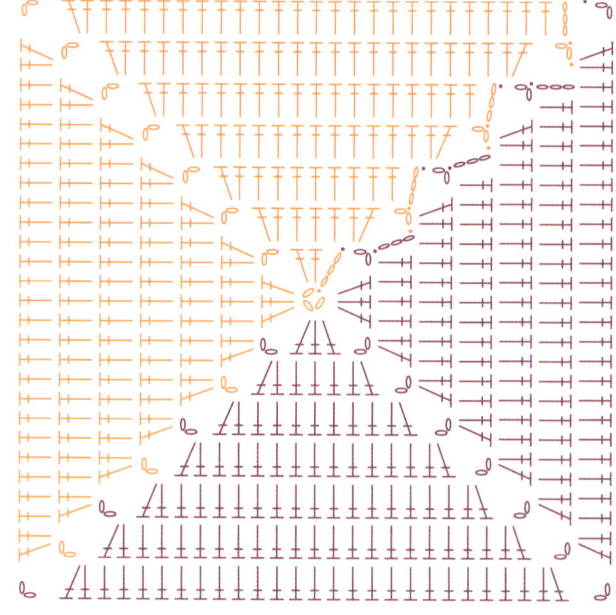

Cuadrado cuatricolor

Con el hilo A, 3 c y 1 pr en la primera c para crear un anillo.

Vuelta 1: 3 c (se cuentan como primer pa en todas las vueltas), 2 pa en el centro del anillo con el hilo A; 2 c, 3 pa en el centro del anillo con el hilo B; 2 c, 3 pa en el centro del anillo con el hilo C; 2 c, 3 pa en el centro del anillo, 2 c, 1 pr en la tercera c de las 3 c iniciales con el hilo D. *3 p por lado, más esp de esquina de 2 c en todas las vueltas*

Vuelta 2: Gira, 1 pr en el esp de esquina de 2 c, 3 c, 1 pa en el esp de esquina, 1 pa en cada p hasta la siguiente esquina, 2 pa en el esp de esquina con el hilo D; 2 c, 2 pa en el esp de esquina, 1 pa en cada p hasta la siguiente esquina, 2 pa en el esp de esquina con el hilo C; 2 c, 2 pa en el esp de esquina, 1 pa en cada p hasta la siguiente esquina, 2 pa en el esp de esquina con el hilo B; 2 c, 2 pa en el esp de esquina, 1 pa en cada p hasta la siguiente esquina, 2 pa en el esp de esquina, 2 c, 1 pr en la tercera c de las 3 c iniciales con el hilo A. *7 p por lado*

Vuelta 3: Gira, 1 pr en el esp de esquina de 2 c, 3 c, 1 pa en el esp de esquina, 1 pa en cada p hasta la siguiente esquina, 2 pa en el esp de esquina con el hilo A; 2 c, 2 pa en el esp de esquina, 1 pa en cada p hasta la siguiente esquina, 2 pa en el esp de esquina con el hilo B; 2 c, 2 pa en el esp de esquina, 1 pa en cada p hasta la siguiente esquina, 2 pa en el esp de esquina con el hilo C; 2 c, 2 pa en el esp de esquina, 1 pa en cada p hasta la siguiente esquina, 2 pa en el esp de esquina, 2 c, 1 pr en la tercera c de las 3 c iniciales con el hilo D. *11 p por lado*

Vueltas 4–7: Rep las vueltas 2–3 dos veces más. *27 p por lado tras la vuelta 7*

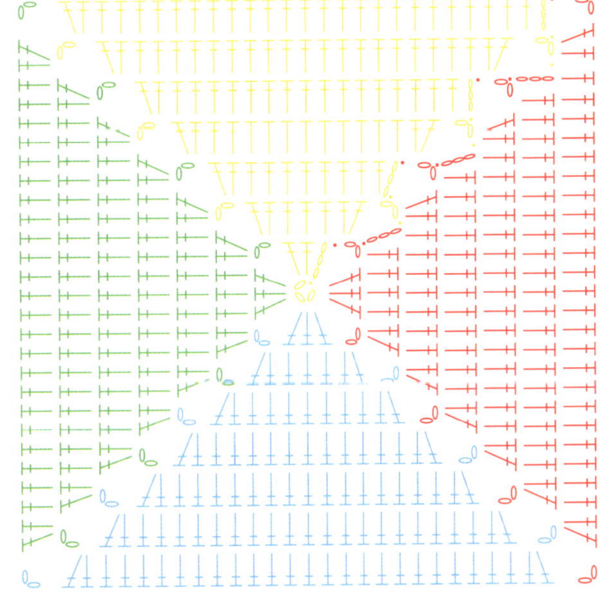

Cuadrado con triángulo arcoíris

Con el hilo A, 3 c y 1 pr en la primera c para crear un anillo.

Vuelta 1: 5 c (se cuentan como primer pa y 2 c en todas las vueltas), 3 pa en el centro del anillo, 2 c, 3 pa en el centro del anillo con el hilo A; 2 c, 3 pa en el centro del anillo con el hilo B; 2 c, 2 pa en el centro del anillo, 1 pr en la tercera c de las 5 c iniciales con el hilo A. Remata el hilo B. *3 p por lado, con esp de esquina de 2 c en todas las vueltas*

Vuelta 2: 1 pr en el esp de esquina de 2 c, 5 c, 2 pa en el mismo esp de esquina, 1 pa en cada p hasta la siguiente esquina, [2 pa, 2 c, 2 pa] en el esp de esquina, 1 pa en cada p hasta la siguiente esquina, 2 pa en el esp de esquina con el hilo A; 2 c, 2 pa en el esp de esquina, 1 pa en cada p hasta la siguiente esquina, 2 pa en el esp de esquina con el hilo C; 2 c, 2 pa en el esp de esquina, 1 pa en cada p hasta la siguiente esquina, 1 pa en el esp de esquina inicial, 1 pr en la tercera c de las 5 c iniciales con el hilo A. Remata el hilo C. *7 p por lado*

Vuelta 3: Rep la vuelta 2, sustituyendo el hilo D por el hilo C. *11 p por lado*

Vuelta 4: Rep la vuelta 2, sustituyendo el hilo E por el hilo C. *15 p por lado*

Vuelta 5: Rep la vuelta 2, sustituyendo el hilo F por el hilo C. *19 p por lado*

Vuelta 6: Rep la vuelta 2, sustituyendo el hilo G por el hilo C. *23 p por lado*

Vuelta 7: Rep la vuelta 2, sustituyendo el hilo H por el hilo C. *27 p por lado*

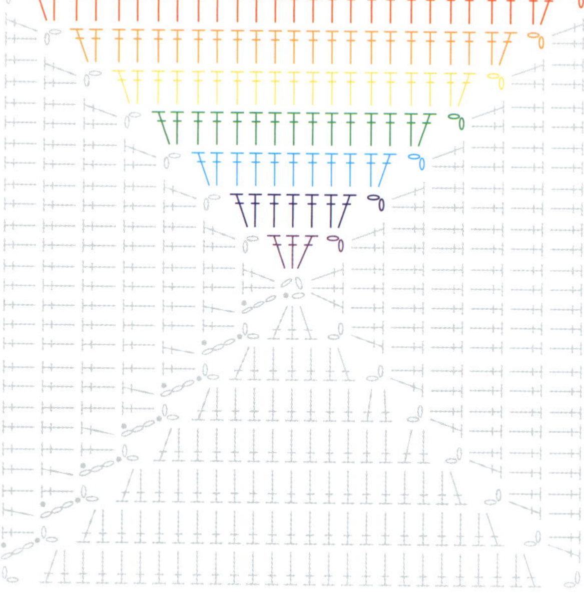

Cuadrado con aspa de molino

Con el hilo A, 3 c y 1 pr en la primera c para crear un anillo.

Vuelta 1: 3 c (se cuentan como primer pa en todas las vueltas), 11 pa en el centro del anillo, 1 pr en la tercera c de las 3 c iniciales. Remata. *12 p*

Vuelta 2: Empalma el hilo B a la hebra posterior de cualquier p y, trabajando por detrás, 3 c, 1 pa en el mismo p, *2 pa en el siguiente p con el hilo B; 3 pa en el siguiente p con el hilo C; 2 c, 2 pa en el siguiente p con el hilo B*; rep de * a * dos veces más; 2 pa en el siguiente p con el hilo B; 3 pa en el siguiente p, 2 c, 1 pr en la tercera c de las 3 c iniciales con el hilo C. *7 p por lado, más esp de esquina de 2 c de aquí en adelante*

Vuelta 3: Gira, 1 pr en el esp de esquina de 2 c, 3 c, 1 pa en el mismo esp de esquina, *3 pa con el hilo C; 4 pa, 2 pa en el esp de esquina con el hilo B; 2 c, 2 pa en el mismo esp de esquina con el hilo C*; rep de * a * dos veces más; 3 pa con el hilo C; 4 pa, 2 pa en el esp de esquina inicial con el hilo B; 2 c, 1 pr en la tercera c de las 3 c iniciales con el hilo C. *11 p por lado*

Vuelta 4: Gira, 1 pr en el esp de esquina de 2 c, 3 c, 1 pa en el mismo esp de esquina con el hilo C; *6 pa con el hilo B; 5 pa, [2 pa, 2 c, 2 pa] en el esp de esquina con el hilo C*; rep de * a * dos veces más; 6 pa con el hilo B; 5 pa, 2 pa en el esp de esquina inicial, 2 c, 1 pr en la tercera c de las 3 c iniciales con el hilo C. *15 p por lado*

Vuelta 5: Gira, 1 pr en el esp de esquina de 2 c, 3 c, 1 pa en el mismo esp de esquina, *9 pa con el hilo C; 4 pa con el hilo B; 2 pa, [2 pa, 2 c, 2 pa] en el esp de esquina con el hilo C*; rep de * a * dos veces más; 9 pa con el hilo C; 4 pa con el hilo B; 2 pa, 2 pa en el esp de esquina inicial, 2 c, 1 pr en la tercera c de las 3 c iniciales con el hilo C. *19 p por lado*

Vuelta 6: Gira, 1 pr en el esp de esquina de 2 c, 5 c (se cuentan como primer pa más 2 c), 2 pa en el mismo esp de esquina, *4 pa con el hilo C; 2 pa con el hilo B; 13 pa, [2 pa, 2 c, 2 pa] en el esp de esquina con el hilo C*; rep de * a * dos veces más; 4 pa con el hilo C; 2 pa con el hilo B; 13 pa, 1 pa en el esp de esquina inicial, 1 pr en la tercera c de las 5 c iniciales con el hilo C. Remata el hilo B. *23 p por lado*

Continúa con el hilo C.

Vuelta 7: Sin girar, 1 pr en el esp de esquina de 2 c, 1 c (NO se cuenta como p en ninguna de las vueltas), *[1 mpa, 2 c, 1 mpa] en el esp de esquina, 23 mpa*, rep de * a * tres veces más, 1 pr en el primer mpa. Remata. *25 p por lado*

Vuelta 8: Sin girar, empalma el hilo A a cualquier esp de esquina de 2 c, 1 c, *[1 pb, 2 c, 1 pb] en el esp de esquina, 25 pbdet*, repite de * a * tres veces más, 1 pr en el primer pb. Remata. *27 p por lado*

Puntos tejidos por detrás (p. 53)

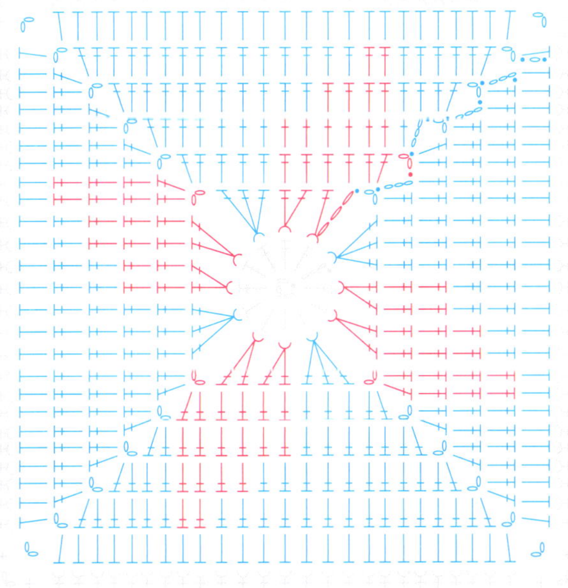

Cuadrado abstracto con anillos

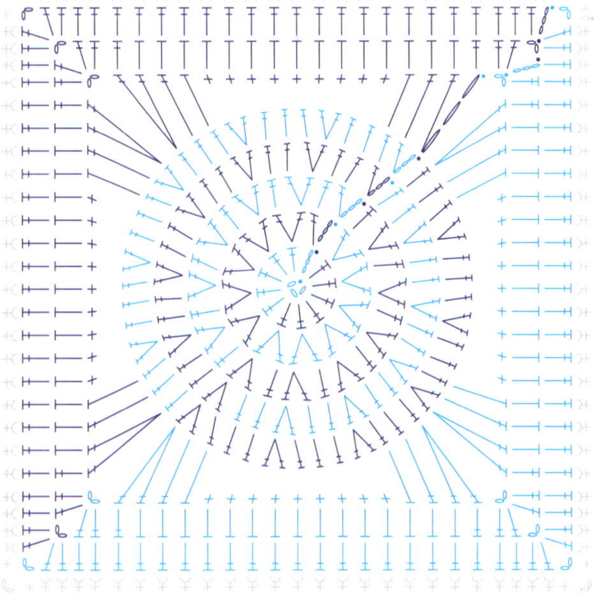

Con el hilo A, 3 c y 1 pr en la primera c para crear un anillo.

Vuelta 1: 3 c (se cuentan como primer pa en todas las vueltas), 5 pa en el centro del anillo con el hilo A; 6 pa en el centro del anillo, 1 pr en la tercera c de las 3 c iniciales con el hilo B. *12 p*

Vuelta 2: 3 c, 1 pa en el mismo p, 2 pa en cada uno de los 5 p siguientes con el hilo B; 2 pa en cada uno de los 6 p siguientes, 1 pr en la tercera c de las 3 c iniciales con el hilo A. *24 p*

Vuelta 3: 3 c, 1 pa en el mismo p, *1 pa, 2 pa en el siguiente p*, rep de * a * cuatro veces más, 1 pa con el hilo A; 2 pa en el siguiente p, rep de * a * cinco veces más, 1 pa, 1 pr en la tercera c de las 3 c iniciales con el hilo B. *36 p*

Vuelta 4: 3 c, 1 pa en el mismo p, *2 pa, 2 pa en el siguiente p*, rep de * a * cuatro veces más, 2 pa con el hilo B; 2 pa en el siguiente p, rep de * a * cinco veces más, 2 pa, 1 pr en la tercera c de las 3 c iniciales con el hilo A. *48 p*

Vuelta 5: 3 c, 1 pa en el mismo p, *3 pa, 2 pa en el siguiente p*, rep de * a * cuatro veces más, 3 pa con el hilo A; 2 pa en el siguiente p, rep de * a * cinco veces más, 3 pa, 1 pr en la tercera c de las 3 c iniciales con el hilo B. *60 p*

Vuelta 6: 3 c (se cuentan como primer pa en todas las vueltas), 1 pa en el mismo p, 1 pa, 1 mpa, 9 pb, 1 mpa, 1 pa, 2 pa en el siguiente p, 2 c, 2 pa en el siguiente p, 1 pa, 1 mpa, 9 pb, 1 mpa, 1 pa, 2 pa en el siguiente p con el hilo B; 2 c, 2 pa en el siguiente p, 1 pa, 1 mpa, 9 pb, 1 mpa, 1 pa, 2 pa en el siguiente p, 2 c, 2 pa en el siguiente p, 1 pa, 1 mpa, 9 pb, 1 mpa, 1 pa, 2 pa en el siguiente p, 2 c, 1 pr en la tercera c de las 3 c iniciales con el hilo A. *17 p por lado, más esp de esquina de 2 c de aquí en adelante*

Vuelta 7: Gira, 1 pr en el esp de esquina de 2 c, 3 c, 1 pa en el esp de esquina, 1 pa, 15 mpa, 1 pa, [2 pa, 2 c, 2 pa] en el esp de esquina, 1 pa, 15 mpa, 1 pa, 2 pa en el esp de esquina con el hilo A; 2 c, 2 pa en el esp de esquina, 1 pa, 15 mpa, 1 pa, [2 pa, 2 c, 2 pa] en el esp de esquina, 1 pa, 15 mpa, 1 pa, 2 pa en el esp de esquina inicial, 1 pr en la tercera c de las 3 c iniciales con el hilo B. *21 p por lado*

Vuelta 8: Gira, 1 pr en el esp de esquina de 2 c, 3 c, 1 pa en el esp de esquina, 21 pa, [2 pa, 2 c, 2 pa] en el esp de esquina, 21 pa, 2 pa en el esp de esquina con el hilo B; 2 c, 2 pa en el esp de esquina, 21 pa, [2 pa, 2 c, 2 pa] en el esp de esquina, 21 pa, 2 pa en el esp de esquina inicial, 1 pr en la tercera c de las 3 c iniciales con el hilo A. Remata. *25 p por lado*

Vuelta 9: Sin girar, empalma el hilo C a cualquier esp de esquina de 2 c, 1 c, *[pb, 2 c, pb] en el esp de esquina, 1 pbdet en cada p hasta la siguiente esquina*, rep de * a * tres veces más, 1 pr en el primer pb. Remata. *27 p por lado*

Puntos tejidos por detrás (p. 53)

Azulejo de rombos de ganchillo tradicional

Con el hilo A, 3 c y 1 pr en la primera c para crear un anillo.

Vuelta 1: 5 c (se cuentan como primer pa y 2 c en todas las vueltas), *3 pa en el centro del anillo, 2 c*, rep de * a * dos veces más, 2 pa en el centro del anillo, 1 pr en la tercera c de las 5 c iniciales. Remata. *3 p por lado, con esp de esquina de 2 c en todas las vueltas*

Vuelta 2: Empalma el hilo B a cualquier esp de esquina de 2 c, 5 c, 3 pa en el esp de esquina, *1 c, [3 pa, 2 c, 3 pa] en el siguiente esp de esquina*, rep de * a * dos veces más, 1 c, haz otros 2 pa en el esp de esquina inicial, 1 pr en la tercera c de las 5 c iniciales. Remata. *7 p/esp-c por lado, 2 grupos de 3 pa con 1 c entre cada uno*

Vuelta 3: Empalma el hilo A a cualquier esp de esquina de 2 c, 5 c, 3 pa en el esp de esquina con el hilo A; *1 c, 3 pa en el siguiente esp-c con el hilo B; 1 c, [3 pa, 2 c, 3 pa] en el siguiente esp de esquina con el hilo A*; rep de * a * dos veces más; 1 c, 3 pa en el siguiente esp-c con el hilo B; 1 c, 2 pa en el esp de esquina inicial, 1 pr en la tercera c de las 5 c iniciales con el hilo A. Remata los hilos A y B. *11 p/esp-c por lado, 3 grupos de 3 pa con 1 c entre cada uno*

Vuelta 4: Empalma el hilo C a cualquier esp de esquina de 2 c, 5 c, 3 pa en el esp de esquina con el hilo C; *1 c, 3 pa en el siguiente esp-c, 1 c, 3 pa en el siguiente esp-c con el hilo A; 1 c, [3 pa, 2 c, 3 pa] en el esp de esquina con el hilo C*; rep de * a * dos veces más; 1 c, 3 pa en el siguiente esp-c, 1 c, 3 pa en el siguiente esp-c con el hilo A; 1 c, 2 pa en el esp de esquina inicial, 1 pr en la tercera c de las 5 c iniciales con el hilo C. Remata. *15 p/esp-c por lado, 4 grupos de 3 pa con 1 c entre cada uno*

Vuelta 5: Empalma el hilo A a cualquier esp de esquina de 2 c, 5 c, 3 pa en el esp de esquina con el hilo A; *1 c, 3 pa en el siguiente esp-c con el hilo C; 1 c, 3 pa en el siguiente esp-c con el hilo A; 1 c, 3 pa en el siguiente esp-c con el hilo C; 1 c, [3 pa, 2 c, 3 pa] en el esp de esquina con el hilo A*; rep de * a * tres veces más, omitiendo el último [3 pa, 2 c, 3 pa] de la última rep; 2 pa en el esp de esquina inicial, 1 pr en la tercera c de las 5 c iniciales con el hilo A. Remata los hilos A y C. *19 p/esp-c por lado, 5 grupos de 3 pa con 1 c entre cada uno*

Vuelta 6: Empalma el hilo B a cualquier esp de esquina de 2 c, 5 c, 3 pa en el mismo esp de esquina con el hilo B; *1 c, 3 pa en el siguiente esp-c con el hilo A; 1 c, 3 pa en el siguiente esp-c, 1 c, 3 pa en el siguiente esp-c con el hilo C; 1 c, 3 pa en el siguiente esp-c con el hilo A; 1 c, [3 pa, 2 c, 3 pa] en el esp de esquina con el hilo B*; rep de * a * tres veces más, omitiendo el último [3 pa, 2 c, 3 pa] de la última rep; 2 pa en el esp de esquina inicial, 1 pr en la tercera c de las 5 c iniciales con el hilo B. Remata todos los hilos. *23 p/esp-c por lado, 6 grupos de 3 pa con 1 c entre cada uno*

Vuelta 7: Empalma el hilo A a cualquier esp de esquina de 2 c, 5 c, 2 pa en el mismo esp de esquina con el hilo A; *1 c, 3 pa en el siguiente esp-c con el hilo B; 1 c, 3 pa en el siguiente esp-c con el hilo A; 1 c, 3 pa en el siguiente esp-c con el hilo C; 1 c, 3 pa en el siguiente esp-c con el hilo A; 1 c, 3 pa en el siguiente esp-c con el hilo B; 1 c, [2 pa, 2 c, 2 pa] en el esp de esquina con el hilo A*; rep de * a * tres veces más, omitiendo el último [2 pa, 2 c, 2 pa] de la última rep; 1 pa en el esp de esquina inicial, 1 pr en la tercera c de las 5 c iniciales con el hilo A. Remata los hilos B y C. *25 p/esp-c por lado, 5 grupos de 3 pa y 2 grupos de 2 pa, con 1 c entre cada uno*

Continúa con el hilo A.

Vuelta 8: 1 pr en el esp de esquina de 2 c, 1 c (NO se cuenta como p), *[1 pb, 2 c, 1 pb] en el esp de esquina, 1 pb en cada p y cada esp-c hasta la siguiente esquina*, rep de * a * tres veces más, 1 pr en el primer pb. Remata. *27 p por lado*

TRANSPORTAR EL HILO

El hilo transportado entre cambios de color es más visible en el punto de ganchillo tradicional que en muchos otros puntos. Los hilos transportados se pueden ocultar mejor tejiendo sobre ellos en las vueltas siguientes: a partir de la vuelta 3 envuelve cuidadosamente con el ganchillo el hilo transportado, así como las cadenetas en los espacios de cadeneta, para ocultarlo y dar a tu cuadrado un acabado más pulido.

Cuadrado con rejilla de madroños

Con el hilo A, 28 c.

Vuelta 1: 1 pb en la segunda c desde el ganchillo, 26 pb. *27 p*

1 c (NO se cuenta como p en ninguna de las vueltas), gira.

Vueltas 2–27: Sigue el gráfico.

Remata el hilo B.

Vuelta 28: Con el hilo A, 1 c, [1 pb, 2 c, 1 pb] en el mismo p para hacer la primera esquina, 25 pb hacia abajo (1 p en el lado de cada vuelta), [1 pb, 2 c, 1 pb] para hacer la segunda esquina, 25 pb, [1 pb, 2 c, 1 pb] para hacer la tercera esquina, 25 pb hacia arriba (1 p en el lado de cada vuelta), [1 pb, 2 c, 1 pb] para la hacer última esquina, 25 pb, 1 pr en el primer pb. Remata. *27 p por lado, más esp de esquina de 2 c*

MADROÑOS DE COLORES

Para añadir más contraste a un cuadrado con madroños, puedes cambiar de color solo en estos.

Los cambios de color se hacen al echar el hilo por última vez para completar un punto. Por ejemplo, al tejer el último punto bajo antes del madroño, trabaja como de costumbre hasta que tengas que echar el hilo por última vez, entonces echa el hilo del nuevo color y pásalo por las 2 últimas lazadas. El nuevo color quedará en tu ganchillo listo para hacer el madroño.

Teje el madroño como de costumbre hasta antes de echar el hilo por última vez, luego echa el hilo del siguiente color y pásalo por las 5 lazadas para terminar tu madroño, dejando el siguiente color listo para el siguiente punto.

Puedes transportar el hilo no usado, trabajando sobre él, igual que en el punto de tapiz (p. 82).

Punto de madroño
(p. 55)

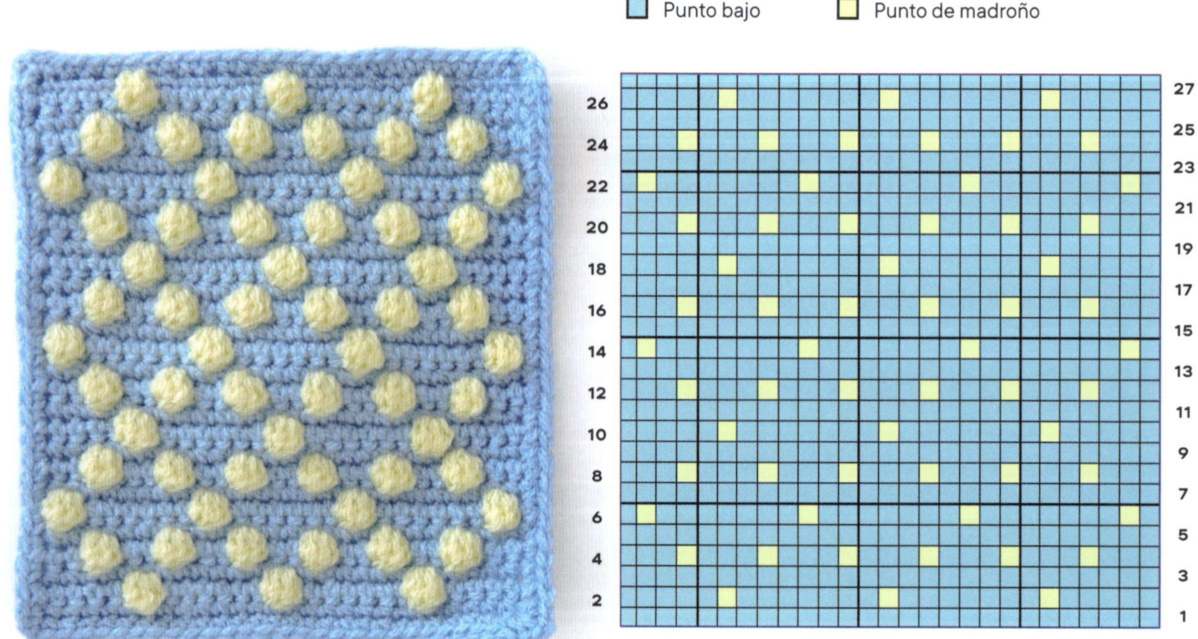

Cuadrado con topos de madroños

Con el hilo A, 24 c.

Vuelta 1: 1 pb en la segunda c desde el ganchillo, 22 pb. *23 p*

Vuelta 2: 1 c (NO se cuenta como p en ninguna de las vueltas), gira, 23 pb.

Vuelta 3: Rep la vuelta 2.

Vuelta 4: 1 c, gira, 2 pb con el hilo A; *1 m con el hilo B; 5 pb con el hilo A*; rep de * a * dos veces más; 1 m con el hilo B; 2 pb con el hilo A.

Vueltas 5–7: Rep la vuelta 2.

Vuelta 8: 1 c, gira, *5 pb con el hilo A; 1 m con el hilo B*; rep de * a * dos veces más; 5 pb con el hilo A.

Vueltas 9–11: Rep la vuelta 2.

Vuelta 12: Rep la vuelta 4.

Vueltas 13–15: Rep la vuelta 2.

Vuelta 16: Rep la vuelta 8.

Vueltas 17–19: Rep la vuelta 2.

Vuelta 20: Rep la vuelta 4. Remata el hilo B.

Continúa con el hilo A.

Vueltas 21–23: Rep la vuelta 2.

Vuelta 24: 1 c, gira, [1 pb, 2 c, 1 pb] en el mismo p para hacer la primera esquina, 21 pb, [1 pb, 2 c, 1 pb] para hacer la segunda esquina, 21 pb hacia abajo (1 p en el lado de cada vuelta), [1 pb, 2 c, 1 pb] para hacer la tercera esquina, 21 pb, [1 pb, 2 c, 1 pb] para hacer la última esquina, 21 pb hacia arriba (1 p en el lado de cada vuelta), 1 pr en el primer pb. Remata. *23 p por lado, más esp de esquina de 2 c de aquí en adelante*

Vuelta 25: Empalma el hilo B a cualquier esp de esquina de 2 c, 3 c (se cuentan como primer pa), [1 pa, 2 c, 2 pa] en el esp de esquina, *23 pa, [2 pa, 2 c, 2 pa]*, rep de * a * dos veces más, 23 pa, 1 pr en la tercera c de las 3 c iniciales. Remata. *27 p por lado*

Punto de madroño
(p. 55)

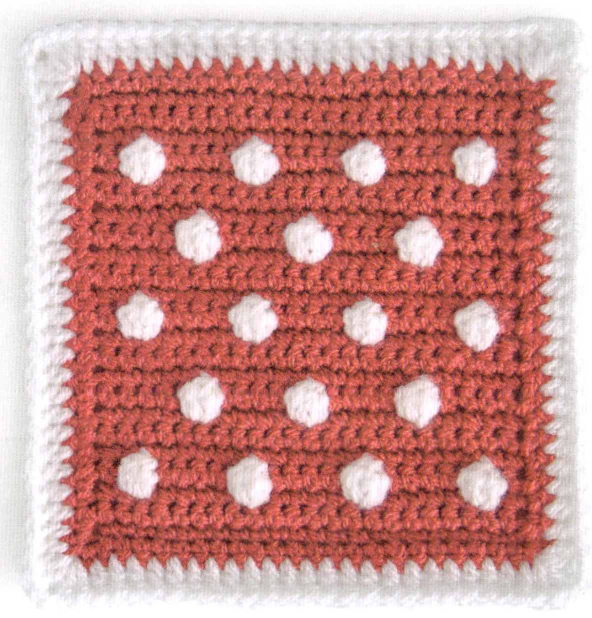

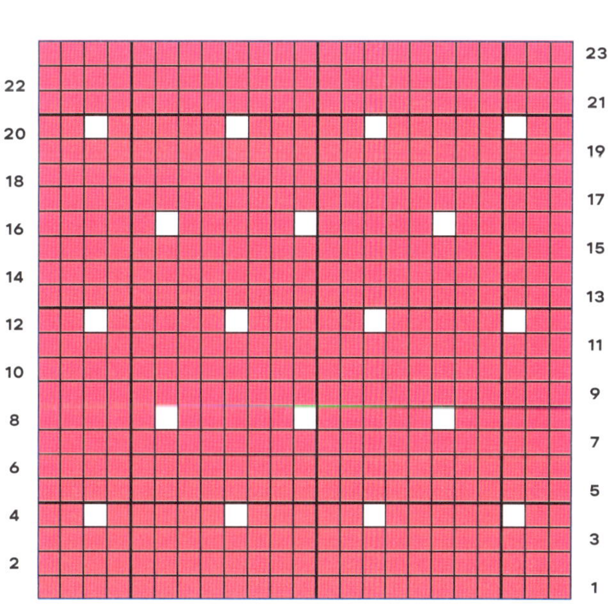

Cuadrado con caramelos

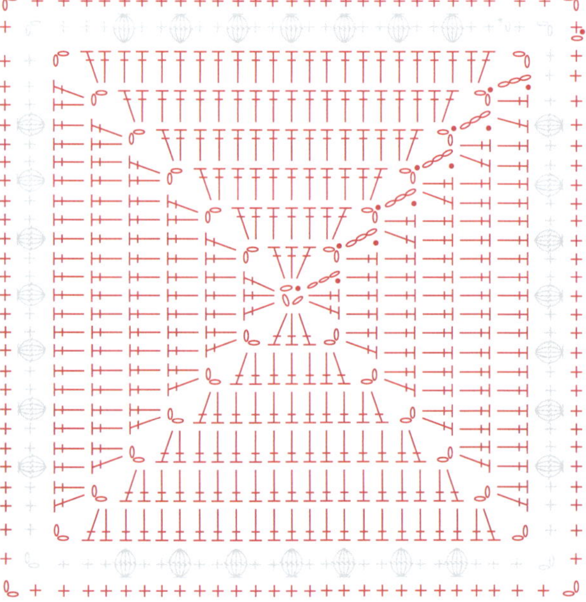

Con el hilo A, 3 c y 1 pr en la primera c para crear un anillo.

Vuelta 1: 5 c (se cuentan como primer pa y 2 c en todas las vueltas), *3 pa en el centro del anillo, 2 c*, rep de * a * dos veces más, 2 pa en el centro del anillo, 1 pr en la tercera c de las 5 c iniciales. *3 p por lado, más esp de esquina de 2 c en todas las vueltas*

Vuelta 2: 1 pr en el esp de esquina de 2 c, 5 c, 2 pa en el esp de esquina, *1 pa en cada p hasta la siguiente esquina, [2 pa, 2 c, 2 pa] en el esp de esquina*, rep de * a * dos veces más, 1 pa en cada p rest, 1 pa en el esp de esquina inicial, 1 pr en la tercera c de las 5 c iniciales. *7 p por lado*

Vueltas 3–6: Rep la vuelta 2. Remata después de la vuelta 6. *23 p por lado tras la vuelta 6*

Vuelta 7: Gira y empalma el hilo B a cualquier esp de esquina de 2 c, 1 c (NO se cuenta como p en ninguna de las vueltas), {[1 pb, 2 c, 1 pb] en el esp de esquina, *2 pb, 1 m*, rep de * a * hasta que queden 2 p antes del siguiente esp de esquina, 2 pb}, rep de { a } tres veces más, 1 pr en el primer pb. Remata. *25 p por lado*

Vuelta 8: Gira y empalma el hilo A a cualquier esp de esquina de 2 c, 1 c, *[1 pb, 2 c, 1 pb] en el esp de esquina, 25 pb*, rep de * a * tres veces más, 1 pr en el primer pb. Remata. *27 p por lado*

CARAMELOS (2)

Con el hilo C, 3 c, 1 pr en la primera c para formar un anillo.

Vuelta 1: 1 c, 6 pb en el centro del anillo, 1 pr en el primer pb. Remata (o deja el hilo colgando). *6 p*

Vuelta 2: Empalma el hilo D a cualquier p, 1 c, 2 pb en cada p, 1 pr en el primer pb. Remata. *12 p*

Vuelta 3: Recoge el hilo C o vuelve a empalmarlo a cualquier p, 1 c, *1 pb, 2 pb en el siguiente p*, rep de * a * cinco veces más, 1 pr en el primer pb. Remata, dejando un cabo suelto largo para coser. *18 p*

Vuelta 4: Empalma el hilo D a cualquier p, 1 c, 2 mpa en el siguiente p dos veces. *4 p*

Vuelta 5: 1 c, gira, 4 pb.

Vuelta 6: 1 c, gira, 1 pb, *1 piquito, 1 pb*, rep de * a * dos veces más. Remata. *4 p y 3 piquitos*

Vuelta 7: Salta los 7 p siguientes y vuelve a empalmar el hilo D, 1 c, 2 mpa en el siguiente p dos veces. *4 p*

Vueltas 8–9: Rep las vueltas 5–6.

Rep para hacer un caramelo más.

Una vez terminados los caramelos, usa los cabos sueltos para coserlos al cuadrado. Ten cuidado de coser solo por la parte delantera de los puntos del cuadrado y por la de atrás de los puntos de las aplicaciones para evitar que se vean las puntadas (p. 12).

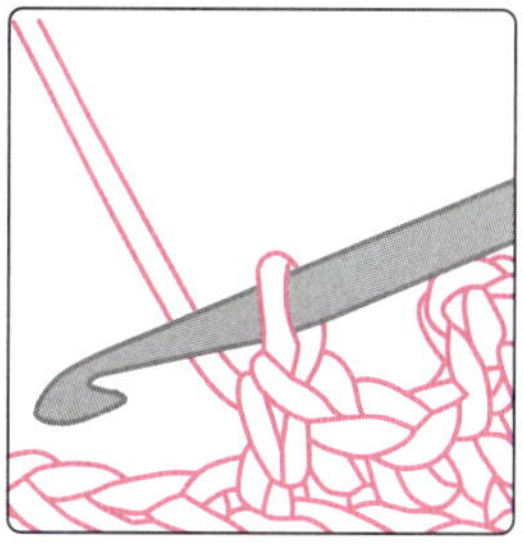

PIQUITO

Haz tres cadenetas y luego un punto raso en la tercera cadeneta desde el ganchillo para completar el piquito.

CAMBIOS DE COLOR EN APLICACIONES

A veces, cuando se cambia de color con frecuencia, es más fácil dejar el hilo colgando y recogerlo después que rematar y volver a empalmarlo. Esto va bien para las aplicaciones, ya que el hilo se puede transportar por detrás de la pieza y ocultar después al unirla al cuadrado. Así también se reduce el número de cabos sueltos que hay que esconder.

Para ello, simplemente cambia de hilo al echar el hilo por última vez en el último punto de una vuelta (como al tejer a punto de tapiz). Deja caer el hilo anterior, ignorando la instrucción de rematar, y continúa con el nuevo hilo. Para volver al color anterior, haz lo mismo, pero recogiendo el hilo que habías dejado colgando.

Colecciones temáticas

Con tanta variedad de colores y texturas por explorar, las posibilidades de estos pequeños cuadrados de ganchillo son infinitas.

Disfruta tejiendo estas colecciones de cuadrados temáticos y usa tus cuadrados para crear artículos de ganchillo para todas las estaciones: hay un patrón para cada ocasión.

Primavera

Cuadrado con corderito

Con el hilo A, 26 c.

Vuelta 1: 1 pb en la segunda c desde el ganchillo, 24 pb. *25 p*

1 c (NO se cuenta como p en ninguna de las vueltas), gira.

Vueltas 2–25: Sigue el gráfico.

Continúa con el hilo A.

Vuelta 26: 1 c, gira, [1 pb, 2 c, 1 pb] en el mismo p para hacer la primera esquina, 23 pb, [1 pb, 2 c, 1 pb] para hacer la segunda esquina, 23 pb hacia abajo (1 p en el lado de cada vuelta), [1 pb, 2 c, 1 pb] para hacer la tercera esquina, 23 pb, [1 pb, 2 c, 1 pb] para hacer la última esquina, 23 pb hacia arriba (1 p en el lado de cada vuelta), 1 pr en el primer pb. *25 p por lado, más esp de esquina de 2 c de aquí en adelante*

Vuelta 27: Sin girar, 1 pr en el esp de esquina de 2 c, 1 c, *[1 pb, 2 c, 1 pb] en el esp de esquina, 25 pb*, rep de * a * tres veces más, 1 pr en el primer pb. Remata. *27 p por lado*

OREJAS (2)

Con el hilo C, 7 c.

Vuelta 1: 1 pb en la segunda c desde el ganchillo, 5 pb. *6 p*

Vuelta 2: 1 c, gira, 6 pb.

Vuelta 3: 1 c, gira, 2 pb en el siguiente p, 4 pb, 2 pb en el siguiente p. *8 p*

Vuelta 4: 1 c, gira, 8 pb.

Vuelta 5: Rep la vuelta 4.

Vuelta 6: 1 c, gira, 2 pb juntos, 1 mpa, 2 pa, 1 mpa, 2 pb juntos. *6 p*

Vuelta 7: 1 c, gira, 2 pb juntos, 2 mpa, 2 pb juntos. Remata, dejando un cabo suelto largo para coser.

Rep para hacer la segunda oreja. Luego dobla ambas orejas por la mitad en la parte superior y cose una a cada lado de la cabeza.

OJOS (2)

Con el hilo D, 3 c y 1 pr en la primera c para crear un anillo. 1 c, 6 pb en el centro del anillo, 1 pr en el primer pb. Remata, dejando un cabo suelto largo para coser.

Con el hilo C, borda una pequeña línea blanca para simular el brillo del ojo.

Rep para hacer el segundo ojo y luego cose los dos ojos en la cara.

NARIZ

Con el hilo D, borda una nariz en la cara del corderito.

Punto de tapiz (p. 82)
Aplicación (p. 97)
Punto de madroño (p. 55)

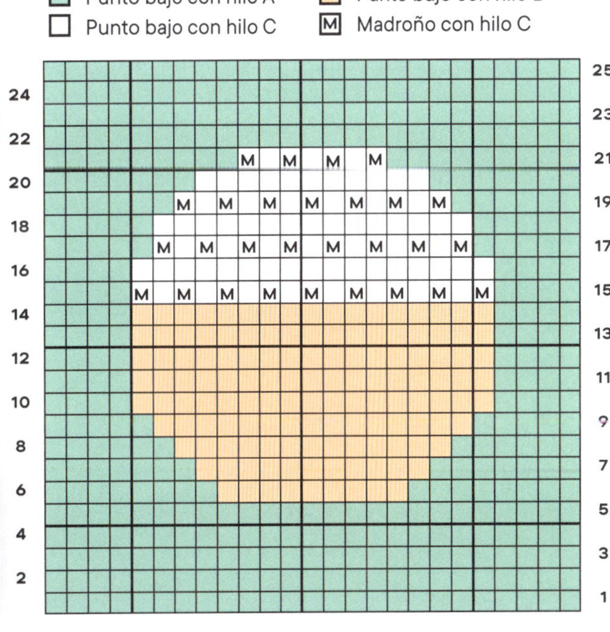

Cuadrado con narciso

Con el hilo A, 3 c y 1 pr en la primera c para crear un anillo.

Vuelta 1: 5 c (se cuentan como primer pa y 2 c en todas las vueltas), *3 pa en el centro del anillo, 2 c*, rep de * a * dos veces más, 2 pa en el centro del anillo, 1 pr en la tercera c de las 5 c iniciales. *3 p por lado, con esp de esquina de 2 c en todas las vueltas*

Vuelta 2: 1 pr en el esp de esquina de 2 c, 5 c, 2 pa en el mismo esp de esquina, *1 pa en cada p hasta la siguiente esquina, [2 pa, 2 c, 2 pa] en el siguiente esp de esquina*, rep de * a * dos veces más, 1 pa en cada p rest, 1 pa en el esp de esquina inicial, 1 pr en la tercera c de las 5 c iniciales. *7 p por lado*

Vuelta 3: Rep la vuelta 2. *11 p por lado*

Vuelta 4: 1 pr en el esp de esquina de 2 c, 5 c, 3 pa en el mismo esp de esquina de 2 c, {*1 c, salta 3 p, 3 pa en el siguiente p*, rep de * a * una vez más, 1 c, [3 pa, 2 c, 3 pa] en el esp de esquina}, rep de { a } dos veces más, rep de * a * dos veces más, 1 c, 2 pa en el esp de esquina inicial, 1 pr en la tercera c de las 5 c iniciales. Remata. *15 p/esp-c por lado*

Vuelta 5: Empalma el hilo B a cualquier esp de esquina de 2 c, 5 c, 3 pa en el mismo esp de esquina, {1 c, *3 pa en el siguiente esp-c, 1 c*, rep de * a * hasta la siguiente esquina, [3 pa, 2 c, 3 pa] en el esp de esquina}, rep de { a } dos veces más, 1 c, rep de * a * hasta la siguiente esquina, 2 pa en el esp de esquina inicial, 1 pr en la tercera c de las 5 c iniciales. Remata. *19 p/esp-c por lado*

Vuelta 6: Empalma el hilo C a cualquier esp de esquina de 2 c, rep la vuelta 5. NO remates. *23 p/esp-c por lado*

Vuelta 7: 1 pr en el esp de esquina de 2 c, 5 c, 2 pa en el mismo esp de esquina, *1 pa en cada p y cada esp-c hasta la siguiente esquina, [2 pa, 2 c, 2 pa] en el esp de esquina*, rep de * a * dos veces más, 1 pa en cada p y cada esp-c rest, 1 pa en el esp de esquina inicial, 1 pr en la tercera c de las 5 c iniciales. Remata. *27 p por lado*

NARCISO

Con el hilo D, 3 c y 1 pr en la primera c para crear un anillo.

Vuelta 1: 3 c (se cuentan como primer pa en todas las vueltas), 11 pa en el centro del anillo, 1 pr en la tercera c de las 3 c iniciales. *12 p*

Vuelta 2: Tejiendo por detrás, 3 c, 1 pa en el mismo p, 2 pa en el siguiente p 11 veces, 1 pr en la tercera c de las 3 c iniciales. *24 p*

Vuelta 3: *3 c, 3 pd en el siguiente p, 1 piquito, 3 pd en el siguiente p, 3 c, 1 pr en el siguiente p dos veces*, rep de * a * cuatro veces más, 3 c, 3 pd en el siguiente p, 1 piquito, 3 pd en el siguiente p, 3 c, 1 pr en el primer p. Remata, dejando un cabo suelto largo para coser.

Vuelta 4: Empalma el hilo E a cualquier hebra anterior no trabajada de la vuelta 2 y, tejiendo por delante, 1 c, *2 pb en el siguiente p, 1 pb*, rep de * a * cinco veces más, 1 pr en el primer pb. *18 p*

Vuelta 5: 3 c, 1 pa en cada p, 1 pr en la tercera c de las 3 c iniciales.

Vuelta 6: 1 c, 1 pb en cada p, 1 pr en el primer pb.

Vuelta 7: Tejiendo por detrás, 3 c, 1 pr en el mismo p, *[1 pa, 1 pr] en el siguiente p*, rep de * a * 16 veces más, 1 pr en las 3 c iniciales. Remata.

Cose la aplicación de narciso en el cuadrado.

Aplicación (p. 97)
Piquito (p. 97)
Puntos tejidos por detrás (p. 53)
Puntos tejidos por delante (p. 107)

Cuadrado con prado florido

Con el hilo A, 26 c.

Vuelta 1: 1 pb en la segunda c desde el ganchillo, 24 pb. *25 p*

1 c (NO se cuenta como p en ninguna de las vueltas), gira.

Vueltas 2–25: Sigue el gráfico.

Continúa con el hilo A.

Vuelta 26: 1 c, gira, [1 pb, 2 c, 1 pb] en el mismo p para hacer la primera esquina, 23 pb, [1 pb, 2 c, 1 pb] para hacer la segunda esquina, 23 pb hacia abajo (1 p en el lado de cada vuelta), [1 pb, 2 c, 1 pb] para hacer la tercera esquina, 23 pb, [1 pb, 2 c, 1 pb] para hacer la última esquina, 23 pb hacia arriba (1 p en el lado de cada vuelta), 1 pr en el primer pb. *25 p por lado, más esp de esquina de 2 c de aquí en adelante*

Vuelta 27: Sin girar, 1 pr en el esp de esquina de 2 c, 1 c, *[1 pb, 2 c, 1 pb] en el esp de esquina, 25 pb*, rep de * a * tres veces más, 1 pr en el primer pb. Remata. *27 p por lado*

Punto de madroño
(p. 55)

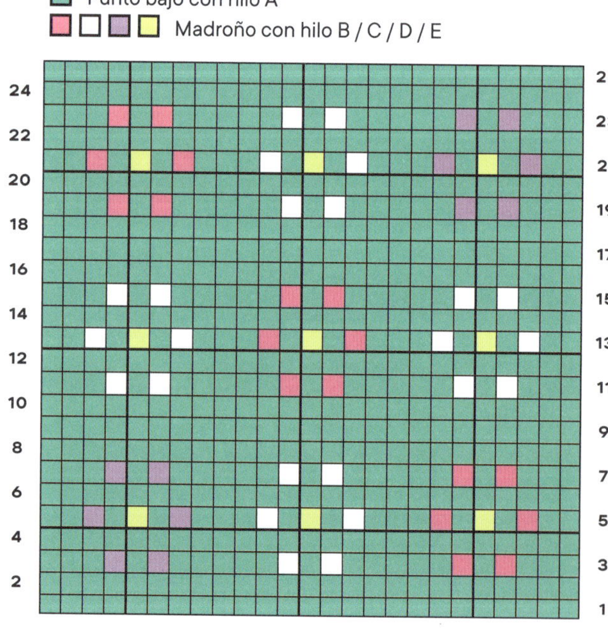

Cuadrado con flores de cerezo

Con el hilo A, 28 c.

Vuelta 1: 1 pb en la segunda c desde el ganchillo, 26 pb. *27 p*

1 c (NO se cuenta como p en ninguna de las vueltas), gira.

Vueltas 2–27: Sigue el gráfico.

Remata los dos hilos.

Vuelta 28: Sin girar, empalma el hilo C al primer p, 1 c, [1 pb, 2 c, 1 pb] en el mismo p para hacer la primera esquina, 25 pb, [1 pb, 2 c, 1 pb] para hacer la segunda esquina, 25 pb hacia abajo (1 p en el lado de cada vuelta), [1 pb, 2 c, 1 pb] para hacer la tercera esquina, 25 pb, [1 pb, 2 c, 1 pb] para hacer la última esquina, 25 pb hacia arriba (1 p en el lado de cada vuelta), 1 pr en el primer pb. Remata. *27 p por lado, más esp de esquina de 2 c*

FLOR DE CEREZO (5)

Con el hilo D, 3 c, y 1 pr en la primera c para crear un anillo.

Vuelta 1: 1 c, 6 pb en el centro del anillo. Remata, dejando un cabo suelto largo para coser. *6 p*

Vuelta 2: Empalma el hilo E a cualquier p, *[2 c, 2 pad] en el mismo p, 2 c, 1 pr en el siguiente p*, rep de * a * cuatro veces más, [2 c, 2 pad] en el mismo p, 2 c, 1 pr en el primer p. Remata. *6 pétalos*

Haz cuatro flores más. Colócalas en el cuadrado y cóselas en su lugar.

Punto de tapiz (p. 82)
Aplicación (p. 97)

☐ Hilo A ■ Hilo B

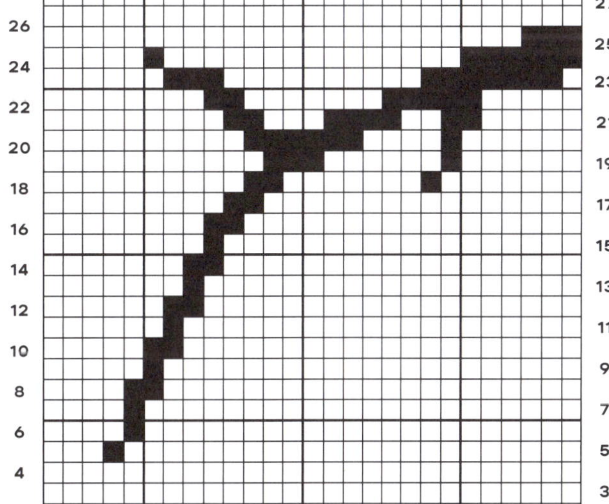

Cuadrado con cadena de margaritas

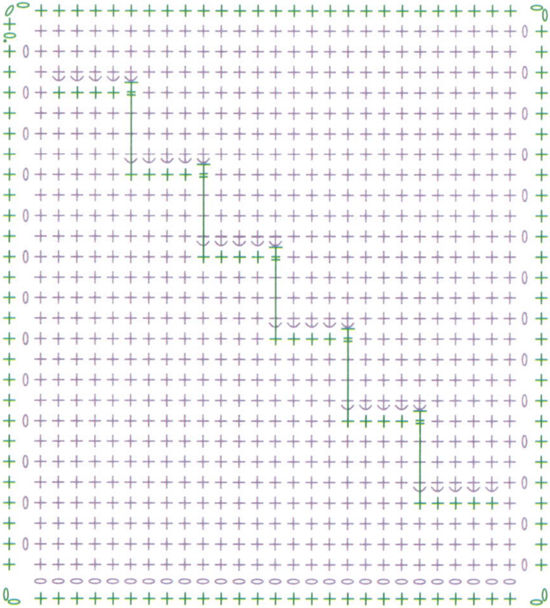

Con el hilo A, 28 c.

Vuelta 1: 1 pb en la segunda c desde el ganchillo, 26 pb. *27 p*

Vuelta 2: 1 c (NO se cuenta como p en ninguna de las vueltas), gira, 27 pb.

Vuelta 3: Rep la vuelta 2.

Vuelta 4: 1 c, gira, 21 pb con el hilo A; 5 pb con el hilo B; 1 pb con el hilo A.

Vuelta 5: 1 c, gira, 1 pb, 5 pbdel, 21 pb con el hilo A.

Vueltas 6–7: Rep la vuelta 2.

Vuelta 8: 1 c, gira, 17 pb con el hilo A; 4 pb, 1 pad en la primera hebra sin trabajar de la vuelta 5 justo debajo con el hilo B; 5 pb con el hilo A.

Vuelta 9: 1 c, gira, 5 pb, 5 pbdel, 17 pb con el hilo A.

Vueltas 10–11: Rep la vuelta 2.

Vuelta 12: 1 c, gira, 13 pb con el hilo A; 4 pb, 1 pad en la primera hebra sin trabajar de la vuelta 9 justo debajo con el hilo B; 9 pb con el hilo A.

Vuelta 13: 1 c, gira, 9 pb, 5 pbdel, 13 pb con el hilo A.

Vueltas 14–15: Rep la vuelta 2.

Vuelta 16: 1 c, gira, 9 pb con el hilo A; 4 pb, 1 pad en la primera hebra sin trabajar de la vuelta 13 justo debajo con el hilo B; 13 pb con el hilo A.

Vuelta 17: 1 c, gira, 13 pb, 5 pbdel, 9 pb con el hilo A.

Vueltas 18–19: Rep la vuelta 2.

Vuelta 20: 1 c, gira, 5 pb con el hilo A; 4 pb, 1 pad en la primera hebra sin trabajar de la vuelta 17 justo debajo con el hilo B; 17 pb con el hilo A.

Vuelta 21: 1 c, gira, 17 pb, 5 pbdel, 5 pb con el hilo A.

Vueltas 22–23: Rep la vuelta 2.

Vuelta 24: 1 c, gira, 1 pb con el hilo A; 4 pb, 1 pad en la primera hebra sin trabajar de la vuelta 21 justo debajo con el hilo B; 21 pb con el hilo A. Remata el hilo B.

Vuelta 25: 1 c, gira, 21 pb, 5 pbdel, 1 pb con el hilo A.

Vueltas 26–27: Rep la vuelta 2. Remata.

Vuelta 28: Gira y empalma el hilo B al primer p, 1 c, [1 pb, 2 c, 1 pb] en el mismo p para hacer la primera esquina, 25 pb, [1 pb, 2 c, 1 pb] para la hacer segunda esquina, 25 pb hacia abajo (1 p en el lado de cada vuelta), [1 pb, 2 c, 1 pb] para hacer la tercera esquina, 25 pb, [1 pb, 2 c, 1 pb] para hacer la última esquina, 25 pb hacia arriba (1 p en el lado de cada vuelta), 1 pr en el primer pb. Remata. *27 p por lado, más esp de esquina de 2 c*

MARGARITAS (4)

Con el hilo C, 3 c y 1 pr en la primera c para crear un anillo.

Vuelta 1: 1 c, 6 pb en el centro del anillo. Remata. *6 p*

Vuelta 2: Empalma el hilo D a cualquier p, *5 c, 1 pb en la segunda c desde el ganchillo, 3 pb, 1 pr de vuelta en el mismo p, 5 c, 1 pb en la segunda c desde el ganchillo, 3 pb, 1 pr en el siguiente p*, rep de * a * cinco veces más, tejiendo el último pr en el p inicial. Remata, dejando un cabo suelto largo para coser. *12 pétalos*

Haz tres margaritas más. Coloca las cuatro en el cuadrado y cóselas en su lugar.

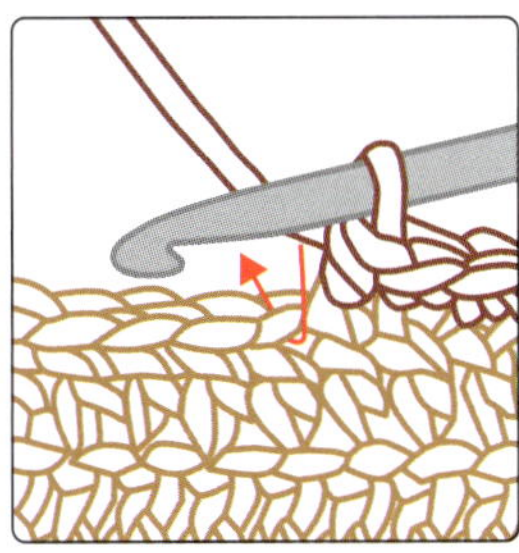

PUNTOS TEJIDOS POR DELANTE (PDEL)

Para tejer los puntos por delante, es decir, por la hebra anterior, que es la más cercaba a ti de las dos que forman la V de la parte superior de un punto de ganchillo, inserta el ganchillo justo por debajo de esta hebra y luego completa el punto normalmente.

Estos puntos pueden tejerse en una hebra anterior que se ha dejado sin trabajar en vueltas previas (donde los puntos se han tejido por detrás, es decir, por la hebra posterior; p. 53) para añadir más detalle.

Aplicación (p. 97)

Cuadrado con nube y gotas de lluvia arcoíris

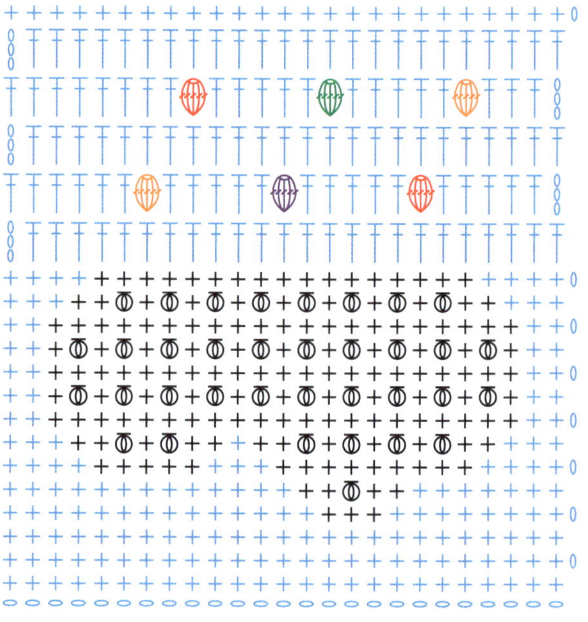

Nota: Este cuadrado se teje de arriba abajo; por ello, el esquema se muestra tal como se trabaja, junto al diseño terminado en la posición correcta (a la izquierda).

Con el hilo A, 26 c.

Vuelta 1: 1 pb en la segunda c desde el ganchillo, 24 pb. *25 p*

Vuelta 2: 1 c (NO se cuenta como p en ninguna de las vueltas), gira, 25 pb.

Vuelta 3: Rep vuelta 2.

Vuelta 4: 1 c, gira, 8 pb con el hilo A; 3 pb con el hilo B; 14 pb con el hilo A.

Vuelta 5: 1 c, gira, 13 pb con el hilo A; 2 pb, 1 b, 2 pb con el hilo B; 7 pb con el hilo A.

Vuelta 6: 1 c, gira, 4 pb con el hilo A; 9 pb con el hilo B; 3 pb con el hilo A; 5 pb con el hilo B; 4 pb con el hilo A.

Vuelta 7: 1 c, gira, 3 pb con el hilo A; 2 pb, 1 b, 1 pb, 1 b, 2 pb con el hilo B; 1 pb con el hilo A; 2 pb, *1 b, 1 pb*, rep de * a * tres veces más, 1 pb con el hilo B; 3 pb con el hilo A.

Vuelta 8: 1 c, gira, 2 pb con el hilo A; 21 pb con el hilo B; 2 pb con el hilo A.

Vuelta 9: 1 c, gira, 2 pb con el hilo A; *1 pb, 1 b*, rep de * a * nueve veces más, 1 pb con el hilo B; 2 pb con el hilo A.

Vuelta 10: Rep la vuelta 8.

Vuelta 11: Rep la vuelta 9.

Vuelta 12: Rep la vuelta 8.

Vuelta 13: 1 c, gira, 3 pb con el hilo A; 2 pb, *1 b, 1 pb*, rep de * a * siete veces más, 1 pb con el hilo B; 3 pb con el hilo A.

Vuelta 14: 1 c, gira, 4 pb con el hilo A; 17 pb con el hilo B; 4 pb con el hilo A. Remata el hilo B.

Vuelta 15: 3 c (se cuentan como primer pa en todas las vueltas), gira, 24 pa con el hilo A.

Vuelta 16: 3 c, gira, 5 pa con el hilo A; 1 g con el hilo C; 5 pa con el hilo A; 1 g con el hilo D; 5 pa con el hilo A; 1 g con el hilo E; 6 pa con el hilo A.

Vuelta 17: Rep la vuelta 15.

Vuelta 18: 3 c, gira, 3 pa con el hilo A; 1 g con el hilo E; 5 pa con el hilo A; 1 g con el hilo F; 5 pa con el hilo A; 1 g con el hilo G; 8 pa con el hilo A.

Continúa con el hilo A.

Vuelta 19: Rep la vuelta 15.

Vuelta 20: Rep la vuelta 2.

Vuelta 21: 1 c, gira, [1 pb, 2 c, 1 pb] en el mismo p para hacer la primera esquina, 23 pb, [1 pb, 2 c, 1 pb] para hacer la segunda esquina, 23 pb hacia abajo (1 p en el lado de cada vuelta de pb, 2 p en el lado de cada vuelta de pa), [1 pb, 2 c, 1 pb] para hacer la tercera esquina, 23 pb, [1 pb, 2 c, 1 pb] para hacer la última esquina, 23 pb hacia arriba (2 p en el lado de cada vuelta de pa, 1 p en el lado de cada vuelta de pb), 1 pr en el primer pb. Remata. *25 p por lado, más esp de esquina de 2 c de aquí en adelante*

Vuelta 22: Con el derecho hacia ti, empalma el hilo H a cualquier esp de esquina de 2 c, 1 c, *[1 mpa, 2 c, 1 mpa] en el esp de esquina, 25 mpa*, rep de * a * tres veces más, 1 pr en el primer mpa. Remata. *27 p por lado*

Punto de borla
(p. 71)
Punto de garbanzo
(p. 63)

Cuadrado con paraguas

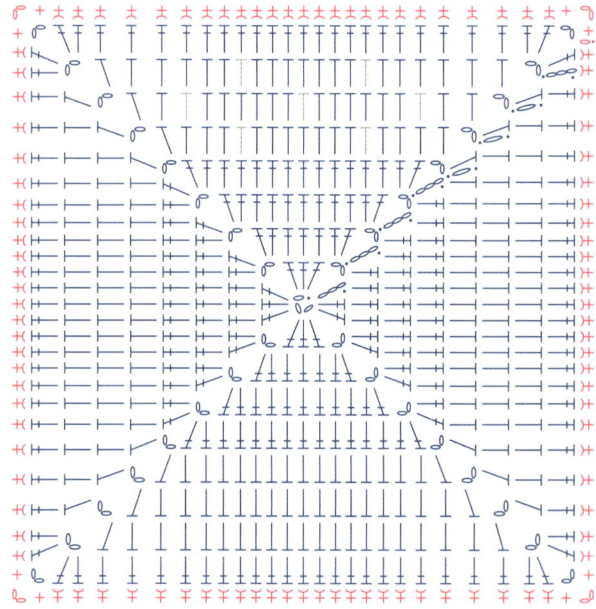

Con el hilo A, 3 c y 1 pr en la primera c para crear un anillo.

Vuelta 1: 5 c (se cuentan como primer pa y 2 c en todas las vueltas), *3 pa en el centro del anillo, 2 c*, rep de * a * dos veces más, 2 pa en el centro del anillo, 1 pr en la tercera c de las 5 c iniciales. *3 p por lado, más esp de esquina de 2 c en todas las vueltas*

Vuelta 2: 1 pr en el esp de esquina de 2 c, 5 c, 2 pa en el mismo esp de esquina, *1 pa en cada p hasta la siguiente esquina, [2 pa, 2 c, 2 pa] en el esp de esquina*, rep de * a * dos veces más, 1 pa en cada p rest, 1 pa en el esp de esquina inicial, 1 pr en la tercera c de las 5 c iniciales. *7 p por lado*

Vueltas 3–4: Rep la vuelta 2. *15 p por lado tras la vuelta 4*

Vuelta 5: 1 pr en el esp de esquina de 2 c, 1 c (NO se cuenta como p en ninguna de las vueltas), [1 mpa, 2 c, 1 mpa] en el esp de esquina, 3 mpa con el hilo A; 1 mpa con el hilo B; 7 mpa con el hilo A; 1 mpa con el hilo B; 3 mpa, *[1 mpa, 2 c, 1 mpa] en el esp de esquina, 15 mpa*, rep de * a * dos veces más, 1 pr en el primer mpa con el hilo A. *17 p por lado*

Vuelta 6: 1 pr en el esp de esquina de 2 c, 1 c, [1 mpa, 2 c, 1 mpa] en el esp de esquina, 1 mpa con el hilo A; 1 mpa con el hilo B; 6 mpa con el hilo A; 1 mpa con el hilo B; 6 mpa con el hilo A; 1 mpa con el hilo B; 1 mpa, *[1 mpa, 2 c, 1 mpa] en el esp de esquina, 17 mpa*, rep de * a * dos veces más, 1 pr en el primer mpa con el hilo A. *19 p por lado*

Vuelta 7: 1 pr en el esp de esquina de 2 c, 1 c, [1 mpa, 2 c, 1 mpa] en el esp de esquina, 5 mpa con el hilo A; 1 mpa con el hilo B; 7 mpa con el hilo A; 1 mpa con el hilo B; 5 mpa, *[1 mpa, 2 c, 1 mpa] en el esp de esquina, 19 mpa*, rep de * a * dos veces más, 1 pr en el primer mpa con el hilo A. Remata el hilo B. *21 p por lado*

Continúa con el hilo A.

Vuelta 8: 1 pr en el esp de esquina de 2 c, 3 c (se cuentan como primer pa), [1 pa, 2 c, 2 pa] en el esp de esquina, *21 pa, [2 pa, 2 c, 2 pa] en el esp de esquina*, rep de * a * dos veces más, 21 pa, 1 pr en la tercera c de las 3 c iniciales. Remata. *25 p por lado*

Vuelta 9: Empalma el hilo C a cualquier esp de esquina de 2 c, 1 c, *[1 pb, 2 c, 1 pb] en el esp de esquina, 1 pbdet en cada p hasta la siguiente esquina*, rep de * a * tres veces más, 1 pr en el primer pb. Remata. *27 p por lado*

CÚPULA

Con el hilo D, 3 c y 1 pr en la primera c para crear un anillo.

Vuelta 1: 3 c (se cuentan como primer pa en todas las vueltas), 6 pa en el centro del anillo. NO los unas, ya que la cúpula se teje girando en las vueltas, no en redondo. *7*

Vuelta 2: 3 c, gira, 1 pa en el mismo p, 2 pa en el siguiente p seis veces. *14 p*

Vuelta 3: 3 c, gira, 1 pa en el mismo p, *1 pa, 2 pa en el siguiente p*, rep de * a * hasta que quede 1 p, 1 pa. *21 p*

Vuelta 4: 3 c, gira, 1 pa en el mismo p, *2 pa, 2 pa en el siguiente p*, rep de * a * hasta que queden 2 p, 2 pa. *28 p*

Vuelta 5: 3 c, 1 pr en la tercera c desde el ganchillo (primer piquito); luego, a lo largo del borde recto, 2 pb en el lado de la primera vuelta, 2 pb en el lado de la siguiente vuelta, 1 piquito, *2 pb en el lado de cada una de las 2 vueltas siguientes, 1 piquito*, salta el anillo inicial, rep de * a * dos veces más, 1 pr en la tercera c de las 3 c iniciales de la vuelta 4. Remata, dejando un cabo suelto largo para coser.

MANGO

Con el hilo B, 20 c.

Vuelta 1: 1 pb en la segunda c desde el ganchillo, 2 pb juntos cinco veces, 8 pb. Remata, dejando un cabo suelto largo para coser.

Cose el mango a la cúpula.

Coloca el paraguas sobre el cuadrado y cóselo.

Aplicación (p. 97)
Puntos tejidos por detrás (p. 53)
Piquito (p. 97)

Cuadrado con tulipanes

Con el hilo A, 24 c.

Vuelta 1: 1 pb en la segunda c desde el ganchillo, 22 pb. *23 p*

Vuelta 2: 1 c (NO se cuenta como p en ninguna de las vueltas), gira, 23 pb.

Vuelta 3: Rep la vuelta 2. Remata.

Vuelta 4: Gira y empalma el hilo B, 3 c (se cuentan como primer pa en todas las vueltas), salta 1 p, 1 p en V en el siguiente p, *salta 2 p, 1 punto en V en el siguiente p*, rep de * a * cinco veces más, salta 1 p, 1 pa en el último p. Remata. *7 p en V y 2 pa*

Vuelta 5: Sin girar, empalma el hilo C al primer pa, 4 c (se cuentan como primer pa más 1 c en todas las vueltas, *1 g en el p en V, 2 c*, rep de * a * cinco veces más, 1 g en el último p en V, 1 c, 1 pa en el último p. Remata. *7 g y 2 pa, con esp de 2 c entre ellos*

Vuelta 6: Gira y empalma el hilo A al primer p, 1 c, 1 pb en el mismo p, 1 pb en el esp-c, *1 pb en el g, 2 pb en el esp-c*, rep de * a * cinco veces más, 1 pb en el g, 1 pb en el esp-c, 1 pb en el último p.

Vueltas 7–8: Rep la vuelta 2. Remata tras la vuelta 8.

Vuelta 9: Rep la vuelta 4.

Vuelta 10: Rep la vuelta 5, sustituyendo el hilo D por el hilo C.

Vueltas 11–13: Rep las vueltas 6–8. Remata tras la vuelta 13.

Vuelta 14: Rep la vuelta 4.

Vuelta 15: Rep la vuelta 5, sustituyendo el hilo E por el hilo C.

Vueltas 16–18: Rep las vueltas 6–8. NO remates.

Vuelta 19: 1 c, gira, [1 mpa, 2 c, 1 mpa] en el mismo p para hacer la primera esquina, 21 mpa, [1 mpa, 2 c, 1 mpa] para hacer la segunda esquina, 21 mpa hacia abajo, [1 mpa, 2 c, 1 mpa] para hacer la tercera esquina, 21 mpa, [1 mpa, 2 c, 1 mpa] para hacer la última esquina, 21 mpa hacia arriba, 1 pr en el primer mpa. Remata. *23 p por lado, más esp de esquina de 2 c de aquí en adelante.*

Vuelta 20: Sin girar, empalma el hilo F a cualquier esp de esquina de 2 c, 1 c, *[1 mpa, 2 c, 1 mpa] en el esp de esquina, 1 mpadet en cada p hasta la siguiente esquina*, rep de * a * tres veces más, 1 pr en el primer mpa. Remata. *25 p por lado*

Vuelta 21: Sin girar, empalma el hilo A a cualquier esp de esquina de 2 c, 1 c, *[1 pb, 2 c, 1 pb] en el esp de esquina, 1 pb en cada p hasta la siguiente esquina*, rep de * a * tres veces más, 1 pr en el primer pb. Remata. *27 p por lado*

Punto en V (p. 47)
Punto de garbanzo (p. 63)
Puntos tejidos por detrás (p. 53)

Cuadrado con arcoíris

Con el hilo A, 12 c.

Vuelta 1: 1 mpa en la segunda c desde el ganchillo, 9 mpa, 6 mpa en el siguiente p, y por el otro lado de la c inicial, 10 mpa. Remata. *26 p*

Vuelta 2: Gira y empalma el hilo B, 1 c (NO se cuenta como p en ninguna de las vueltas), 10 mpa, 2 mpa en el siguiente p seis veces, 10 mpa. Remata. *32 p*

Vuelta 3: Gira y empalma el hilo C, 1 c, 10 mpa, *2 mpa en el siguiente p, 1 mpa*, rep de * a * cinco veces más, 10 mpa. Remata. *38 p*

Vuelta 4: Gira y empalma el hilo D, 1 c, 10 mpa, *2 mpa en el siguiente p, 2 mpa*, rep de * a * cinco veces más, 10 mpa. Remata. *44 p*

Vuelta 5: Gira y empalma el hilo E, 1 c, 10 mpa, *2 mpa en el siguiente p, 3 mpa*, rep de * a * cinco veces más, 10 mpa. Remata. *50 p*

Vuelta 6: Gira y empalma el hilo F, 1 c, 10 mpa, *2 mpa en el siguiente p, 4 mpa*, rep de * a * cinco veces más, 10 mpa. Remata. *56 p*

Vuelta 7: Gira y empalma el hilo A al primer p, 1 c, [1 pb, 2 c, 1 pb] en el mismo p para hacer la primera esquina, 12 pb, 3 mpa, 1 pa, 2 pa en el siguiente p, 2 pad en el siguiente p, 2 c para hacer la segunda esquina, 2 pad en el siguiente p, 1 pa, 2 mpa, 4 pb, 2 pb en el siguiente p, 5 pb, 2 mpa, 1 pa, 2 pad en el siguiente p, 2c para hacer la tercera esquina, 2 pad en el siguiente p, 2 pa en el siguiente p, 1 pa, 3 mpa, 12 pb, [1 pb, 2 c, 1 pb] para hacer la última esquina, 19 pb a lo largo de la parte inferior del arcoíris, 1 pr en el primer pb. *21 p por lado, más esp de esquina de 2 c de aquí en adelante*

Vuelta 8: 1 pr en el esp de esquina de 2 c, 5 c (se cuentan como primer pa más 2 c), 2 pa en el esp de esquina, *21 pa, [2 pa, 2 c, 2 pa] en el esp de esquina*, rep de * a * dos veces más, 21 pa, 1 pa en el esp de esquina inicial, 1 pr en la tercera c de las 5 c iniciales. *25 p por lado*

Vuelta 9: 1 pr en el esp de esquina de 2 c, 1 c, *[1 mpa, 2 c, 1 mpa] en el esp de esquina, 25 mpa*, rep de * a * tres veces más, 1 pr en el primer mpa. Remata. *27 p por lado*

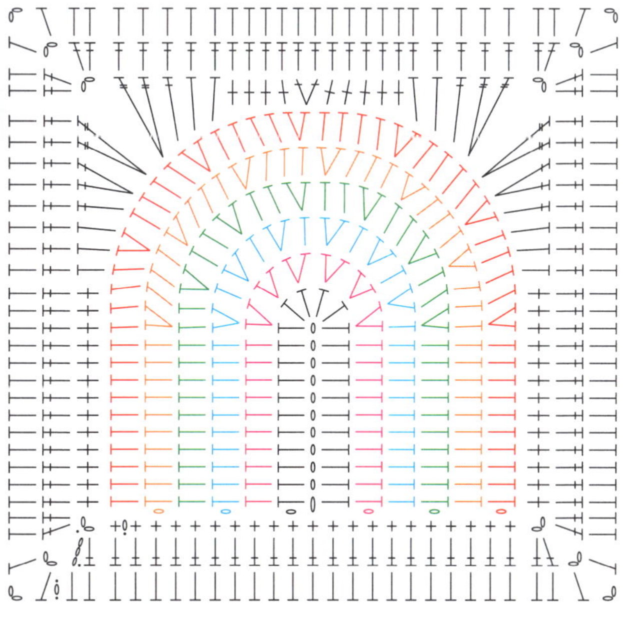

Cuadrado con mariposas

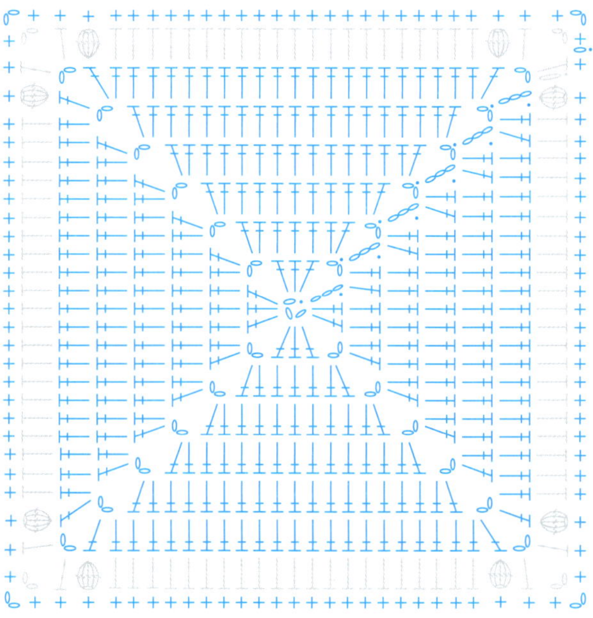

Con el hilo A, 3 c y 1 pr en la primera c para crear un anillo.

Vuelta 1: 5 c (se cuentan como primer pa y 2 c en todas las vueltas), *3 pa en el centro del anillo, 2 c*, rep de * a * dos veces más, 2 pa en el centro del anillo, 1 pr en la tercera c de las 5 c iniciales. *3 p por lado, más esp de esquina de 2 c en todas las vueltas*

Vuelta 2: 1 pr en el esp de esquina de 2 c, 5 c, 2 pa en el esp de esquina, *1 pa en cada p hasta la esquina, [2pa, 2c, 2pa] en el esp de esquina*, rep de * a * dos veces más, 1 pa en cada p rest, 1 pa en el esp de esquina inicial, 1 pr en la tercera c de las 5 c iniciales. *7 p por lado*

Vueltas 3–6: Rep la vuelta 2. Remata después de la vuelta 6. *23 p por lado tras la vuelta 6*

Vuelta 7: Empalma el hilo B a cualquier esp de esquina de 2 c, 1 c (NO se cuenta como p), *[1 mpa, 2 c, 1 mpa] en el esp de esquina, 1 g, 21 mpa, 1 g*, rep de * a * tres veces más, 1 pr en el primer mpa. Remata. *25 p por lado*

Vuelta 8: Empalma el hilo A a cualquier esp de esquina de 2 c, 1 c (NO se cuenta como p), *[1 pb, 2 c, 1 pb] en el esp de esquina, 25 pb*, rep de * a * tres veces más, 1 pr en el primer pb. Remata. *27 p por lado*

ALAS (2)

Con el hilo C, 4 c y 1 pr en la primera c para crear un anillo.

Vuelta 1: 1 c, y en el centro del anillo, 1 mpa, 2 pa, 2 c, 1 pr, 3 c, 1 pa, 1 pad, 1 pa, 3 c, 1 pr, 3 c, 1 pa, 1 pad, 1 pa, 3 c, 1 pr, 2 c, 2 pa, 1 mpa, 1 c, 1 pr. Remata, dejando un cabo suelto largo para coser.

Vuelta 2: Sin girar, empalma el hilo D al primer mpa de la vuelta anterior, 1 c (se cuenta como primer pr), 1 pb en el siguiente p, 2 pb en el siguiente p, 1 pb en el esp de 2 c, 1 pa en el centro del anillo original, 1 c, 1 mpa en el esp de 3 c, 2 mpa en el siguiente p, [1 pa, 1 piquito, 1 pa] en el siguiente p, 2 mpa en el siguiente p, 1 pb en el esp de 3 c, 1 pa en el centro del anillo original, 1 pb en el esp de 3 c, 2 mpa en el siguiente p, [1 pa, 1 piquito, 1 pa] en el siguiente p, 2 mpa en el siguiente p, 1 mpa en el esp de 3 c, 1 c, 1 pa en el centro del anillo original, 1 pb en el esp de 2 c, 2 pb en el siguiente p, 1 pb en el siguiente p, 1 pr en el último p. Remata, dejando un cabo suelto largo para coser.

CUERPO (2)

Con el hilo E, 8 c. 1 pb en la segunda c desde el ganchillo, 6 pb. Remata.

Ata los dos extremos del hilo con un nudo seguro para hacer las antenas.

Coloca el cuerpo en el centro de las alas con las antenas en la parte superior y cóselo con uno de los cabos de las alas.

Rep para hacer una segunda mariposa, sustituyendo el hilo C por el hilo F y el hilo D por el hilo G.

Coloca las mariposas sobre el cuadrado y cóselas.

Aplicación (p. 97)
Punto de garbanzo (p. 63)
Piquito (p. 97)

Cuadrado con abeja y flor

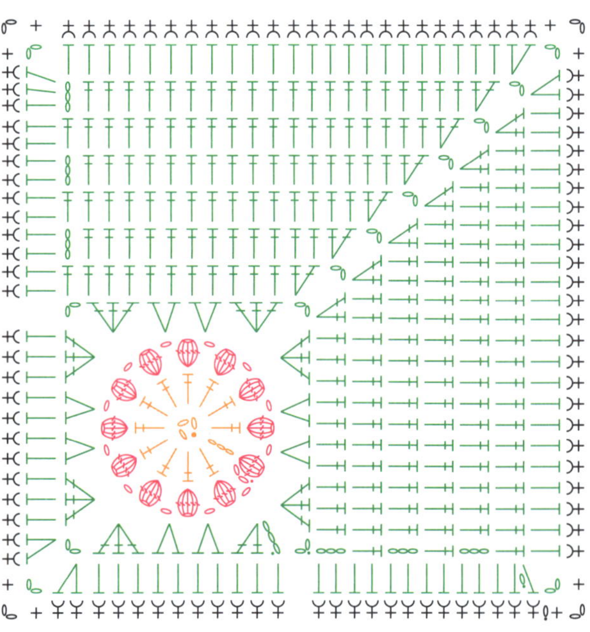

Con el hilo A, 3 c y 1 pr en la primera c para crear un anillo.

Vuelta 1: 3 c (se cuentan como primer pa en todas las vueltas), 11 pa en el centro del anillo, 1 pr en la tercera c de las 3 c iniciales. Remata. *12 p*

Vuelta 2: Empalma el hilo B a cualquier p, 2 c (NO se cuentan como p), *1 g, 1 c*, rep de * a * 11 veces más, 1 pr en el primer g. Remata. *12 g y 12 esp-c*

Vuelta 3: Empalma el hilo C a cualquier esp-c, 5 c (se cuentan como primer pa más 2 c en todas las vueltas), 3 pa en el mismo esp-c, *2 mpa en el siguiente esp-c dos veces, [3 pa, 2 c, 3 pa] en el siguiente esp-c*, rep de * a * dos veces más, 2 mpa en el siguiente esp-c dos veces, 2 pa en el esp-c inicial, 1 pr en la tercera c de las 5 c iniciales. *10 p por lado, más esp de esquina de 2 c de aquí en adelante*

Vuelta 4: 1 pr en un esp de esquina de 2 c, 3 c (se cuentan como primer pa en todas las vueltas), 1 pa en cada p hasta la siguiente esquina, [2 pa, 2 c, 2 pa] en el esp de esquina, 1 pa en cada p hasta la siguiente esquina, 1 pa en el esp de esquina. *13 p por lado*

Vuelta 5: 3 c, gira, 1 pa en cada p hasta el esp de esquina, [2 pa, 2 c, 2 pa] en el esp de esquina, 1 pa en cada p hasta el final. *15 p por lado*

Vueltas 6–9: Rep la vuelta 5. *23 p por lado tras la vuelta 9*

Vuelta 10: 1 c (NO se cuenta como p en ninguna de las vueltas), gira, [1 mpa, 2 c, 1 mpa] en el mismo p para hacer la primera esquina, 22 mpa, [2 mpa, 2 c, 2 mpa] en el esp de esquina para hacer la segunda esquina, 22 mpa, [1 mpa, 2 c, 1 mpa] para hacer la tercera esquina, 2 mpa en el lado de cada una de las 6 vueltas siguientes, 1 mpa en cada uno de los 10 p siguientes, [2 mpa, 2 c, 2 mpa] en el esp de esquina para hacer la última esquina, 1 mpa en cada uno de los 10 p siguientes, 2 mpa en el lado de cada una de las 6 vueltas siguientes, 1 pr en el primer mpa. Remata. *25 p por lado*

Vuelta 11: Empalma el hilo D a cualquier esp de esquina de 2 c, 1 c, *[1 pb, 2 c, 1 pb] en el esp de esquina, 1 pbdet en cada p hasta la siguiente esquina*, rep de * a * tres veces más, 1 pr en el primer pb. Remata. *27 p por lado*

CUERPO

Con el hilo E, 3 c.

Vuelta 1: 1 pb en la segunda c desde el ganchillo, 1 pb. *2 p*

Vuelta 2: 1 c, gira, 2 pb en el siguiente p dos veces, cambiando al hilo F al echar el hilo en el último p. (No remates el hilo E; transpórtalo entre los cambios) *4 p*

Vuelta 3: Con el hilo F, 1 c, gira, 2 pb en el siguiente p, 2 pb, 2 pb en el siguiente p. *6 p*

Vuelta 4: 1 c, gira, 6 pb, cambiando al hilo E al echar el hilo en el último p.

Vuelta 5: Con el hilo E, 1 c, gira, 2 pb en el siguiente p, 4 pb, 2 pb en el siguiente p. *8 p*

Vuelta 6: 1 c, gira, 8 pb, cambiando al hilo F al echar el hilo en el último p.

Vuelta 7: Con el hilo F, 1 c, gira, 8 pb.

Vuelta 8: 1 c, gira, 8 pb, cambiando al hilo E al echar el hilo en el último p.

Vuelta 9: Con el hilo E, 1 c, gira, 8 pb.

Vuelta 10: 1 c, gira, 2 pb juntos, 4 pb, 2 pb juntos, cambiando al hilo F al echar el hilo por última vez. *6 p*

Remata el hilo E y continúa con el hilo F.

Vuelta 11: 1 c, gira, 6 pb.

Vuelta 12: 1 c, gira, 6 pb.

Vuelta 13: 1 c, gira, 2 pb juntos, 2 pb, 2 pb juntos. *4 p*

Vuelta 14: 1 c, gira, 2 pb juntos dos veces. Remata, dejando un cabo suelto largo para coser. *2 p*

Con el hilo E, borda un par de ojos en tu abeja.

ALAS (2)

Con el hilo D, 9 c.

Vuelta 1: 1 pb en la segunda c desde el ganchillo, 3 pb, 2 mpa, 1 pa, 2 pa en la última c. *9 p*

Vuelta 2: 2 c (NO se cuenta como p), gira, 1 pa en el mismo p, 1 pa, 2 mpa, 2 pb, 1 pr en cada uno de los 3 p rest. Remata, dejando un cabo suelto largo para coser.

Rep para hacer una segunda ala. Coloca las alas sobre la abeja y cóselas.

Coloca la abeja sobre el cuadrado y cósela.

Aplicación (p. 97)
Punto de garbanzo (p. 63)

Verano

Cuadrado con sol radiante

Con el hilo A, 3 c y 1 pr en la primera c para crear un anillo.

Vuelta 1: 3 c (se cuentan como primer pa en todas las vueltas), 11 pa en el centro del anillo, 1 pr en la tercera c de las 3 c iniciales. *12 p*

Vuelta 2: 3 c, 1 pa en el mismo p, 2 pa en el siguiente p 11 veces, 1 pr en la tercera c de las 3 c iniciales. *24 p*

Vuelta 3: 3 c, 1 pa en el mismo p, *1 pa, 2 pa en el siguiente p*, rep de * a * hasta que quede 1 p, 1 pa, 1 pr en la tercera c de las 3 c iniciales. *36 p*

Vuelta 4: 3 c, 1 pa en el mismo p, *2 pa, 2 pa en el siguiente p*, rep de * a * hasta que queden 2 p, 2 pa, 1 pr en la tercera c de las 3 c iniciales. Remata. *48 p*

Vuelta 5: Empalma el hilo B a la hebra posterior de cualquier p, y tejiendo por detrás, 3 c, 1 pa en el mismo p, *3 pa, 2 pa en el siguiente p*, rep de * a * hasta que queden 3 p, 3 pa, 1 pr en la tercera c de las 3 c iniciales. *60 p*

Vuelta 6: 5 c (se cuentan como primer pa y 2 c en todas las vueltas), 2 pa en el siguiente p, *1 pa, 1 mpa, 9 pb, 1 mpa, 1 pa, 2 pa en el siguiente p, 2 c, 2 pa en el siguiente p*, rep de * a * dos veces más, 1 pa, 1 mpa, 9 pb, 1 mpa, 1 pa, 1 pa en el p inicial y 1 pr en la tercera c de las 5 c iniciales. *17 p por lado, más esp de esquina de 2 c de aquí en adelante*

Vuelta 7: 1 pr en el esp de esquina de 2 c, 5 c, 2 pa en el mismo esp de esquina, *1 pa, 15 mpa, 1 pa, [2 pa, 2 c, 2 pa] en el esp de esquina*, rep de * a * dos veces más, 1 pa, 15 mpa, 1 pa, 1 pa en el esp de esquina inicial, 1 pr en la tercera c de las 5 c iniciales. Remata. *21 p por lado*

Vuelta 8: Empalma el hilo A a un esp de esquina de 2 c, 1 c (NO se cuenta como p en ninguna de las vueltas), *[1 pb, 2 c, 1 pb] en el esp de esquina, 21 pb*, rep de * a * tres veces más, 1 pr en el primer pb. Remata. *23 p por lado*

Vuelta 9: Empalma el hilo C a un esp de esquina de 2 c, 1 c, {[1 mpa, 2 c, 1 mpa] en el esp de esquina, *1 c, salta 1 p, 1 mpa*, rep de * a * hasta el último p antes del esp de esquina, 1 c, salta 1 p}, rep de { a } tres veces más, 1 pr en el primer pb. Remata. *25 p/esp-c por lado*

Vuelta 10: Empalma el hilo D a un esp de esquina de 2 c, 1 c, *[1 pb, 2 c, 1 pb] en el esp de esquina, 1 pb en cada p y cada esp-c hasta la siguiente esquina*, rep de * a * tres veces más, 1 pr en el primer pb. Remata. *27 p por lado*

RAYOS DE SOL

Nota: Teje esta vuelta por delante en los puntos de la vuelta 5.

Vuelta 11: Empalma el hilo E a una de las hebras anteriores no trabajadas de la vuelta 5 y teje por delante 1 c, 2 pb en el mismo p, *3 pb, 2 pb en el siguiente p*, rep de * a * hasta que queden 3 p, 3 pb, 1 pr en el primer pb. *60 p*

Vuelta 12: 1 c, 1 pb en el mismo p, *salta 2 p, [3 pa, 1 piquito, 3 pa] en el siguiente p, salta 2 p, 1 pb*, rep de * a * ocho veces más, salta 2 p, [3 pa, 1 piquito, 3 pa], salta 2 p, 1 pr en el primer pb. Remata. *10 rayos de sol*

Puntos tejidos por detrás (p. 53)
Puntos tejidos por delante (p. 107)
Piquito (p. 97)

Cuadrado con gafas de sol

Con el hilo A, 3 c y 1 pr en la primera c para crear un anillo.

Vuelta 1: 3 c (se cuentan como primer pa en todas las vueltas), 11 pa en el centro del anillo, 1 pr en la tercera c de las 3 c iniciales. *12 p*

Vuelta 2: 3 c, 1 pa en el mismo p, 2 pa en el siguiente p 11 veces, 1 pr en la tercera c de las 3 c iniciales. *24 p*

Vuelta 3: 3 c, 1 pa en el mismo p, *1 pa, 2 pa en el siguiente p*, rep de * a * hasta que quede 1 p, 1 pa, 1 pr en la tercera c de las 3 c iniciales. *36 p*

Vuelta 4: 3 c, 1 pa en el mismo p, *2 pa, 2 pa en el siguiente p*, rep de * a * hasta que queden 2 p, 2 pa, 1 pr en la tercera c de las 3 c iniciales. *48 p*

Vuelta 5: 3 c, 1 pa en el mismo p, *3 pa, 2 pa en el siguiente p*, rep de * a * hasta que queden 3 p, 3 pa, 1 pr en la tercera c de las 3 c iniciales. Remata. *60 p*

Vuelta 6: Empalma el hilo B a cualquier p, 5 c (se cuentan como primer pa y 2 c en todas las vueltas), 2 pa en el siguiente p, *1 pa, 1 mpa, 9 pb, 1 mpa, 1 pa, 2 pa en el siguiente p, 2 c, 2 pa en el siguiente p*, rep de * a * dos veces más, 1 pa, 1 mpa, 9 pb, 1 mpa, 1 pa, 1 pa en el p inicial, 1 pr en la tercera c de las 5 c iniciales. *17 p por lado, más esp de esquina de 2 c de aquí en adelante*

Vuelta 7: 1 pr en el esp de esquina de 2 c, 5 c, 2 pa en el mismo esp de esquina, *1 pa, 15 mpa, 1 pa, [2 pa, 2 c, 2 pa] en el esp de esquina*, rep de * a * dos veces más, 1 pa, 15 mpa, 1 pa, 1 pa en el esp de esquina inicial, 1 pr en la tercera c de las 5 c iniciales. *21 p por lado*

Vuelta 8: 1 pr en el esp de esquina de 2 c, 1 c (NO se cuenta como p en ninguna de las vueltas), {[2 mpa, 2 c, 2 mpa] en el esp de esquina, *1 c, salta 1 p, 1 mpa en el siguiente p*, rep de * a * hasta el último p antes de la esquina, 1 c, salta 1 p}, rep de { a } tres veces más, 1 pr en el primer mpa. Remata. *25 p/esp-c por lado*

Vuelta 9: Empalma el hilo C a cualquier esp de esquina de 2 c, 1 c, *[1 pb, 2 c, 1 pb] en el esp de esquina, 1 pb en cada p y cada esp-c hasta la siguiente esquina*, rep de * a * tres veces más, 1 pr en el primer pb. Remata. *27 p por lado*

LENTES (2)

Con el hilo D, 3 c y 1 pr en la primera c para crear un anillo.

Vuelta 1: 1 c, 8 mpa en el centro del anillo, 1 pr en el primer mpa. *8 p*

Vuelta 2: 1 c, 2 mpa en cada p, 1 pr en el primer mpa. Remata. *16 p*

Rep para hacer la segunda lente.

MONTURA

Empalma el hilo E a cualquier p de una de las lentes, 1 c, 1 mpa en el mismo p, 2 pa en el siguiente p, 1 c, 2 mpa en el siguiente p, 5 mpa, 3 c, 1 mpa en cualquier p de la segunda lente y, continuando alrededor de la segunda lente, 4 mpa, 2 mpa en el siguiente p, 1 c, 2 pa en el siguiente p, 1 mpa, 1 pb, *2 pb en el siguiente p, 2 pb*, rep de * a * una vez más, 2 pb en el siguiente p, 1 pb en cada una de las 3 c hechas antes de unir la segunda lente y, continuando alrededor de la primera lente, rep de * a * dos veces más, 2 pb en el siguiente p, 1 pb, 1 pr en el primer mpa. Remata, dejando un cabo suelto largo para coser.

Con el hilo F, borda una pequeña línea cerca del borde inferior derecho de cada lente.

Cose las gafas de sol al cuadrado.

Aplicación (p. 97)

Cuadrado con isla desierta

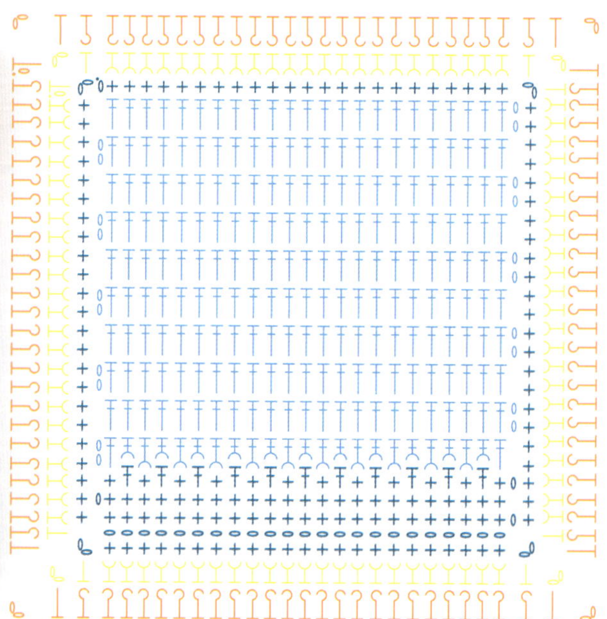

Con el hilo A, 24 c.

Vuelta 1: 1 pb en la segunda c desde el ganchillo, 22 pb. *23 p*

Vuelta 2: 1 c (NO se cuenta como p en ninguna de las vueltas), gira, 23 pb.

Vuelta 3: 1 c, gira, *1 pb, 1 pa*, rep de * a * hasta que quede 1 p, 1 pb. Remata.

Vuelta 4: Gira y empalma el hilo B al primer p, 2 c (NO se cuentan como p en ninguna de las vueltas), 1 pa, 21 padet, 1 pa en el último p (a través de las dos hebras).

Vuelta 5: 2 c, gira, 23 pa.

Vueltas 6–13: Rep la vuelta 5. Remata tras la vuelta 13.

Vuelta 14: Gira y empalma el hilo A al primer p, 1 c, 23 pb, 2 c para hacer la primera esquina, 23 pb hacia abajo (2 p en el lado de cada vuelta de pa y 1 p en el lado de cada vuelta de pb), 2 c para hacer la segunda esquina, 23 pb, 2 c para hacer la tercera esquina, 23 pb hacia arriba (1 p en el lado de cada vuelta de pb y 2 p en el lado de cada vuelta de pa), 2 c para hacer la última esquina, 1 pr en el primer pb. Remata. *23 p por lado, más esp de esquina de 2 c de aquí en adelante*

Vuelta 15: Sin girar, empalma el hilo C a cualquier esp de esquina de 2 c, 1 c, *[1 mpa, 2 c, 1 mpa] en el esp de esquina, 1 mpadet en cada p hasta la siguiente esquina*, rep de * a * tres veces más, 1 pr en el primer mpa. Remata. *25 p por lado*

Vuelta 16: Sin girar, empalma el hilo D a cualquier esp de esquina de 2 c, 1 c, {[1 mpa, 2 c, 1 mpa] en el esp de esquina, *1 mpardel, 1 mpardet*, rep de * a * hasta el último p antes de la siguiente esquina, 1 mpardel}, rep de { a } tres veces más, 1 pr en el primer mpa. Remata. *27 p por lado*

ISLA

Con el hilo E, 3 c y 1 pr en la primera c para crear un anillo.

Vuelta 1: 3 c (se cuentan como primer pa en todas las vueltas), 6 pa en el centro del anillo. NO unas, ya que la isla se teje girando en las vueltas, no en redondo. *7 p*

Vuelta 2: 3 c, gira, 1 pa en el mismo p, 2 mpa en el siguiente p cinco veces, 2 pa en el último p. *14 p*

Vuelta 3: 3 c, gira, 1 pa en el mismo p, *1 mpa, 2 mpa en el siguiente p*, rep de * a * hasta que quede 1 p, 1 pa. Remata, dejando un cabo suelto largo para coser. *21 p*

TRONCO DE LA PALMERA

Con el hilo F, 4 c.

Vuelta 1: 1 pb en la segunda c desde el ganchillo, 2 pb. *3 p*

Vuelta 2: 4 c (NO se cuentan como p en ninguna de las vueltas), gira, y tejiendo por detrás, 1 pb, 2 pb juntos. *2 p*

Vuelta 3: 4 c, gira, y tejiendo por detrás, 2 pb.

Vueltas 4–7: Rep la vuelta 3.

Vuelta 8: 4 c, gira, y tejiendo por detrás, 2 pb juntos. Remata, dejando un cabo suelto largo para coser. *1 p*

HOJAS DE LA PALMERA

Con el hilo G, 3 c y 1 pr en la primera c para crear un anillo.

Vuelta 1: 1 c, 6 pb en el centro del anillo, 1 pr en el primer pb. *6 p*

Vuelta 2: *10 c, 1 pr en la segunda c desde el ganchillo, 1 pb, 1 mpa, 3 pa, 1 mpa, 2 pb, 1 pr en el siguiente p de la vuelta 1*, rep de * a * cinco veces más. Remata, dejando un cabo suelto largo para coser.

SOL

Con el hilo C, 3 c y 1 pr en la primera c para crear un anillo.

Vuelta 1: 1 c, 6 pb en el centro del anillo, 1 pr en el primer pb. *6 p*

Vuelta 2: 1 c, 2 pb en cada p, 1 pr en el primer pb. Remata, dejando un cabo suelto largo para coser.

Coloca las aplicaciones sobre el cuadrado y cóselas en su lugar.

Aplicación (p. 97)
Puntos tejidos por detrás (p. 53)
Puntos en relieve por delante (p. 39)
Puntos en relieve por detrás (p. 41)

Cuadrado con chancletas

Aplicación (p. 97)

Con el hilo A, 3 c y 1 pr en la primera c para crear un anillo.

Vuelta 1: 5 c (se cuentan como primer pa y 2 c en todas las vueltas), *3 pa en el centro del anillo, 2 c*, rep de * a * dos veces más, 2 pa en el centro del anillo, 1 pr en la tercera c de las 5 c iniciales. *3 p por lado, más esp de esquina de 2 c en todas las vueltas*

Vuelta 2: 1 pr en el esp de esquina de 2 c, 5 c, 2 pa en el mismo esp de esquina, *1 pa en cada p hasta la siguiente esquina, [2 pa, 2 c, 2 pa] en esp de esquina*, rep de * a * dos veces más, 1 pa en cada p rest, 1 pa en el esp de esquina inicial, 1 pr en la tercera c de las 5 c iniciales. *7 p por lado*

Vueltas 3–5: Rep la vuelta 2. *19 p por lado tras la vuelta 5*

Vuelta 6: 1 pr en esp de esquina de 2 c, 1 c (NO se cuenta como p en ninguna de las vueltas), *[1 mpa, 2 c, 1 mpa] en el esp de esquina, 2 mpa, 1 pa, 2 pad, 1 pa, 1 mpa, 5 pb, 1 mpa, 1 pa, 2 pad, 1 pa, 2 mpa*, rep de * a * tres veces más, 1 pr en el primer mpa. Remata. *21 p por lado*

Vuelta 7: Empalma el hilo B a un esp de esquina de 2 c, 1 c, *[1 pb, 2 c, 1 pb] en el esp de esquina, 1 pb, 2 pb juntos, 1 pb, 2 pb en el siguiente p dos veces, 1 pb, 2 pb juntos, 3 pb, 2 pb juntos, 1 pb, 2 pb en el siguiente p dos veces, 1 pb, 2 pb juntos, 1 pb*, rep de * a * tres veces más, 1 pr en el primer pb. Remata. *23 p por lado*

Vuelta 8: Empalma el hilo C a un esp de esquina de 2 c, 1 c, *[1 mpa, 2 c, 1 mpa] en el esp de esquina, 4 mpa, 4 pb, 7 mpa, 4 pb, 4 mpa*, rep de * a * tres veces más, 1 pr en el primer mpa. *25 p por lado*

Vuelta 9: 1 pr en un esp de esquina de 2 c, 1 c, *[1 pb, 2 c, 1 pb] en el esp de esquina, 25 pb*, rep de * a * tres veces más, 1 pr en el primer pb. Remata. *27 p por lado*

SUELAS (2)

Con el hilo D, 13 c.

Vuelta 1: 1 pb en la segunda c desde el ganchillo, 10 pb, 4 pb en la última c para girar en la esquina y, por el otro lado, 10 pb, 3 pb en la c inicial, 1 pr en el primer pb. *28 p*

Vuelta 2: 1 c, 2 mpa en el primer p, 2 mpa, 3 pb, 2 mpa, 2 pa, 2 pa en el siguiente p dos veces, 2 mpa en el siguiente p dos veces, 2 pa en el siguiente p dos veces, 2 pa, 2 mpa, 3 pb, 2 mpa, 2 mpa en el siguiente p tres veces, 1 pr en el primer mpa. *38 p*

Vuelta 3: 1 c, 2 pb en el primer p, 10 pb, 2 pb en el siguiente p, 2 pb, 2 pb en el siguiente p, 5 pb, 2 pb en el siguiente p, 2 pb, 2 pb en el siguiente p, 10 pb, 2 pb en el siguiente p cuatro veces, 1 pr en el primer pb. Remata, dejando un cabo suelto largo para coser. *47 p*

TIRAS (2)

Con el hilo E, 11 c.

Vuelta 1: 1 pb en la segunda c desde el ganchillo, 3 mpa, 2 mpa en la siguiente c, 4 c, 1 pb en la segunda c desde el ganchillo, 2 pb, 2 mpa en la siguiente c, 3 mpa, 1 pb. Remata, dejando un cabo suelto largo para coser.

Cose la tira en la suela. Rep para hacer una segunda chancleta.

Cose las chancletas sobre el cuadrado.

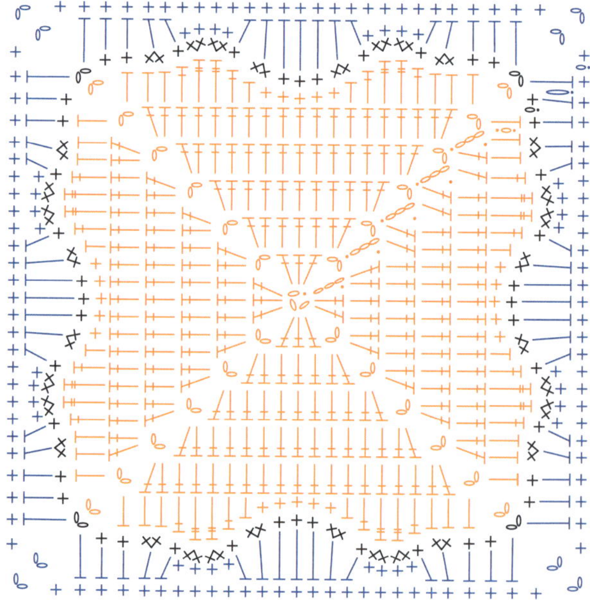

Cuadrado con olas en la playa

Con el hilo A, 25 c.

Vuelta 1: 1 pb en la segunda c desde el ganchillo, *1 mpa, 1 pa, 2 pad, 1 pa, 1 mpa, 2 pb*, rep de * a * una vez más, 1 mpa, 1 pa, 2 pad, 1 pa, 1 mpa, 1 pb. *24 p*

Vuelta 2: 2 c (NO se cuentan como p en ninguna de las vueltas), gira, *2 pa juntos, 1 pa, 2 pa en el siguiente p dos veces, 1 pa, 2 pa juntos*, rep de * a * dos veces más. Remata.

Vuelta 3: Empalma el hilo B al primer p y rep la vuelta 2. Remata.

Vuelta 4: Empalma el hilo A al primer p y rep la vuelta 2. Remata.

Vuelta 5: Empalma el hilo B al primer p y rep la vuelta 2. Remata.

Vuelta 6: Empalma el hilo C al primer p y rep la vuelta 2. Remata.

Vuelta 7: Empalma el hilo D al primer p y rep la vuelta 2. Remata.

Vuelta 8: Empalma el hilo C al primer p y rep la vuelta 2. No remates.

Vuelta 9: Rep la vuelta 2. Remata.

Vuelta 10: Empalma el hilo D al primer p y rep la vuelta 2. Remata.

Vuelta 11: Empalma el hilo C al primer p y rep la vuelta 2. Remata.

Vuelta 12: Empalma el hilo D al primer p y rep la vuelta 2. No remates.

Vuelta 13: 3 c (NO se cuentan como p), gira, *1 pad, 1 pa, 1 mpa, 2 pb, 1 mpa, 1 pa, 1 pad*, rep de * a * dos veces más.

Nota: dos de las esquinas de la siguiente vuelta son intencionadamente irregulares. NO es un error: consisten en [2 pb, 2 c, 1 pb] para ajustar el número de p y asegurar que todos los lados tengan el mismo número de p antes de continuar con la vuelta final.

Vuelta 14: 1 c (NO se cuenta como p), gira, 23 pb, [2 pb, 2 c, 1 pb] en el último p para hacer la primera esquina, 24 pb hacia abajo (2 p en el lado de cada vuelta), 2 c para hacer la segunda esquina, 23 pb, [2 pb, 2 c 1 pb] en el último p para hacer la tercera esquina, salta la primera vuelta, 24 pb (2 pb en el lado de cada vuelta), 2 c para hacer la última esquina, 1 pr en el primer pb. Remata. *25 p por lado, más esp de esquina de 2 c de aquí en adelante*

Vuelta 15: Sin girar, empalma el hilo B a cualquier esp de esquina de 2 c, 1 c, *[1 pb, 2 c, 1 pb], 25 pb*, rep de * a * tres veces más, 1 pr en el primer pb. Remata. *27 p por lado*

Cuadrado con piña tropical

Con el hilo A, 24 c.

Vuelta 1: 1 pb en la segunda c desde el ganchillo, 22 pb. *23 p*

Vuelta 2: 1 c (NO se cuenta como p en ninguna de las vueltas), gira, 23 pb.

Vuelta 3: 1 c, gira, 9 pb con el hilo A; 5 pb con el hilo B; 9 pb con el hilo A.

Vuelta 4: 2 c (se cuentan como primer pa en todas las vueltas), gira, 6 pa con el hilo A; 9 pa con el hilo B; 7 pa con el hilo A.

Vuelta 5: 2 c, gira, 5 pa con el hilo A; *1 pa, 1 padrdel*, rep de * a * cuatro veces más, 1 pa con el hilo B; 6 pa con el hilo A.

Vuelta 6: 2 c, gira, 4 pa con el hilo A; *1 pa, 1 padrdet*, rep de * a * cinco veces más, 1 pa con el hilo B; 5 pa con el hilo A.

Vuelta 7: 2 c, gira, 4 pa con el hilo A; *1 padrdel, 1 pa*, rep de * a * cinco veces más, 1 padrdel con el hilo B; 5 pa con el hilo A.

Vuelta 8: Rep la vuelta 6.

Vuelta 9: 2 c, gira, 5 pa con el hilo A; *1 pa, 1 padrdel*, rep de * a * cuatro veces más, 1 pa con el hilo B; 6 pa con el hilo A.

Vuelta 10: 2 c, gira, 6 pa con el hilo A; *1 pa, 1 padrdet*, rep de * a * tres veces más, 1 pa con el hilo B; 7 pa con el hilo A.

Vuelta 11: 1 c, gira, 8 pb con el hilo A; 7 pbdet con el hilo B; 8 pb con el hilo A. Remata el hilo B.

Continúa con el hilo A.

Vueltas 12–16: Rep la vuelta 2.

Vuelta 17: 1 c, gira, [1 pb, 2 c, 1 pb] en el mismo p para hacer la primera esquina, 21 pb, [1 pb, 2 c, 1 pb] para hacer la segunda esquina, 21 pb hacia abajo (1 p en el lado de cada vuelta de pb y 2 p en el lado de cada vuelta de pa), [1 pb, 2 c, 1 pb] para hacer la tercera esquina, 21 pb, [1 pb, 2 c, 1 pb] para hacer la última esquina, 21 pb hacia arriba (1 p en el lado de cada vuelta de pb y 2 p en el lado de cada vuelta de pa), 1 pr en el primer pb. *23 p por lado, más esp de esquina de 2 c de aquí en adelante*

Vuelta 18: 1 pr en el esp de esquina de 2 c, 1 c, gira, {[1 pb, 2 c, 1 pb] en el esp de esquina, 1 pb con el hilo A; *1 m con el hilo C; 2 pb con el hilo A*; rep de * a * seis veces más; 1 m con el hilo C}, rep de { a } tres veces más; 1 pr en el primer pb con el hilo A. Remata el hilo C. *25 p por lado*

Vuelta 19: 1 pr en el esp de esquina de 2 c, 1 c, gira, *[1 pb, 2 c, 1 pb] en el esp de esquina, 25 pb*, rep de * a * tres veces más, 1 pr en el primer pb. Remata. *27 p por lado*

HOJAS

Empalma el hilo D a la primera hebra anterior sin trabajar de la vuelta 11, 7 c, 1 pr en la segunda c desde el ganchillo, 2 pb, 3 mpa, 1 prdel en el siguiente p, *10 c, 1 pr en la segunda c desde el ganchillo, 2 pb, 3 mpa, 3 pa, salta 1 p, 1 prdel en el siguiente p*, rep de * a * una vez más, 7 c, 1 pr en la segunda c desde el ganchillo, 2 pb, 3 mpa, 1 prdel en el último p. Remata, dejando un cabo suelto largo para coser.

Utiliza el cabo para asegurar las hojas al cuadrado y evitar que se enrollen.

Puntos en relieve por delante (p. 39)
Puntos en relieve por detrás (p. 41)
Puntos tejidos por detrás (p. 53)
Puntos tejidos por delante (p. 107)
Punto de madroño (p. 55)

Cuadrado con copa de cóctel

Con el hilo A, 22 c.

Vuelta 1: 1 pb en la segunda c desde el ganchillo, 20 pb. *21 p*

1 c (NO se cuenta como p en ninguna de las vueltas), gira.

Vueltas 2–21: Sigue el gráfico.

Remata.

Vuelta 22: Sin girar, empalma el hilo D al primer p (arriba a la derecha del cuadrado), 1 c, [1 pb, 2 c, 1 pb] en el mismo p para hacer la primera esquina, 19 pb, [1 pb, 2 c, 1 pb] para hacer la segunda esquina, 19 pb hacia abajo (1 p en el lado de cada vuelta), [1 pb, 2 c, 1 pb] para hacer la tercera esquina, 19 pb, [1 pb, 2 c, 1 pb] para hacer la última esquina, 19 pb hacia arriba (1 p en el lado de cada vuelta), 1 pr en el primer pb. Remata. *21 p por lado, más esp de esquina de 2 c de aquí en adelante*

Vuelta 23: Sin girar, empalma el hilo E a cualquier esp de esquina de 2 c, 5 c (se cuentan como primer pa más 2 c), 2 pa en el mismo esp de esquina, {*1 pa, salta 1 p, 1 r*, rep de * a * nueve veces más, 1 c, salta 1 p, [2 pa, 2 c, 2 pa] en el esp de esquina}, rep de { a } hasta 1 p antes de la esquina, 1 c, salta 1 p, 1 pa en el esp de esquina inicial, 1 pr en la tercera c de las 5 c iniciales. Remata. *14 p (10 r y 4 pa) y 11 esp-c por lado*

Vuelta 24: Sin girar, empalma el hilo F a cualquier esp de esquina de 2 c, 1 c, *[1 pb, 2 c, 1 pb] en el esp de esquina, 1 pb en cada p y cada esp-c hasta el siguiente esp de esquina, rep de * a * tres veces más, 1 pr en el primer pb. Remata. *27 p por lado*

RODAJA DE LIMÓN

Con el hilo E, 3 c y 1 pr en la primera c para crear un anillo.

3 c (se cuentan como primer pa), 11 pa en el centro del anillo. Remata dejando un cabo suelto largo para coser.

Cose la rodaja al cuadrado en el borde de la copa.

Punto de tapiz
(p. 82)

Punto de racimo (r)
(p. 67)

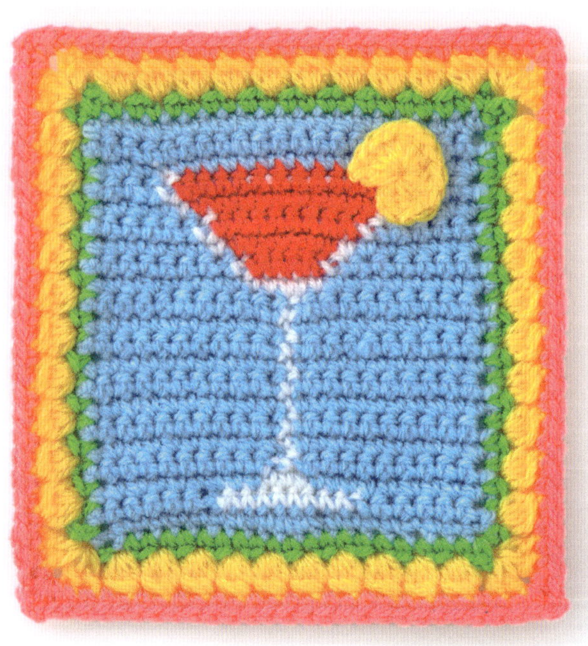

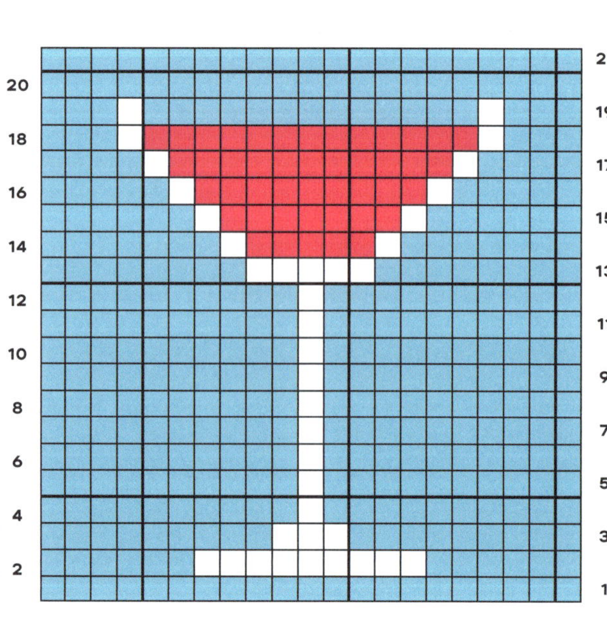

Cuadrado con sandía

Con el hilo A, 3 c y 1 pr en la primera c para crear un anillo.

Vuelta 1: 2 c (NO se cuentan como p en ninguna de las vueltas), 3 pa en el anillo. *3 p*

Vuelta 2: 2 c, gira, 2 pa en cada p. *6 p*

Vuelta 3: 2 c, gira, 2 pa en el p siguiente con el hilo A; 1 pa con el hilo B; 2 pa en el siguiente p con el hilo A; 1 pa con el hilo B; 2 pa el p siguiente, 2 pa con el hilo A. *9 p*

Vuelta 4: 2 c, gira, *2 pa en el p siguiente, 2 pa*, rep de * a * dos veces más con el hilo A. *12 p*

Vuelta 5: 2 c, gira, 2 pa en el p siguiente con el hilo A; 1 pa con el hilo B; *1 pa, 2 pa en el p siguiente con el hilo A; 1 pa con el hilo B*, rep de * a * dos veces más, 1 pa con el A. *15 p*

Vuelta 6: 2 c, gira, *2 pa en el p siguiente, 4 pa*, rep de * a * dos veces más con el hilo A. *18 p*

Vuelta 7: 2 c, gira, 2 pa en el p siguiente, 1 pa con el hilo A; *1 pa con el hilo B; 3 pa, 2 pa en el p siguiente, 1 pa con el hilo A*; rep de * a * una vez más; 1 pa con el hilo B; 3 pa con el hilo A. *21 p*

Vuelta 8: 2 c, gira, *2 pa en el p siguiente, 6 pa*, rep de * a * dos veces más con el hilo A. Remata. *24 p*

Vuelta 9: Gira y empalma el hilo C al primer p, 1 c (NO se cuenta como p en ninguna de las vueltas), 24 pb. Remata.

Vuelta 10: Sin girar, empalma el hilo D al primer p, 1 c, 24 pb. Remata.

Vuelta 11: Sin girar, empalma el hilo E al primer p solo por la hebra de detrás, y teje por detrás 1 c, 2 pb en el p siguiente, 3 pb, 3 mpa, 3 pa, 1 pad, 3 pad en el p siguiente, 2 c, 3 pad en el p siguiente, 1 mpa, 3 pa, 3 mpa, 3 pb, 2 pb en el p siguiente. *30 p, más esp de 2 c*

Vuelta 12: 1 c, gira, 5 pb, 5 mpa. 5 pa, [2 pa, 2 c, 2 pa] en el esp de 2 c, 5 pa, 5 mpa, 5 pb, 2 c para hacer la esquina, 1 pb en el lado de cada una de las 3 vueltas siguientes, 2 pb en el lado de cada una de las 8 vueltas siguientes, 2 c para hacer la esquina, 2 pb en cada una de las 8 vueltas siguientes, 1 pb en cada una de las 3 vueltas siguientes, 2 c para hacer la esquina, 1 pr en el primer pb. *17 p en dos lados, 19 p en dos lados, más esp de esquina de 2 c de aquí en adelante*

Vuelta 13: Gira, 1 pr en el esp de esquina de 2 c, 5 c (se cuentan como primer pa más 2 c), 2 pa en el esp de esquina, 19 pa, [2 pa, 2 c, 2 pa] en el esp de esquina, 19 pa, [2 pa, 2 c, 3 pa] en el esp de esquina, 17 pa, [3 pa, 2 c, 3 pa] en el esp de esquina, 17 pa, 2 pa en el esp de esquina inicial, 1 pr en la tercera c de las 5 c iniciales. *23 p por lado*

Vuelta 14: Sin girar, 1 pr en el esp de esquina de 2 c, 5 c, 2 pa en el esp de esquina, *23 pa, [2 pa, 2 c, 2 pa] en el esp de esquina*, rep de * a * dos veces más, 23 pa, 1 pa en el esp de esquina inicial, 1 pr en la tercera c de las 5 c iniciales. Remata. *27 p por lado*

Puntos tejidos por detrás (p. 53)

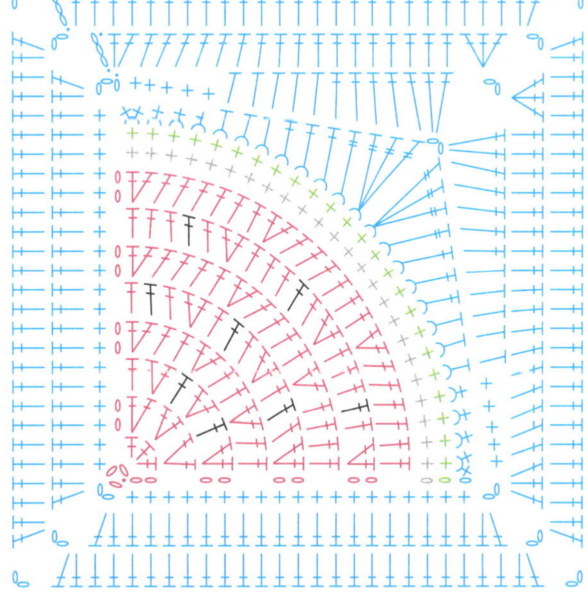

Cuadrado con helado

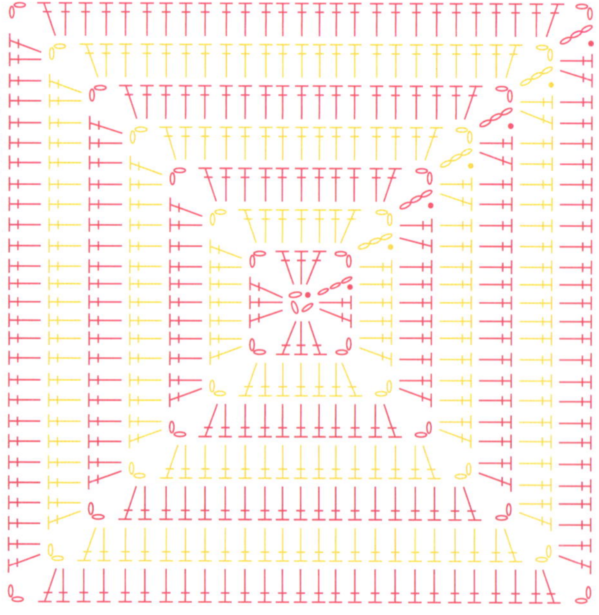

Con el hilo A, 3 c y 1 pr en la primera c para crear un anillo.

Vuelta 1: 5 c (se cuentan como primer pa y 2 c en todas las vueltas), *3 pa en el centro del anillo, 2 c*, rep de * a * dos veces más, 2 pa en el centro del anillo, 1 pr en la tercera c de las 5 c iniciales. Remata. *3 p por lado, más esp de esquina de 2 c en todas las vueltas*

Vuelta 2: Empalma el hilo B a cualquier esp de esquina de 2 c, 5 c, 2 pa en el mismo esp de esquina, *1 pa en cada p hasta la siguiente esquina, [2 pa, 2 c, 2 pa] en el esp de esquina*, rep desde * hasta * dos veces más, 1 pa en cada p rest, 1 pa en el esp de esquina inicial, 1 pr en la tercera c de las 5 c iniciales. Remata. *7 p por lado*

Vuelta 3: Empalma el hilo A a cualquier esp de esquina de 2 c, 5 c, 2 pa en el mismo esp de esquina, *1 pa en cada p hasta la siguiente esquina, [2 pa, 2 c, 2 pa] en el esp de esquina*, rep desde * hasta * dos veces más, 1 pa en cada p rest, 1 pa en el esp de esquina inicial, 1 pr en la tercera c de las 5 c iniciales. Remata. *11 p por lado*

Vueltas 4–7: Rep las vueltas 2–3 dos veces más. *27 p por lado tras la vuelta 7*

CONO

Con el hilo C, 2 c.

Vuelta 1: 1 mpa en la segunda c desde el ganchillo. *1 p*

Vuelta 2: 1 c (NO se cuenta como p en ninguna de las vueltas), gira, 3 mpa en el siguiente p. *3 p*

Vuelta 3: 1 c, gira, 1 mpa, 2 mpa en el siguiente p, 1 mpa. *4 p*

Vuelta 4: 1 c, gira, 4 mpa.

Vuelta 5: 1 c, gira, 2 mpa, 2 mpa en el siguiente p, 1 mpa. *5 p*

Vuelta 6: 1 c, gira, 2 mpa, 2 mpa en el siguiente p, 2 mpa. *6 p*

Vuelta 7: 1 c, gira, 6 mpa.

Vuelta 8: 1 c, gira, 2 mpa, 2 mpa en el siguiente p, 3 mpa. *7 p*

Vuelta 9: 1 c, gira, 7 mpa. Remata, dejando un cabo suelto largo para coser.

BOLA DE HELADO

Con el hilo D, 3 c y 1 pr en la primera c para crear un anillo.

Vuelta 1: 1 c, 8 mpa en el centro del anillo, 1 pr en el primer mpa. *8 p*

Vuelta 2: 1 c, 2 mpa en cada p, 1 pr en el primer mpa. *16 p*

Vuelta 3: 1 c, 2 mpa en el siguiente p, *1 mpa, 2 mpa en el siguiente p*, rep desde * hasta * hasta que quede 1 p, 1 mpa, 1 pr en el primer mpa. *24 p*

Vuelta 4: 1 c, 2 pb en el siguiente p, *2 pb, 2 pb en el siguiente p*, rep desde * hasta * cuatro veces más, 1 pr en el siguiente p, 7 pa en el siguiente p, 1 pr en el siguiente p, salta 1 p, 7 pa en el siguiente p, salta 1 p, 1 pr en el siguiente p, 7 pa en el siguiente p, 1 pr en el primer pb. Remata, dejando un cabo suelto lo suficientemente largo para coser.

Coloca la bola encima del cono y cósela.

PALITO DE CHOCOLATE

Con el hilo E, 9 c.

Vuelta 1: 1 pb en la segunda c desde el ganchillo, 7 pb. *8 p*

Vuelta 2: 1 c, gira, 8 pb. Remata, dejando un cabo suelto largo para coser.

Coloca el palito sobre la bola de helado y cóselo.

Coloca el helado sobre el cuadrado y cóselo.

Aplicación (p. 97)

Cuadrado con flores de verano

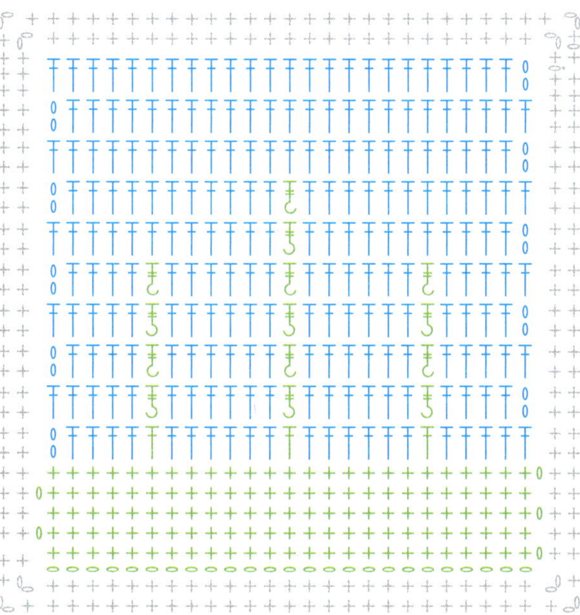

Con el hilo A, 26 c.

Vuelta 1: 1 pb en la segunda c desde el ganchillo, 24 pb. *25 p*

Vuelta 2: 1 c (no cuenta como p en toda la vuelta), gira, 25 pb.

Vueltas 3–5: Rep la vuelta 2.

Vuelta 6: Gira, empalma el hilo B al primer p, 2 c (se cuentan como primer pa en todas las vueltas), 4 pa con el hilo B; *1 pa con el hilo A; 6 pa con el hilo B*; rep desde * hasta * una vez más; 1 pa con el hilo A; 5 pa con el hilo B.

Vuelta 7: 2 c, gira, 4 pa con el hilo B; *1 padrdel con el hilo A; 6 pa con el hilo B*; rep desde * hasta * una vez más; 1 padrdel con el hilo A; 5 pa con el hilo B.

Vuelta 8: 2 c, gira, 4 pa con el hilo B; *1 padrdet con el hilo A; 6 pa con el hilo B*, rep desde * hasta * una vez más; 1 padrdet con el hilo A; 5 pa con el hilo B.

Vuelta 9: Rep la vuelta 7.

Vuelta 10: Rep la vuelta 8.

Vuelta 11: 2 c, gira, 11 pa con el hilo B; 1 padrdel con el hilo A; 12 pa con el hilo B.

Vuelta 12: 2 c, gira, 11 pa con el hilo B; 1 padrdet con el hilo A; 12 pa con el hilo B. Remata el hilo A.

Continúa con el hilo B.

Vuelta 13: 2 c, gira, 24 pa.

Vueltas 14–15: Rep la vuelta 13. Remata.

Vuelta 16: Sin girar, empalma el hilo C al primer p (en la esquina superior derecha del cuadrado), 1 c, [1 pb, 2 c, 1 pb] en el mismo p para hacer la primera esquina, 23 pb, [1 pb, 2 c, 1 pb] para hacer la segunda esquina, 23 pb hacia abajo (2 p en el lado de cada vuelta de pa y 1 p en el lado de cada vuelta de pb), [1 pb, 2 c, 1 pb] para hacer la tercera esquina, 23 pb, [1 pb, 2 c, 1 pb] para hacer la última esquina, 23 pb hacia arriba (2 p en el lado de cada vuelta de pa y 1 p en el lado de cada vuelta de pb), 1 pr en el primer pb. *25 p por lado, más esp de esquina de 2 c de aquí en adelante*

Vuelta 17: 1 pr en el esp de esquina de 2 c, 1 c, *[1 pb, 2 c, 1 pb] en el esp de esquina, 25 pb*, rep desde * hasta * tres veces más, 1 pr en el primer pb. Remata. *27 p por lado*

FLORES (3)

Con el hilo D, 3 c y 1 pr en la primera c para crear un anillo.

Vuelta 1: 1 c, 8 mpa en el centro del anillo, 1 pr en el primer mpa. Remata, dejando un cabo suelto largo para coser. *8 p*

Vuelta 2: Empalma el hilo E a cualquier p, *4 c, 1 pad en el mismo p, 4 c, 1 pr en el mismo p, 1 pr en el siguiente p*, rep desde * hasta * seis veces más, 4 c, 1 pad en el mismo p, 4 c, 1 pr en el mismo p, 1 pr en el mismo p que el primer pétalo. Remata. *8 pétalos*

Rep una vez más sustituyendo el hilo F por el hilo E, y una vez más sustituyendo el hilo G por el hilo E.

Cose las flores al cuadrado sobre los tallos.

Aplicación (p. 97)
Puntos en relieve por delante (p. 39)
Puntos en relieve por detrás (p. 41)

Otoño

Cuadrado con hojas caídas

Con el hilo A, 3 c y 1 pr en la primera c para crear un anillo.

Vuelta 1: 5 c (se cuentan como primer pa y 2 c en todas las vueltas), *3 pa en el centro del anillo, 2 c*, rep de * a * dos veces más, 2 pa en el centro del anillo, 1 pr en la tercera c de las 5 c iniciales. *3 pa por lado, más esp de esquina de 2 c en todas las vueltas*

Vuelta 2: 1 pr en el esp de esquina de 2 c, 5 c, 2 pa en el mismo esp de esquina, *1 pa en cada p hasta la siguiente esquina, [2 pa, 2 c, 2 pa] en el esp de esquina*, rep de * a * dos veces más, 1 pa en cada p rest, 1 pa en la esquina inicial, 1 pr en la tercera c de las 5 c iniciales. *7 p por lado*

Vueltas 3–6: Rep la vuelta 2. Remata. *23 p por lado tras la vuelta 6*

Vuelta 7: Empalma el hilo B a cualquier esp de esquina de 2 c, 3 c (se cuentan como primer pa), 1 pa en mismo esp de esquina, {*salta 2 p, 3 pa en el p siguiente*, rep de * a * hasta los 2 p rest antes de la siguiente esquina, salta 2 p, [2 pa, 2 c, 2 pa] en el esp de esquina}, rep de { a } dos veces más, rep de * a * hasta los dos p rest, salta 2 p, 2 pa en el esp de esquina inicial, 2 c, 1 pr en la tercera c de las 3 c iniciales. Remata. *25 p por lado*

Vuelta 8: Empalma el hilo C a cualquier esp de esquina, 1 c, *[1 pb, 2 c, 1 pb] en el esp de esquina, 1 pb en cada p hasta la siguiente esquina*, rep de * a * tres veces más, 1 pr en el primer pb. Remata. *27 p por lado*

HOJAS (8)

Con los hilos D, E, F y G, 5 c.

Vuelta 1: 1 pa en la segunda c desde el ganchillo, 2 mpa, 1 pb, 1 piquito, y por el otro lado de la c, 1 pb, 2 mpa, 1 pb, 1 pr en el primer pb. Remata, dejando un cabo suelto largo para coser.

Rep para hacer dos de cada color.

Ordena las hojas en el cuadrado y cóselas.

Aplicación (p. 97)
Piquito (p. 97)

Cuadrado con girasol

Con el hilo A, 3 c y 1 pr en la primera c para crear un anillo.

Vuelta 1: 3 c (se cuentan como primer pa en todas las vueltas), 11 pa en el centro del anillo, 1 pr en la tercera c de las 3 c iniciales. *12 p*

Vuelta 2: 3 c, 1 pa en el mismo p, 2 pa en el siguiente p 11 veces, 1 pr en la tercera c de las 3 c iniciales. *24 p*

Vuelta 3: 3 c, 1 pa en el mismo p, *1 pa, 2 pa en el siguiente p*, rep de * a * hasta que quede 1 p, 1 pa, 1 pr en la tercera c de las 3 c iniciales. *36 p*

Vuelta 4: 1 c (NO se cuenta como p en ninguna de las vueltas), gira, 1 pb en el mismo p, *1 m, 1 pb*, rep de * a * hasta que quede 1 p, 1 m, 1 pr en el primer pb. *36 p (18 m y 18 pb)*

Vuelta 5: 1 c, gira, 2 pb en el mismo p, *2 pb, 2 pb en el siguiente p*, rep de * a * hasta que queden 2 p, 2 pb, 1 pr en el primer pb. Remata. *48 p*

Vuelta 6: Sin girar, empalma el hilo B a la hebra posterior de cualquier p y, tejiendo por detrás, 3 c, 1 pa en el mismo p, *3 pa, 2 pa en el siguiente p*, rep de * a * hasta que queden 3 p, 3 pa, 1 pr en la tercera c de las 3 c iniciales. Remata. *60 p*

Vuelta 7: Sin girar, empalma el hilo C a cualquier p, 5 c (se cuentan como primer pa y 2 c en todas las vueltas), 2 pa en el siguiente p, *1 pa, 1 mpa, 9 pb, 1 mpa, 1 pa, 2 pa en el siguiente p, 2 c, 2 pa en el siguiente p*, rep de * a * dos veces más, 1 pa, 1 mpa, 9 pb, 1 mpa, 1 pa, 1 pa en el p inicial, 1 pr en la tercera c de las 5 c iniciales. *17 p por lado, más esp de esquina de 2 c de aquí en adelante*

Vuelta 8: 1 pr en el esp de esquina de 2 c, 5 c, 2 pa en el mismo esp de esquina, *1 pa, 15 mpa, 1 pa, [2 pa, 2 c, 2 pa] en el esp de esquina*, rep de * a * dos veces más, 1 pa, 15 mpa, 1 pa, 1 pa en el esp de esquina inicial, 1 pr en la tercera c de las 5 c iniciales. Remata. *21 p por lado*

Vuelta 9: Empalma el hilo D a un esp de esquina de 2 c, 1 c, *[2 mpa, 2 c, 2 mpa] en el esp de esquina, 21 mpa*, rep de * a * tres veces más, 1 pr en el primer mpa. Remata. *25 p por lado*

Vuelta 10: Empalma el hilo E a un esp de esquina de 2 c, 1 c, {[1 mpa, 2 c, 1 mpa] en el esp de esquina, *1 mpardel, 1 mpardet*, rep de * a * hasta 1 p antes de la esquina, 1 mpardel}, rep de { a } tres veces más, 1 pr en el primer mpa. Remata. *27 p por lado*

PÉTALOS

Vuelta 1: Empalma el hilo B a cualquier hebra anterior no trabajada de la vuelta 6, *5 c, salta 1 p, 1 prdel en el siguiente p*, rep de * a * 22 veces más, 5 c, 1 pr en la primera c de las 5 c iniciales. *24 anillos de 5 c, 24 p saltados*

Vuelta 2: *1 prdel en el siguiente p saltado, [4 mpa, 1 piquito, 4 mpa] en el siguiente anillo de 5 c*, rep de * a * 23 veces más, 1 pr en el p inicial. Remata.

Punto de madroño (p. 55)
Puntos tejidos por detrás (p. 53)
Puntos en relieve por delante (p. 39)
Puntos en relieve por detrás (p. 41)
Puntos tejidos por delante (p. 107)
Piquito (p. 97)

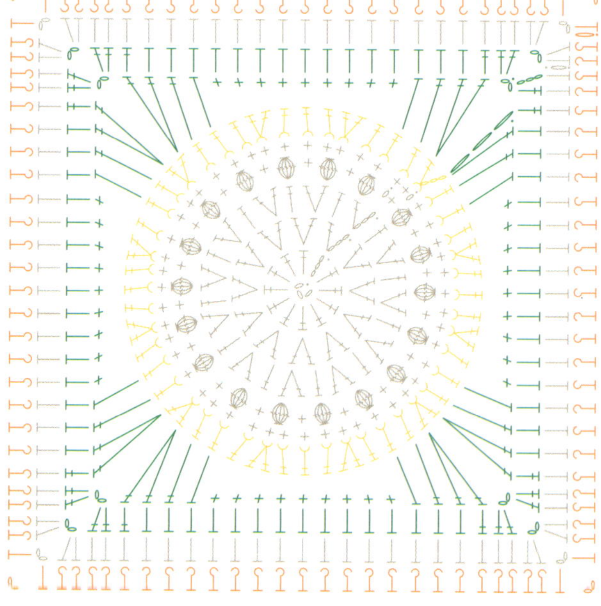

Cuadrado con hojas alineadas

Con el hilo A, 28 c.

Vuelta 1: 1 pb en la segunda c desde el ganchillo, 26 pb. Remata. *27 p*

Vuelta 2: Gira y empalma el hilo B al primer p, 4 c (se cuentan como primer pa más 1 c en todas las vueltas), salta 3 p, 3 pa en el p siguiente, *1 c, salta 3 p, 3 pa en el p siguiente*, rep de * a * cuatro veces más, 1 c, salta 1 p, 1 pa en el último p. Remata. *6 grupos de 3 pa y 1 pa en cada extremo, más esp de 1 c entre cada uno de aquí en adelante*

Vuelta 3: Gira, empalma el hilo C al primer p, 2 c (se cuentan como primer pa en todas las vueltas), 2 pa en el esp-c, *1 c, 1 pa en el siguiente esp-c, y trabajando sobre el esp-c, 1 pad en el segundo de los 3 p saltados de la vuelta 1 justo debajo, 1 pa en el mismo esp-c*, rep de * a * cuatro veces más, 1 c, 3 pa en el último esp-c. Remata. *7 grupos de 3 pa/pad*

Vuelta 4: Gira, empalma el hilo D al primer p, 4 c, *1 pa en el siguiente esp-c, y trabajando sobre el esp-c, 1 pad en el segundo de los 3 pa justo debajo, 1 pa en el mismo esp-c, 1 c*, rep de * a * cinco veces más, 1 pa en las 2 c iniciales de la vuelta anterior. Remata. *6 grupos de 3 pa/pad y 1 pa en cada extremo,*

Vuelta 5: Gira, empalma el hilo E al primer p, 2 c, 2 pa en el esp-c, *1 c, 1 pa en el siguiente esp-c, y trabajando sobre el esp-c, 1 pad en el segundo de los 3 pa justo debajo, 1 pa en el mismo esp-c*, rep de * a * cuatro veces más, 1 c, 3 pa en el último esp-c. Remata. *7 grupos de 3 pa/pad*

Vuelta 6: Gira, empalma el hilo F al primer p y rep la vuelta 4.

Vuelta 7: Gira, empalma el hilo G al primer p y rep la vuelta 5.

Vuelta 8: Gira, empalma el hilo A al primer p y rep la vuelta 4.

Vuelta 9: Gira, empalma el hilo B al primer p y rep la vuelta 5.

Vuelta 10: Gira, empalma el hilo C al primer p y rep la vuelta 4.

Vuelta 11: Gira, empalma el hilo D al primer p y rep la vuelta 5.

Vuelta 12: Gira, empalma el hilo E al primer p y rep la vuelta 4.

Vuelta 13: Gira, empalma el hilo F al primer p y rep la vuelta 5.

Vuelta 14: Gira, empalma el hilo G al primer p y rep la vuelta 4.

Vuelta 15: Gira, empalma el hilo A al primer p, 1 c (NO se cuenta como p en ninguna de las vueltas), 1 pb en el mismo p, 1 pb en el siguiente esp-c, *1 pb en cada uno de los 3 p siguientes, y trabajando sobre el esp-c, 1 pa en el segundo de los 3 pa justo debajo*, rep de * a * cuatro veces más, 1 pb en cada uno de los 3 p siguientes, 2 pb en el último esp-c. *27 p*

Vuelta 16: 1 c, gira, 27 pb, 2 c para hacer la primera esquina, 26 pb hacia abajo (2 p en el lado de cada vuelta), [1 pb, 2 c, 1 pb] para hacer la segunda esquina, 25 pb, [1 pb, 2 c, 1 pb] para hacer la tercera esquina, 26 pb hacia arriba (2 p en el lado de cada vuelta), 2 c para hacer la última esquina, 1 pr en el primer pb. Remata. *27 p por lado, más esp de esquina de 2 c*

Cuadrado con hoja otoñal

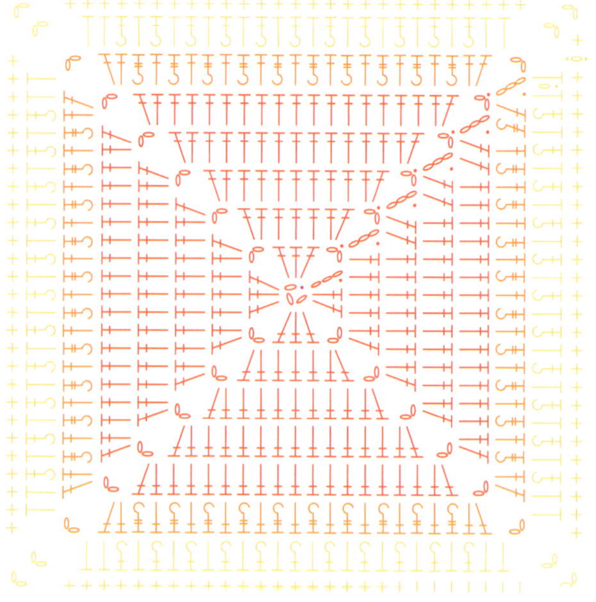

Con el hilo A, 3 c y 1 pr en la primera c para crear un anillo.

Vuelta 1: 5 c (se cuentan como primer pa y 2 c en todas las vueltas), *3 pa en el centro del anillo, 2 c*, rep de * a * dos veces más, 2 pa en el centro del anillo, 1 pr en la tercera c de las 5 c iniciales. *3 p por lado, más esp de esquina de 2 c en todas las vueltas*

Vuelta 2: 1 pr en el esp de esquina de 2 c, 5 c, 2 pa en el mismo esp de esquina, *1 pa en cada p hasta la siguiente esquina, [2 pa, 2 c, 2 pa] en el esp de esquina*, rep de * a * dos veces más, 1 pa en cada p rest, 1 pa en el esp de esquina inicial, 1 pr en la tercera c de las 5 c iniciales. *7 p por lado*

Vueltas 3–5: Rep la vuelta 2. Remata. *19 p por lado tras la vuelta 5*

Vuelta 6: Empalma el hilo B a un esp de esquina de 2 c, 5 c, 2 pa en el mismo esp de esquina, {*1 padrdel, 1 pa*, rep de * a * hasta el último p antes de la siguiente esquina, 1 padrdel, [2 pa, 2 c, 2 pa] en el esp de esquina}, rep de { a } tres veces más, omitiendo el último [2 pa, 2 c, 2 pa] de la última rep, 1 pa en el esp de esquina inicial, 1 pr en la tercera c de las 5 c iniciales. Remata. *23 p por lado*

Vuelta 7: Empalma el hilo C a un esp de esquina de 2 c, 1 c (NO se cuenta como p en ninguna de las vueltas), {[1 mpa, 2 c, 1 mpa] en el esp de esquina, *1 mpa, 1 pardel*, rep de * a * hasta el último p antes de la siguiente esquina, 1 mpa}, rep de { a } tres veces más, 1 pr en el primer mpa. *25 p por lado*

Vuelta 8: 1 pr en el esp de esquina de 2 c, 1 c, *[1 pb, 2 c, 1 pb] en el esp de esquina, 1 pb en cada p hasta la siguiente esquina*, rep de * a * tres veces más, 1 pr en el primer pb. Remata. *27 p por lado*

HOJA

Con el hilo D, 3 c y 1 pr en la primera c para crear un anillo.

Vuelta 1: 1 c, 12 mpa en el centro del anillo, 1 pr en el primer mpa. *12 p*

Vuelta 2: 1 c, 2 mpa en cada p, 1 pr en el primer mpa. *24 p*

Vuelta 3: 1 c, 1 pb en el primer p, 5 mpa en el siguiente p, salta 1 p, 1 pr en el siguiente p, *salta 1 p, 7 pa en el siguiente p, salta 1 p, 1 pr en el siguiente p*, rep de * a * dos veces más, salta 1 p, 5 mpa en el siguiente p, salta 1 p, 3 pb, 6 c, 1 pr en la segunda c desde el ganchillo, 1 pr en cada una de las 4 c siguientes, 1 pb en el siguiente p, 1 pb en el último p, 1 pr en el primer pb. *41 p, excluyendo el tallo de la hoja*

Vuelta 4: 1 c, salta el primer p, 3 pb, 1 piquito, 1 pb, 1 pr en el siguiente p, salta 1 pr, 1 pb en el siguiente p (que es el primer pa de la siguiente concha), 3 mpa, [3 pa, 1 piquito, 3 pa] en el siguiente p, 1 mpa, 1 pb, salta 1 pr, 1 pb en el siguiente p (el primer pa de la siguiente concha), 2 mpa, [3 pa, picot, 3 pa] en el siguiente p, 2 mpa, 1 pb, salta 1 pr, 1 pb en el siguiente p (el primer pa de la siguiente concha), 1 mpa, [3 pa, 1 piquito, 3 pa] en el siguiente p, 3 mpa, 1 pb, salta 1 pr, 1 pr en el siguiente p (el primer mpa de la siguiente concha), 1 pb, 1 piquito, 3 pb, 1 pr en el siguiente p. Remata, dejando un cabo suelto largo para coser.

Cose la aplicación de hoja al cuadrado.

Aplicación (p. 97)
Puntos en relieve por delante (p. 39)
Piquito (p. 97)

Cuadrado con hongos

Con el hilo A, 3 c y 1 pr en la primera c para crear un anillo.

Vuelta 1: 5 c (se cuentan como primer pa y 2 c en todas las vueltas), *3 pa en el centro del anillo, 2 c*, rep de * a * dos veces más, 2 pa en el centro del anillo, 1 pr en la tercera c de las 5 c iniciales. *3 p por lado, más esp de esquina de 2 c en todas las vueltas*

Vuelta 2: 1 pr en el esp de esquina de 2 c, 5 c, 2 pa en el mismo esp de esquina, *1 pa con el hilo A; 1 r con el hilo B; 1 pa, [2 pa, 2 c, 2 pa] en el esp de esquina con el hilo A*, rep de * a * dos veces más, 1 pa con el hilo A; 1 r con el hilo B; 1 pa, 1 pa en el esp de esquina inicial, 1 pr en la tercera c de las 5 c iniciales con el hilo A. Remata el hilo B. *7 p por lado*

Vuelta 3: 1 pr en el esp de esquina de 2 c, 1 c (NO se cuenta como p en ninguna de las vueltas), *[1 pb, 2 c, 1 pb] en el esp de esquina, 2 pb con el hilo A; salta 1 p, 7 pa en el siguiente p con el hilo C; salta 1 p, 2 pb con el hilo A*, rep de * a * tres veces más, 1 pr en el primer pb con el hilo A. Remata el hilo C. *6 pb y 1 concha por lado*

Vuelta 4: 1 pr en el esp de esquina de 2 c, 5 c, 2 pa en el esp de esquina, {*3 pa, 2 c, salta los primeros 3 p de la concha, 1 pb en el cuarto p de la concha, 2 c, salta los últimos 3 p de la concha, 3 pa*, [2 pa, 2 c, 2 pa] en el esp de esquina}, rep de { a } dos veces más, rep de * a * una vez más, 1 pa en el esp de esquina inicial, 1 pr en la tercera c de las 5 c iniciales. *15 p/esp-c por lado*

Vuelta 5: 1 pr en el esp de esquina de 2 c, 5 c, 2 pa en el esp de esquina, {*3 pa con el hilo A; 1 r con el hilo B; 1 pa, 2 pa en el esp de 2 c, 1 pa, 2 pa en el esp de 2 c, 1 pa con el hilo A; 1 r con el hilo B; 3 pa*, [2 pa, 2 c, 2 pa] en el esp de esquina con el hilo A}, rep de { a } dos veces más, rep de * a * una vez más, 1 pa en el esp de esquina inicial, 1 pr en la tercera c de las 5 c iniciales con el hilo A. Remata el hilo B. *19 p por lado*

Vuelta 6: 1 pr en el esp de esquina de 2 c, 1 c, *[1 pb, 2 c, 1 pb] en el esp de esquina, 4 pb con el hilo A; salta 1 p, 7 pa en el siguiente p con el hilo C; salta 1 p, 5 pb con el hilo A; salta 1 p, 7 pa en el siguiente p con el hilo C; salta 1 p, 4 pb con el hilo A*, rep de * a * tres veces más, 1 pr en el primer pb con el hilo A. Remata el hilo C. *15 pb y 2 conchas por lado*

Vuelta 7: 1 pr en el esp de esquina de 2 c, 5 c, 2 pa en el esp de esquina, {*5 pa, 2 c, salta los primeros 3 p de la concha, 1 pb en el cuarto p de la concha, 2 c, salta los últimos 3 p de la concha, 5 pa, 2 c, salta los primeros 3 p de la concha, 1 pb en el cuarto p de la concha, 2 c, salta los últimos 3 p de la concha, 5 pa*, [2 pa, 2 c, 2 pa] en el esp de esquina}, rep de { a } dos veces más, rep de * a * una vez más, 1 pa en el esp de esquina inicial, 1 pr en la tercera c de las 5 c iniciales. *25 p/esp-c por lado*

Vuelta 8: 1 pr en el esp de esquina de 2 c, 1 c, *[1 pb, 2 c, 1 pb] en el esp de esquina, 1 pb en cada p y cada esp-c hasta la siguiente esquina*, rep de * a * tres veces más, 1 pr en el primer pb. Remata. *27 p por lado*

Punto de racimo (p. 67)

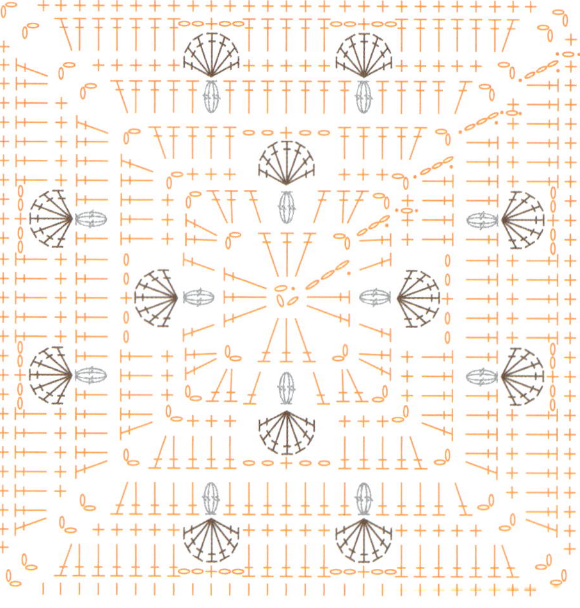

Cuadrado con piñas secas

Con el hilo A, 3 c y 1 pr en la primera c para crear un anillo.

Vuelta 1: 5 c (se cuentan como primer pa y 2 c en todas las vueltas), *3 pa en el centro del anillo, 2 c*, rep de * a * dos veces más, 2 pa en el centro del anillo, 1 pr en la tercera c de las 5 c iniciales. *3 p por lado, más esp de esquina de 2 c en todas las vueltas*

Vuelta 2: 1 pr en el esp de esquina de 2 c, 5 c, 2 pa en el mismo esp de esquina, *1 pa con el hilo A; 1 pa con el hilo B; 1 pa, [2 pa, 2 c, 2 pa] en el esp de esquina con el hilo A*, rep de * a * dos veces más; 1 pa con el hilo A; 1 pa con el hilo B; 1 pa, 1 pa en el esp de esquina inicial, 1 pr en la tercera c de las 5 c iniciales con el hilo A. *7 p por lado*

Vuelta 3: 1 pr en el esp de esquina de 2 c, 5 c, 2 pa en el mismo esp de esquina, *3 pa con el hilo A; 1 pardel con el hilo B; 3 pa, [2 pa, 2 c, 2 pa] en el esp de esquina con el hilo A*; rep de * a * dos veces más; 3 pa con el hilo A; 1 pardel con el hilo B; 3 pa, 1 pa en el esp de esquina inicial, 1 pr en la tercera c de las 5 c iniciales con el hilo A. *11 p por lado*

Vuelta 4: 1 pr en el esp de esquina de 2 c, 5 c, 2 pa en el mismo esp de esquina, {*4 pa con el hilo A; 1 padrdel en el segundo p de la vuelta 3, 1 padrdel en el siguiente p, 1 padrdel en el penúltimo p de la vuelta 3 con el hilo B; 4 pa (trabajando por detrás del padrdel)*, [2 pa, 2 c, 2 pa] en el esp de esquina con el hilo A}; rep de { a } dos veces más; rep de * a * una vez más; 1 pa en el esp de esquina inicial, 1 pr en la tercera c de las 5 c iniciales con el hilo A. *15 p por lado*

Vuelta 5: 1 pr en el esp de esquina de 2 c, 5 c, 2 pa en el mismo esp de esquina, {*6 pa con el hilo A; 1 padrdel en el tercer p de la vuelta 4, 1 padrdel en el siguiente p, 1 padrdel en el tercero desde el último p de la vuelta 4 con el hilo B; 6 pa (trabajando por detrás del padrdel)*, [2 pa, 2 c, 2 pa] en el esp de esquina con el hilo A}; rep de { a } dos veces más; rep de * a * una vez más; 1 pa en el esp de esquina inicial, 1 pr en la tercera c de las 5 c iniciales con el hilo A. *19 p por lado*

Vuelta 6: 1 pr en el esp de esquina de 2 c, 5 c, 2 pa en el mismo esp de esquina, {*8 pa con el hilo A; 1 padrdel en el quinto p de la vuelta 5, 1 padrdel en el siguiente p, 1 padrdel en el quinto desde el último p de la vuelta 5 con el hilo B; 8 pa (trabajando por detrás del padrdel)*, [2 pa, 2 c, 2 pa] en el esp de esquina con el hilo A}, rep de { a } dos veces más; rep de * a * una vez más; 1 pa en el esp de esquina inicial, 1 pr en la tercera c de las 5 c iniciales con el hilo A. *23 p por lado*

Vuelta 7: 1 pr en el esp de esquina de 2 c, 1 c (NO se cuenta como p en ninguna de las vueltas), *[1 pb, 2 c, 1 pb] en el esp de esquina, 10 pb, 1 mpa con el hilo A; 1 pardel con el hilo B; 1 mpa, 10 pb con el hilo A*; rep de * a * tres veces más; 1 pr en el primer pb con el hilo A. Remata el hilo B. *25 p por lado*

Vuelta 8: 1 pr en el esp de esquina de 2 c, 1 c, *[1 pb, 2 c, 1 pb] en el esp de esquina, 1 pb en cada p hasta la siguiente esquina*, rep de * a * tres veces más, 1 pr en el primer pb. Remata. *27 p por lado*

Puntos en relieve por delante (p. 39)

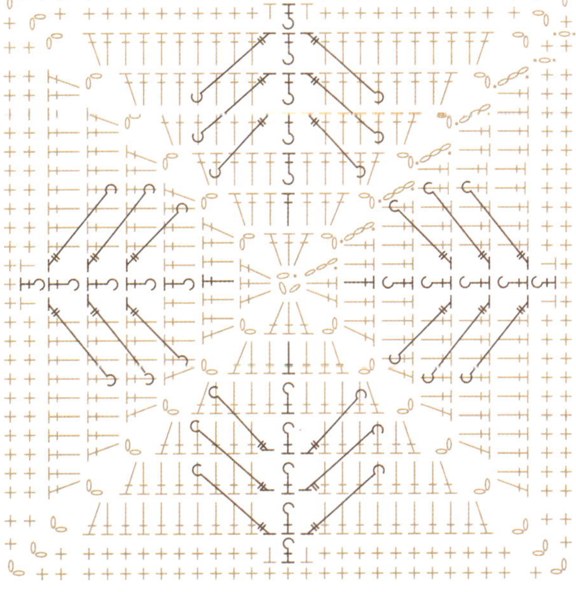

Cuadrado con calabaza

Con el hilo A, 3 c y 1 pr en la primera c para crear un anillo.

Vuelta 1: 3 c (se cuentan como primer pa en todas las vueltas), 11 pa en el centro del anillo, 1 pr en la tercera c de las 3 c iniciales. *12 p*

Vuelta 2: 3 c, 1 pa en el mismo p, 2 pa en el siguiente p 11 veces, 1 pr en la tercera c de las 3 c iniciales. *24 p*

Vuelta 3: 3 c, 1 pa en el mismo p, *1 pa, 2 pa en el siguiente p*, rep de * a * hasta que quede 1 p, 1 pa, 1 pr en la tercera c de las 3 c iniciales. Remata. *36 p*

Vuelta 4: Empalma el hilo B a la hebra posterior de cualquier p, y tejiendo por detrás, 3 c, 1 pa en el mismo p, *2 pa, 2 pa en el siguiente p*, rep de * a * hasta que queden 2 p, 2 pa, 1 pr en la tercera c de las 3 c iniciales. *48 p*

Vuelta 5: 3 c, 1 pa en el mismo p, *3 pa, 2 pa en el siguiente p*, rep de * a * hasta que queden 3 p, 3 pa, 1 pr en la tercera c de las 3 c iniciales. *60 p*

Vuelta 6: 5 c (se cuentan como primer pa y 2 c en todas las vueltas), 2 pa en el siguiente p, *1 pa, 1 mpa, 9 pb, 1 mpa, 1 pa, 2 pa en el siguiente p, 2 c, 2 pa en el siguiente p*, rep de * a * dos veces más, 1 pa, 1 mpa, 9 pb, 1 mpa, 1 pa, 1 pa en el p inicial, 1 pr en la tercera c de las 5 c iniciales. *17 p por lado, más esp de esquina de 2 c de aquí en adelante*

Vuelta 7: 1 pr en el esp de esquina de 2 c, 5 c, 2 pa en el mismo esp de esquina, *1 pa, 15 mpa, 1 pa, [2 pa, 2 c, 2 pa] en el esp de esquina*, rep de * a * dos veces más, 1 pa, 15 mpa, 1 pa, 1 pa en el esp de esquina inicial, 1 pr en la tercera c de las 5 c iniciales. Remata. *21 p por lado*

Vuelta 8: Empalma el hilo C a cualquier esp de esquina de 2 c, 1 c (NO se cuenta como p en ninguna de las vueltas), {[2 mpa, 2 c, 2 mpa] en el esp de esquina, 1 mpa, 1 c, salta 1 p, *1 b en el siguiente p, 1 c, salta 1 p*, rep de * a * ocho veces más, 1 mpa en el último p antes de la esquina}, rep de { a } tres veces más, 1 pr en el primer mpa. Remata. *25 p por lado*

Vuelta 9: Empalma el hilo D a un esp de esquina de 2 c, 1 c, {[1 pb, 2 c, 1 pb] en el esp de esquina, 3 pb, *1 pa en el p saltado de la vuelta 8 justo debajo, 1 pb*, rep de * a * ocho veces más, 1 pa en el p saltado de la vuelta 8 justo debajo, 3 pb}, rep de { a } tres veces más, 1 pr en el primer pb. Remata. *27 p por lado*

BORDE DE LA CALABAZA

Vuelve a empalmar el hilo A a una hebra anterior no trabajada de la vuelta 3 en la parte central superior, y tejiendo por delante, 1 c, 3 pb, 2 pa en el siguiente p, 2 pad en el siguiente p dos veces, 3 pad, 2 pad en el siguiente p, 3 pad, 2 pad en el siguiente p, 2 pa en el siguiente p, 1 mpa, 5 pb, 1 mpa, 2 pa en el siguiente p, 2 pad en el siguiente p, 3 pad, 2 pad en el siguiente p, 3 pad, 2 pad en el siguiente p dos veces, 2 pa en el siguiente p, 2 pb, 1 pr en el primer pb. Remata, dejando un cabo suelto largo para coser.

Usa el cabo suelto para coser el borde de la calabaza al cuadrado y evitar que se enrolle.

TALLO

Vuelta 1: Empalma el hilo E al segundo de los 5 pb de la parte superior de la calabaza, 1 c, 3 pb. *3 p*

Vuelta 2: 1 c, gira, 3 pb.

Vuelta 3: 1 c, gira, 2 pb juntos, pb. Remata. *2 p*

HOJA

Con el hilo F, 3 c y 1 pr en la primera c para crear un anillo.

Vuelta 1: 1 c, 6 pb en el centro del anillo, 1 pr en el primer pb. *6 p*

Vuelta 2: 1 c, 2 pb en el siguiente p tres veces, 1 piquito, 2 pb en el siguiente p tres veces, 1 pr en el primer pb. Remata, dejando un cabo suelto largo para coser.

Cose la aplicación de hoja a la calabaza.

Aplicación (p. 97)
Puntos tejidos por detrás (p. 53)
Puntos tejidos por delante (p. 107)
Piquito (p. 97)

Cuadrado con bellotas

Aplicación (p. 97)

Con el hilo A, 3 c y 1 pr en la primera c para crear un anillo.

Vuelta 1: 5 c (se cuentan como primer pa y 2 c en todas las vueltas), *3 pa en el centro del anillo, 2 c*, rep de * a * dos veces más, 2 pa en el centro del anillo, 1 pr en la tercera c de las 5 c iniciales. *3 p por lado, más esp de esquina de 2 c en todas las vueltas*

Vuelta 2: 1 pr en el esp de esquina de 2 c, 5 c, 2 pa en el mismo esp de esquina, *1 pa en cada p hasta la siguiente esquina, [2 pa, 2 c, 2 pa] en el esp de esquina*, rep de * a * dos veces más, 1 pa en cada p rest, 1 pa en el esp de esquina inicial, 1 pr en la tercera c de las 5 c iniciales. *7 p por lado*

Vueltas 3–6: Rep la vuelta 2. Remata. *23 p por lado tras la vuelta 6*

Vuelta 7: Empalma el hilo B a un esp de esquina de 2 c, 1 c (NO se cuenta como p en ninguna de las vueltas), {[1 mpa, 2 c, 1 mpa] en el esp de esquina, *1 c, salta 1 p, 1 mpa*, rep de * a * hasta el último p antes de la siguiente esquina, 1 c, salta 1 p}, rep de { a } tres veces más, 1 pr en el primer mpa. Remata. *25 p por lado*

Vuelta 8: Empalma el hilo A a un esp de esquina de 2 c, 1 c, *[1 pb, 2 c, 1 pb] en el esp de esquina, 1 pb en cada p y cada esp-c hasta la siguiente esquina*, rep de * a * tres veces más, 1 pr en el primer pb. Remata. *27 p por lado*

BELLOTA (SEMILLA) (2)

Con el hilo C, 6 c.

Vuelta 1: 1 pb en la segunda c desde el ganchillo, 3 pb, 4 pb en la última c para girar en la esquina, y en el otro lado de la c, 3 pb, 3 pb en las c iniciales, 1 pr en el primer pb. *14 p*

Vuelta 2: 1 c (NO se cuenta como p en ninguna de las vueltas), 2 pb en el mismo p, 3 pb, 2 pb en el siguiente p cuatro veces, 3 pb, 2 pb en el siguiente p tres veces, 1 pr en el primer pb. *22 p*

Vuelta 3: 1 c, 1 pb en cada p, 1 pr en el primer pb. Remata, dejando un cabo suelto largo para coser.

CASCABILLO DE LA BELLOTA (2)

Con el hilo D, 4 c.

Vuelta 1: 1 pb en la segunda c desde el ganchillo, 2 pb. *3 p*

Vuelta 2: 1 c, gira, 2 pb en el primer p, 1 pb, 2 pb en el último p. *5 p*

Vuelta 3: 1 c, gira, 2 pb en el primer p, 1 pb, 2 pb en el siguiente p, 1 pb, 2 pb en el último p. *8 p*

Vuelta 4: 1 c, gira, 7 pb, [1 pb, 1 c, 1 pb] en el siguiente p para hacer la esquina, 3 pb por el lado, 1 pr en el siguiente p, 4 c, 1 pr en la segunda c desde el ganchillo, 1 pr en cada una de las 2 c siguientes, 1 pr en el mismo p, 3 pb por el lado, 1 c, 1 pr en el primer pb. Remata, dejando un cabo suelto largo para coser.

Cose el cascabillo a la parte superior de la semilla.

Rep para hacer una segunda aplicación de bellota y cose las bellotas en el cuadrado.

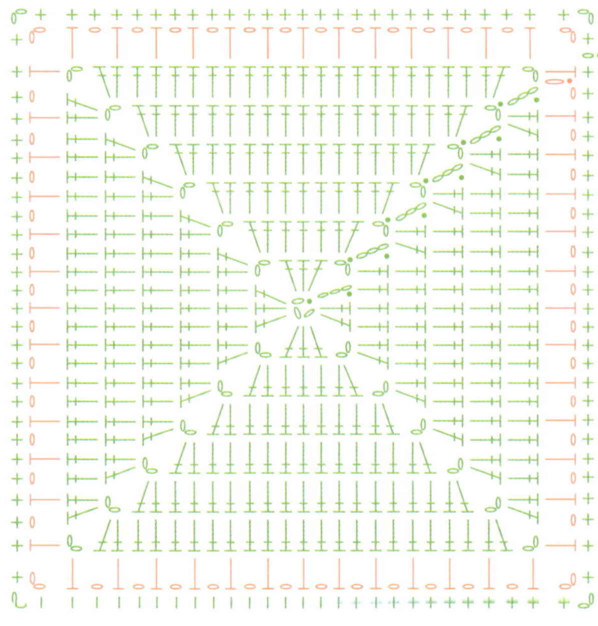

Cuadrado con hoja de madroños

Con el hilo A, 24 c.

Vuelta 1: 1 pb en la segunda c desde el ganchillo, 22 pb. *23 p*

1 c (NO se cuenta como p en ninguna de las vueltas), gira.

Vueltas 2–23: Sigue el gráfico.

Vuelta 24: 1 c, gira, [1 pb, 2 c, 1 pb] en el mismo p para hacer la primera esquina, 21 pb, [1 pb, 2 c, 1 pb] para hacer la segunda esquina, 21 pb hacia abajo (1 p en el lado de cada vuelta), [1 pb, 2 c, 1 pb] para hacer la tercera esquina, 21 pb, [1 pb, 2 c, 1 pb] para hacer la última esquina, 21 pb hacia arriba (1 p en el lado de cada vuelta), 1 pr en el primer pb. Remata. *23 p por lado, más esp de esquina de 2 c en toda la vuelta*

Vuelta 25: Sin girar, empalma el hilo C a cualquier esp de esquina de 2 c; 1 c, *[1 mpa, 2 c, 1 mpa] en el esp de esquina, 1 mpadet en cada p hasta la siguiente esquina*, rep de * a * tres veces más, 1 pr en el primer mpa. Remata. *25 p por lado*

Vuelta 26: Sin girar, empalma el hilo D a cualquier esp de esquina de 2 c; 1 c, *[1 pb, 2 c, 1 pb] en esp de esquina, 1 pbdet en cada p hasta la siguiente esquina*, rep de * a * tres veces más, 1 pr en el primer pb. Remata. *27 p por lado*

Punto de madroño (p. 55)

Puntos tejidos por detrás (p. 53)

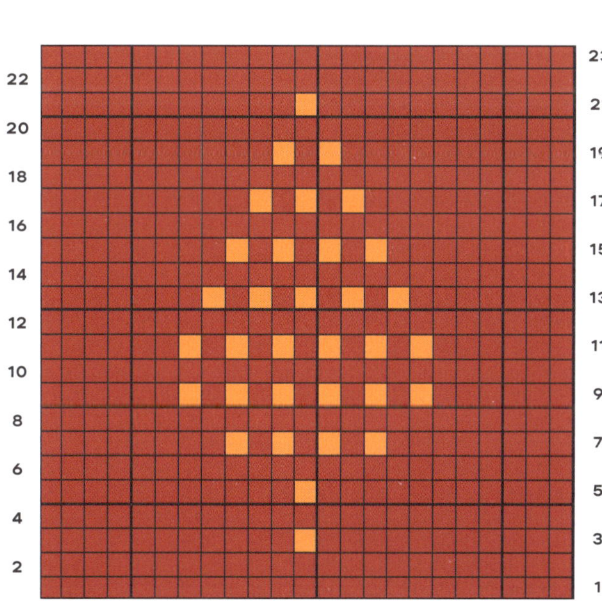

Cuadrado con seta venenosa

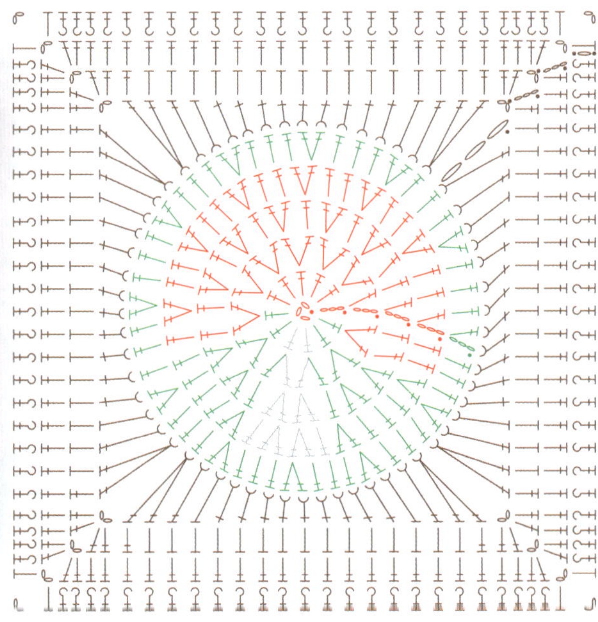

Con el hilo A, 3 c y 1 pr en la primera c para crear un anillo.

Vuelta 1: 3 c (se cuentan como primer pa en todas las vueltas), 5 pa en el centro del anillo con el hilo A; 2 pa en el centro del anillo con el hilo B; 2 pa en el centro del anillo con el hilo C; 2 pa en el centro del anillo con el hilo B; 1 pr en la tercera c de las 3 c iniciales con el hilo A. *12 pd*

Vuelta 2: 3 c, 1 pa en el mismo p, 2 pa en el siguiente p seis veces con el hilo A; 2 pa en el siguiente p, 1 pa con el hilo B; 1 pa en el mismo p, 1 pa con el hilo C; 1 pa en el mismo p, 2 pa en el siguiente p con el hilo B; 2 pa en el siguiente p, 1 pr en la tercera c de las 3 c iniciales con el hilo A. *24 p*

Vuelta 3: 3 c, 1 pa en el mismo p, 2 pa, *2 pa en el siguiente p, 1 pa*, rep de * a * cuatro veces más, 1 pa con el hilo A; 2 pa en el siguiente p dos veces, 1 pa con el hilo B; 2 pa en el siguiente p dos veces con el hilo C; 1 pa, 2 pa en el siguiente p dos veces con el hilo B; 2 pa con el hilo A, 1 pr en la tercera c de las 3 c iniciales. *36 p*

Vuelta 4: 3 c, 1 pa en el mismo p, *2 pa, 2 pa en el siguiente p*, rep de * a * cinco veces más, 1 pa con el hilo A; 4 pa, 2 pa en el siguiente p con el hilo B; 1 pa, 2 pa en el siguiente p dos veces, 1 pa con el hilo C; 2 pa en el siguiente p, 3 pa, 2 pa en el siguiente p con el hilo B; 1 pa en cada uno de los 2 p siguientes con el hilo A, 1 pr en la tercera c de las 3 c iniciales. Remata. *48 p*

Vuelta 5: Empalma el hilo B a cualquier p, 3 c, 1 pa en el mismo p, *3 pa, 2 pa en el siguiente p*, rep de * a * hasta que queden 3 p, 3 pa, 1 pr en la tercera c de las 3 c iniciales. Remata. *60 p*

Vuelta 6: Empalma el hilo D a la hebra posterior de cualquier p donde quieras hacer la primera esquina, y tejiendo por detrás, 5 c (se cuentan como primer pa y 2 c en todas las vueltas), 2 pa en el siguiente p, *1 pa, 1 mpa, 9 pb, 1 mpa, 1 pa, 2 pa en el siguiente p, 2 c, 2 pa en el siguiente p*, rep de * a * dos veces más, 1 pa, 1 mpa, 9 pb, 1 mpa, 1 pa, 1 pa en el p inicial, 1 pr en la tercera c de las 5 c iniciales. *17 p por lado, más esp de esquina de 2 c en todas las vueltas*

Vuelta 7: 1 pr en un esp de esquina de 2 c, 5 c, 2 pa en el mismo esp de esquina, *1 pa, 15 mpa, 1 pa, [2 pa, 2 c, 2 pa] en el esp de esquina*, rep de * a * dos veces más, 1 pa, 15 mpa, 1 pa, 1 pa en el esp de esquina inicial, 1 pr en la tercera c de las 5 c iniciales. *21 p por lado*

Vuelta 8: 1 pr en un esp de esquina de 2 c, 5 c, 2 pa en el mismo esp de esquina, *1 pa en cada p hasta la siguiente esquina, [2 pa, 2 c, 2 pa] en el esp de esquina*, rep de * a * dos veces más, 1 pa en cada p rest, 1 pa en el esp de esquina inicial, 1 pr en la tercera c de las 5 c iniciales. *25 p por lado*

Vuelta 9: 1 pr en un esp de esquina de 2 c, 1 c, {[1 mpa, 2 c, 1 mpa] en el esp de esquina, *1 mpardel, 1 mpardet*, rep de * a * hasta el último p antes de la siguiente esquina, 1 mpardel}, rep de { a } tres veces más, 1 pr en el primer mpa. Remata. *27 p por lado*

MANCHAS BLANCAS (5)

Con el hilo C, 3 c y 1 pr en la primera c para crear un anillo.

Vuelta 1: 1 c, 6 pb en el centro del anillo, 1 pr en el primer pb. Remata, dejando un cabo suelto largo para coser.

Rep cuatro veces más para hacer un total de cinco manchas y luego cóselas en el cuadrado.

Aplicación (p. 97)
Puntos en relieve por delante (p. 39)
Puntos en relieve por detrás (p. 41)
Puntos tejidos por detrás (p. 53)

Invierno

Cuadrado con copo de nieve

Con el hilo A, 3 c y 1 pr en la primera c para crear un anillo.

Vuelta 1: 3 c (se cuentan como primer pa en todas las vueltas), 11 pa en el centro del anillo, 1 pr en la tercera c de las 3 c iniciales. *12 p*

Vuelta 2: 3 c, 1 pa en el mismo p, 2 pa en el siguiente p 11 veces, 1 pr en la tercera c de las 3 c iniciales. *24 p*

Vuelta 3: 3 c, 1 pa en el mismo p, *1 pa, 2 pa en el siguiente p*, rep de * a * hasta que quede 1 p, 1 pa, 1 pr en la tercera c de las 3 c iniciales. *36 p*

Vuelta 4: 3 c, 1 pa en el mismo p, *2 pa, 2 pa en el siguiente p *, rep de * a * hasta que queden 2 p, 2 pa, 1 pr en la tercera c de las 3 c iniciales. *48 p*

Vuelta 5: 3 c, 1 pa en el mismo p, *1 c, salta 1 p, 2 pa en el siguiente p*, rep de * a * 22 veces más, 1 c, 1 pr en la tercera c de las 3 c iniciales. Remata. *48 p, 24 esp-c*

Vuelta 6: Empalma el hilo B a un esp-c, 6 c (se cuentan como primer pad más 2 c), 3 pad en el mismo esp-c, {*3 pa en el siguiente esp-c, 3 mpa en el siguiente esp-c, 3 pb en el siguiente esp-c, 3 mpa en el siguiente esp-c, 3 pa en el siguiente esp-c*, [3 pad, 2 c, 3 pad] en el siguiente esp-c}, rep de { a } dos veces más, rep de * a * una vez más, 2 pad en el esp-c inicial, 1 pr en la cuarta c de las 6 c iniciales. *21 p por lado, más esp de esquina de 2 c de aquí en adelante*

Vuelta 7: 1 pr en un esp de esquina de 2 c, 3 c, [1 pa, 2 c, 2 pa] en el esp de esquina, *21 pa, [2 pa, 2 c, 2 pa] en el esp de esquina*, rep de * a * dos veces más, 21 pa, 1 pr en la tercera c de las 3 c iniciales. Remata. *25 p por lado*

Vuelta 8: Empalma el hilo C a un esp de esquina de 2 c, 1 c, *[1 pb, 2 c, 1 pb] en el esp de esquina, 25 pb*, rep de * a * tres veces más, 1 pr en el primer pb. Remata. *27 p por lado*

COPO DE NIEVE

Con el hilo D, 6 c y 1 pr en la primera c para crear un anillo.

Vuelta 1: 1 c (NO se cuenta como p en ninguna de las vueltas), 12 pb en el centro del anillo, 1 pr en el primer pb. *12 p*

Vuelta 2: 5 c (se cuentan como primer pa más 2 c), *1 pa en el siguiente p, 2 c*, rep de * a * 10 veces más, 1 pr en la tercera c de las 5 c iniciales. *12 p con esp de 2 c entre ellos*

Vuelta 3: 1 pr en un esp-c, *3 c, 1 pr en el siguiente esp-c, 5 c, 1 pr en el siguiente esp-c*, rep de * a * cinco veces más (el último pr se hace en el esp de 2 c inicial). *6 esp de 5 c y 6 esp de 3 c*

Vuelta 4: 1 pr en el esp-c de 3 c, *1 c, [3 pa, 1 piquito, 1 pa, 1 piquito, 1 pa, 1 piquito, 3 pa] en el siguiente esp de 5 c, 1 c, 1 pr en el siguiente esp de 3 c*, rep de * a * cinco veces más (el último pr se hace en el esp de 3 c inicial). Remata, dejando un cabo suelto largo para coser.

Cose la aplicación de copo de nieve en el cuadrado.

Aplicación (p. 97)

Cuadrado con nevada

Con el hilo A, 28 c.

Vuelta 1: 1 pb en la segunda c desde el ganchillo, 26 pb. *27 p*

1 c (NO se cuenta como p en ninguna de las vueltas), gira.

Vueltas 2–27: Sigue el gráfico.

Remata.

Vuelta 28: Con el derecho hacia ti, empalma el hilo D al primer p (arriba a la derecha del cuadrado), 1 c, [1 pb, 2 c, 1 pb] en el mismo p para hacer la primera esquina, 25 pb, [1 pb, 2 c, 1 pb] para hacer la segunda esquina, 25 pb hacia abajo (1 p en el lado de cada vuelta), [1 pb, 2 c, 1 pb] para hacer la tercera esquina, 25 pb, [1 pb, 2 c, 1 pb] para hacer la última esquina, 25 pb hacia arriba (1 p en el lado de cada vuelta), 1 pr en el primer pb. Remata. *27 p por lado, más esp de esquina de 2 c*

Punto de tapiz
(p. 82)

Punto de madroño
(p. 55)

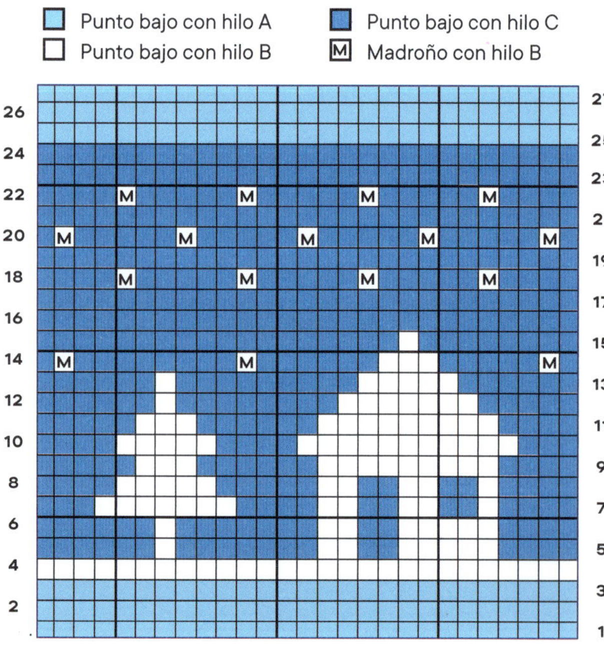

Cuadrado con gorro

Aplicación (p. 97)
Puntos en relieve por delante (p. 39)
Puntos en relieve por detrás (p. 41)

Con el hilo A, 3 c, 1 pr en la primera c para hacer un anillo.

Vuelta 1: 5 c (se cuentan como primer pa y 2 c en todas las vueltas), *3 pa en el centro del anillo, 2 c*, rep de * a * dos veces más, 2 pa en el centro del anillo, 1 pr en la tercera c de las 5 c iniciales. *3 p por lado, más esp de esquina de 2 c en todas las vueltas*

Vuelta 2: 1 pr en el esp de esquina de 2 c, 5 c, 2 pa en el mismo esp de esquina, *1 pa en cada p hasta la siguiente esquina, [2 pa, 2 c, 2 pa] en el esp de esquina*, rep de * a * dos veces más, 1 pa en cada p rest, 1 pa en el esp de esquina inicial, 1 pr en la tercera c de las 5 c iniciales. *7 p por lado*

Vueltas 3–6: Rep la vuelta 2. Remata. *23 p por lado tras la vuelta 6*

Vuelta 7: Empalma el hilo B a un esp de esquina de 2 c, 1 c (NO se cuenta como p en ninguna de las vueltas), {[1 mpa, 2 c, 1 mpa] en el esp de esquina, *1 mpardel, 1 mpardet*, rep de * a * hasta el último p antes de la siguiente esquina, 1 mpardel}, rep de { a } tres veces más, 1 pr en el primer mpa. *25 p por lado*

Vuelta 8: 1 pr en el esp de esquina de 2 c, 1 c, *[1 pb, 2 c, 1 pb] en el esp de esquina, 25 pb*, rep de * a * tres veces más, 1 pr en el primer pb. Remata. *27 p por lado*

GORRO

Con el hilo C, 16 c.

Vuelta 1: 1 pa en la cuarta c desde el ganchillo, 12 pa. *14 p (las 3 c iniciales se cuentan como primer p)*

Vuelta 2: 1 c, gira, 1 pb en el primer p, *1 mpardel, 1 mpardet*, rep de * a * cinco veces más, 1 pb. Remata. *14 p*

Vuelta 3: Sin girar, empalma el hilo D a la hebra posterior del segundo p, 12 pbdet (salta el último p). *12 p*

Vuelta 4: 1 c, gira, 12 mpa.

Vuelta 5: 1 c, gira, 2 mpa juntos, 8 mpa, 2 mpa juntos. *10 p*

Vuelta 6: 1 c, gira, 10 mpa.

Vuelta 7: 1 c, gira, 2 mpa juntos, 6 mpa, 2 mpa juntos. *8 p*

Vuelta 8: 1 c, gira, 2 mpa juntos, 4 mpa, 2 mpa juntos. *6 p*

Vuelta 9: 1 c, gira, 2 mpa juntos, 2 mpa, 2 mpa juntos. Remata, dejando un cabo suelto largo para coser.

POMPÓN

Con el hilo C, 3 c y 1 pr en la primera c para formar un anillo.

Vuelta 1: 1 c, 8 pb en el centro del anillo, 1 pr en el primer pb. *8 p*

Vuelta 2: 1 c, [1 pb, 2 c, 1 pb] en cada uno de los 8 p siguientes, 1 pr en el primer pb. Remata, dejando un cabo suelto largo para coser.

Cose el pompón en el gorro.

Opcional: Borda un diseño en el gorro.

Cose el gorro en el cuadrado.

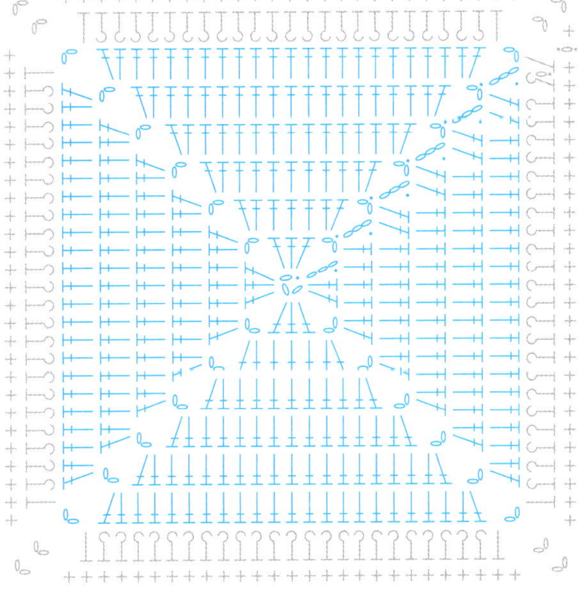

Cuadrado con carámbanos

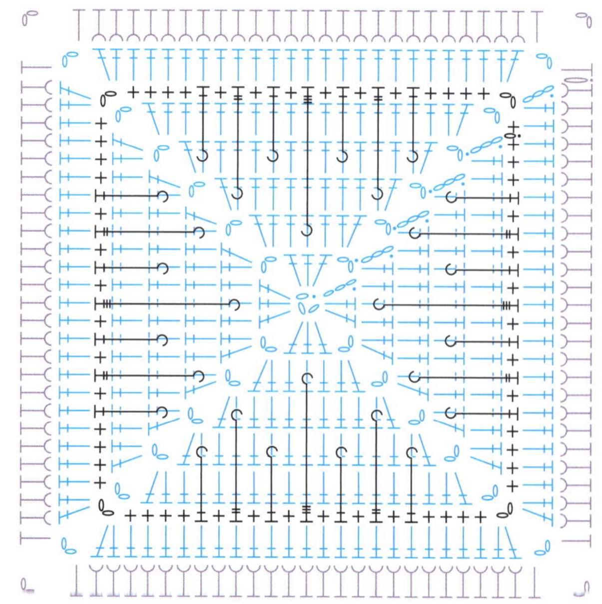

Con el hilo A, 3 c y 1 pr en la primera c para hacer un anillo.

Vuelta 1: 5 c (se cuentan como primer pa y 2 c en todas las vueltas), *3 pa en el centro del anillo, 2 c*, rep de * a * dos veces más, 2 pa en el centro del anillo, 1 pr en la tercera c de las 5 c iniciales. *3 p por lado, más esp de esquina de 2 c en todas las vueltas*

Vuelta 2: 1 pr en un esp de esquina de 2 c, 5 c, 2 pa en el mismo esp de esquina, *1 pa en cada p hasta la siguiente esquina, [2 pa, 2 c, 2 pa] en el esp de esquina*, rep de * a * dos veces más, 1 pa en cada p rest, 1 pa en el esp de esquina inicial, 1 pr en la tercera c de las 5 c iniciales. *7 p por lado*

Vueltas 3–5: Rep la vuelta 2. Remata. *19 p por lado tras la vuelta 5*

Vuelta 6: Empalma el hilo B a cualquier esp de esquina de 2 c, 1 c (NO se cuenta como p en ninguna de las vueltas), *[1 pb, 2 c, 1 pb] en el esp de esquina, 3 pb, 1 pardel en el segundo p de la vuelta 4, 1 pb, 1 padrdel en el segundo p de la vuelta 3, 1 pb, 1 pardel en el sexto p de la vuelta 4, 1 pb, 1 pardel en el cuarto p de la vuelta 2, 1 pb, 1 pardel en el décimo p de la vuelta 4 (el sexto punto desde el final), 1 pb, 1 padrdel en el segundo p desde el final de la vuelta 3, 1 pb, 1 pardel en el segundo p desde el final de la vuelta 4, 3 pb*, rep de * a * tres veces más, 1 pr en el primer pb. Remata. *21 p por lado*

Vuelta 7: Empalma el hilo A a cualquier esp de esquina de 2 c, 5 c, 2 pa en el mismo esp de esquina, *1 pa en cada p hasta la siguiente esquina, [2 pa, 2 c, 2 pa] en el esp de esquina*, rep de * a * dos veces más, 1 pa en cada p rest, 1 pa en el esp de esquina inicial, 1 pr en la tercera c de las 5 c iniciales. Remata. *25 p por lado*

Vuelta 8: Empalma el hilo C a cualquier esp de esquina de 2 c, 1 c, *[1 mpa, 2 c, 1 mpa] en el esp de esquina, 1 mpadet en cada p hasta la siguiente esquina*, rep de * a * tres veces más, 1 pr en el primer mpa. Remata. *27 p por lado*

Puntos en relieve por delante (p. 39)
Puntos tejidos por detrás (p. 53)

Cuadrado con picos nevados

Con el hilo A, 26 c.

Vuelta 1: 1 pb en la segunda c desde el ganchillo, 24 pb. *25 p*

1 c (NO se cuenta como p en ninguna de las vueltas), gira.

Vueltas 2–25: Sigue el gráfico.

Remata.

Vuelta 26: Con el derecho hacia ti, empalma el hilo D al primer p (arriba a la derecha del cuadrado), 1 c, [1 pb, 2 c, 1 pb] en el mismo p para hacer la primera esquina, 23 pb, [1 pb, 2 c, 1 pb] para hacer la segunda esquina, 23 pb hacia abajo (1 p en el lado de cada vuelta), [1 pb, 2 c, 1 pb] para hacer la tercera esquina, 23 pb, [1 pb, 2 c, 1 pb] para hacer la última esquina, 23 pb hacia arriba (1 p en el lado de cada vuelta), 1 pr en el primer pb. Remata. *25 p por lado, más esp de esquina de 2 c de aquí en adelante*

Vuelta 27: Sin girar, empalma el hilo E a cualquier esp de esquina de 2 c, 1 c, *[1 pb, 2 c, 1 pb] en el esp de esquina, 1 pbdet en cada p hasta la siguiente esquina*, rep de * a * tres veces más, 1 pr en el primer pb. Remata. *27 p por lado*

Punto de tapiz (p. 82)
Puntos tejidos por detrás (p. 53)

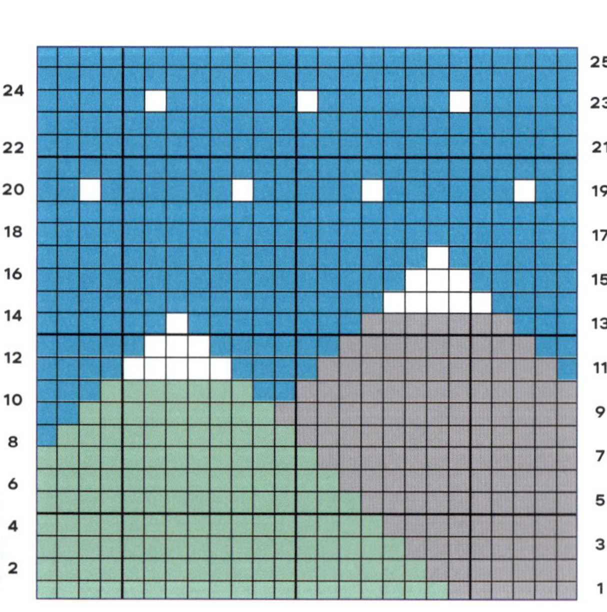

Cuadrado de estilo Fair Isle

Con el hilo A, 28 c.

Vuelta 1: 1 pb en la segunda c desde el ganchillo, 26 pb. *27 p*

1 c (NO se cuenta como p en ninguna de las vueltas), gira.

Vueltas 2–27: Sigue el gráfico.

Remata.

Vuelta 28: Con el derecho hacia ti, empalma el hilo B al primer p (arriba a la derecha del cuadrado), 1 c, [1 pb, 2 c, 1 pb] en el mismo p para hacer la primera esquina, 25 pb, [1 pb, 2 c, 1 pb] para hacer la segunda esquina, 25 pb hacia abajo (1 p en el lado de cada vuelta), [1 pb, 2 c, 1 pb] para hacer la tercera esquina, 25 pb, [1 pb, 2 c, 1 pb] para hacer la última esquina, 25 pb hacia arriba (1 p en el lado de cada vuelta), 1 pr en el primer pb. Remata. *27 p por lado, más esp de esquina de 2 c*

Punto de tapiz
(p. 82)

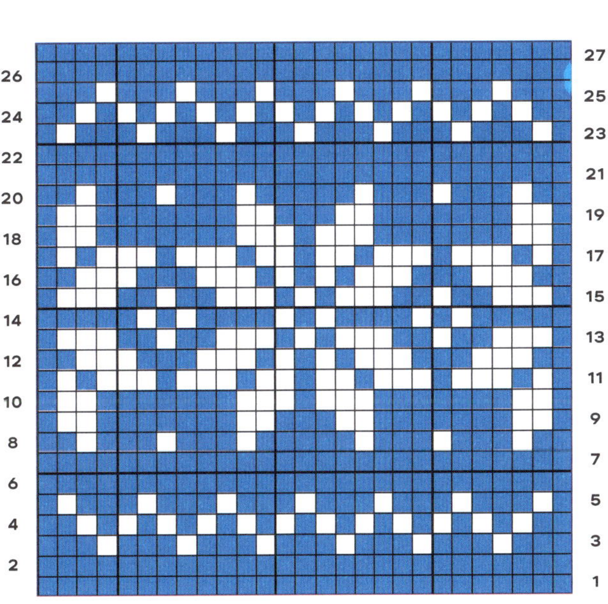

Cuadrado con muñeco de nieve

Con el hilo A, 3 c y 1 pr en la primera c para crear un anillo.

Vuelta 1: 5 c (se cuentan como primer pa y 2 c en todas las vueltas), *3 pa en el centro del anillo, 2 c*, rep de * a * dos veces más, 2 pa en el centro del anillo, 1 pr en la tercera c de las 5 c iniciales. *3 p por lado, más esp de esquina de 2 c en todas las vueltas*

Vuelta 2: 1 pr en el esp de esquina de 2 c, 5 c, 2 pa en el mismo esp de esquina, *1 pa en cada p hasta la siguiente esquina, [2 pa, 2 c, 2 pa] en el esp de esquina*, rep de * a * dos veces más, 1 pa en cada p rest, 1 pa en el esp de esquina inicial, 1 pr en la tercera c de las 5 c iniciales. *7 p por lado*

Vueltas 3–7: Rep la vuelta 2. Remata. *27 p por lado tras la vuelta 7*

CUERPO

Con el hilo B, 4 c y 1 pr en la primera c para crear un anillo.

Vuelta 1: 3 c (se cuentan como primer pa en todas las vueltas), 11 pa en el centro del anillo, 1 pr en la tercera c de las 3 c iniciales. *12 p*

Vuelta 2: 3 c, 1 pa en el mismo p, 2 pa en el siguiente p 11 veces, 1 pr en la tercera c de las 3 c iniciales. *24 p*

Vuelta 3: 3 c, 1 pa en el mismo p, *1 pa, 2 pa en el siguiente p*, rep de * a * hasta que quede 1 p, 1 pa, 1 pr en la tercera c de las 3 c iniciales. Remata, dejando un cabo suelto largo para coser.

CABEZA

Con el hilo B, 4 c y 1 pr en la primera c para crear un anillo.

Vueltas 1–2: Rep las vueltas 1–2 del cuerpo. Remata, dejando un cabo suelto largo para coser.

Cose la cabeza al cuerpo.

SOMBRERO

Con el hilo C, 11 c.

Vuelta 1: 1 pb en la segunda c desde el ganchillo, 9 pb. Remata. *10 p*

Vuelta 2: Sin girar, empalma el hilo D al tercer p, 1 c (NO se cuenta como p en ninguna de las vueltas), 6 pb. Remata. *6 p*

Vuelta 3: Sin girar, empalma el hilo C al primer p, 1 c, 6 pb.

Vuelta 4: 1 c, gira, 6 pb.

Vuelta 5: Rep la vuelta 4. Remata, dejando un cabo suelto largo para coser.

Cose el sombrero al muñeco.

BUFANDA

Con el hilo D, 4 c.

Vuelta 1: 1 pb en la segunda c desde el ganchillo, 2 pb. *3 p*

Vuelta 2: 1 c, gira, 3 pb.

Vueltas 3–26: Rep la vuelta 2. Remata tras la vuelta 26, dejando un cabo suelto largo para coser.

Cose la bufanda al muñeco.

OJOS Y BOCA

Con el hilo C, borda un par de ojos y una boca al muñeco.

Cose la aplicación de muñeco de nieve al cuadrado.

Aplicación (p. 97)

Cuadrado con bola de nieve

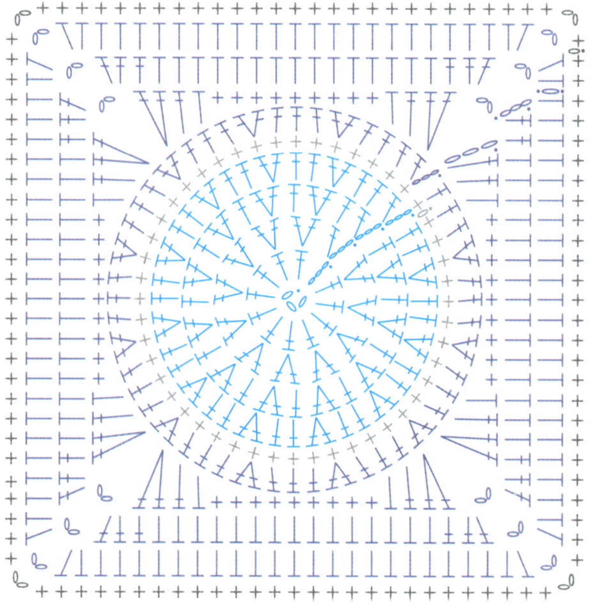

Con el hilo A, 3 c y 1 pr en la primera c para crear un anillo.

Vuelta 1: 3 c (se cuentan como primer pa en todas las vueltas), 11 pa en el centro del anillo, 1 pr en la tercera c de las 3 c iniciales. *12 p*

Vuelta 2: 3 c, 1 pa en el mismo p, 2 pa en el siguiente p 11 veces, 1 pr en la tercera c de las 3 c iniciales. *24 p*

Vuelta 3: 3 c, 1 pa en el mismo p, *1 pa, 2 pa en el siguiente p*, rep de * a * hasta que quede 1 p, 1 pa, 1 pr en la tercera c de las 3 c iniciales. *36 p*

Vuelta 4: 3 c, 1 pa en el mismo p, *2 pa, 2 pa en el siguiente p*, rep de * a * hasta que queden 2 p, 2 pa, 1 pr en la tercera c de las 3 c iniciales. Remata. *48 p*

Vuelta 5: Empalma el hilo B a cualquier p, 1 c (NO se cuenta como p en ninguna de las vueltas), 1 pb en cada p, 1 pr en el primer pb. Remata.

Vuelta 6: Empalma el hilo C a cualquier p, 3 c, 1 pa en el mismo p, *3 pa, 2 pa en el siguiente p*, rep de * a * hasta que queden 3 p, 3 pa, 1 pr en la tercera c de las 3 c iniciales. *60 p*

Vuelta 7: 5 c (se cuentan como primer pa y 2 c en todas las vueltas), 2 pa en el siguiente p, *1 pa, 1 mpa, 9 pb, 1 mpa, 1 pa, 2 pa en el siguiente p, 2 c, 2 pa en el siguiente p*, rep de * a * dos veces más, 1 pa, 1 mpa, 9 pb, 1 mpa, 1 pa, 1 pa en el p inicial, 1 pr en la tercera c de las 5 c iniciales. *17 p por lado, más esp de esquina de 2 c de aquí en adelante*

Vuelta 8: 1 pr en el esp de esquina de 2 c, 5 c, 2 pa en el mismo esp de esquina, *1 pa, 15 mpa, 1 pa, [2 pa, 2 c, 2 pa] en el esp de esquina*, rep de * a * dos veces más, 1 pa, 15 mpa, 1 pa, 1 pa en el esp de esquina inicial, 1 pr en la tercera c de las 5 c iniciales. *21 p por lado*

Vuelta 9: 1 pr en el esp de esquina de 2 c, 1 c (NO se cuenta como p en ninguna de las vueltas), *[2 mpa, 2 c, 2 mpa] en el esp de esquina, 21 mpa*, rep de * a * tres veces más, 1 pr en el primer mpa. Remata. *25 p por lado*

Vuelta 10: Empalma el hilo D a cualquier esp de esquina de 2 c, 1 c, *[1 pb, 2 c, 1 pb] en el esp de esquina, 25 pb*, rep de * a * tres veces más, 1 pr en el primer pb. Remata. *27 p por lado*

BASE DE LA BOLA

Con el hilo E, 20 c.

Vuelta 1: 1 pb en la segunda c desde el ganchillo, 18 pb. *19 p*

Vuelta 2: 2 c (NO se cuentan como p), gira, 2 pa juntos dos veces, 11 pa, 2 pa juntos dos veces. *15 p*

Vuelta 3: 2 c, gira, 2 pa juntos, 11 pa, 2 pa juntos. *13 p*

Vuelta 4: 1 c, gira, 13 pb. Remata, dejando un cabo suelto largo para coser.

Cose la base de la bola al cuadrado.

ÁRBOL

Con el hilo F, 2 c.

Vuelta 1: 3 pb en la segunda c desde el ganchillo. *3 p*

Vuelta 2: 1 c, gira, 1 mpa, 2 mpa en el siguiente p, 1 mpa. *4 p*

Vuelta 3: 1 c, gira, 2 pb en el siguiente p, 2 pb, 2 pb en el siguiente p. Remata. *6 p*

Vuelta 4: Gira y vuelve a empalmar el hilo F al tercer p, 1 c, 2 pb en el siguiente p dos veces. *4 p*

Vuelta 5: 1 c, gira, 2 mpa en el siguiente p, 2 mpa, 2 mpa en el siguiente p. Remata. *6 p*

Vuelta 6: Gira y vuelve a empalmar el hilo F al tercer p, 1 c, 2 pb. *2 p*

Vuelta 7: 1 c, gira, 2 pb. Remata, dejando un cabo suelto largo para coser.

Cose el árbol al cuadrado en el centro de la bola de nieve.

COPOS DE NIEVE

Con el hilo B, borda copos de nieve en la bola.

Aplicación (p. 97)

Animales

Cuadrado con cabeza de elefante

Con el hilo A, 3 c y 1 pr en la primera c para crear un anillo.

Vueltas 1–8: Sigue las vueltas 1–8 del cuadrado con cabeza de koala (pp. 162–163).

CABEZA

Con el hilo B, 3 c y 1 pr en la primera c para crear un anillo.

Vueltas 1–7: Sigue las vueltas 1–7 de la cabeza del koala. *36 p*

OREJAS (2)

Con el hilo C, 3 c y 1 pr en la primera c para crear un anillo.

Vueltas 1–4: Sigue las vueltas 1–4 de la cabeza del koala. *24 p*

Vuelta 5: Empalma el hilo B a cualquier p, 1 c, 1 pb en cada p, 1 pr en el primer pb. Remata, dejando un cabo suelto largo para coser.

Rep para hacer la segunda oreja y luego cose las dos orejas a la cabeza, una a cada lado.

TROMPA

Con el hilo B, 14 c.

Vuelta 1: 1 mpa en la segunda c desde el ganchillo, 2 mpa juntos dos veces, 1 mpa, 6 pa, 2 pad en la última c. Remata, dejando un cabo suelto largo para coser.

Cose la trompa a la cabeza como se muestra.

OJOS (2)

Con el hilo D, borda un par de ojos en la cabeza.

Cose la aplicación de cabeza de elefante al cuadrado.

Aplicación (p. 97)
Puntos en relieve por delante (p. 39)

Cuadrado con cabeza de koala

Con el hilo A, 3 c y 1 pr en la primera c para crear un anillo.

Vuelta 1: 5 c (se cuentan como primer pa y 2 c en todas las vueltas), *3 pa en el centro del anillo, 2 c*, rep de * a * dos veces más, 2 pa en el centro del anillo, 1 pr en la tercera c de las 5 c iniciales. *3 p por lado, con esp de esquina de 2 c en todas las vueltas*

Vuelta 2: 1 pr en el esp de esquina de 2 c, 5 c, 3 pa en el mismo esp de esquina, *1 c, [3 pa, 2 c, 3 pa] en el siguiente esp de esquina*, rep de * a * dos veces más, 1 c, 2 pa en el esp de esquina inicial, 1 pr en la tercera c de las 5 c iniciales. *7 p/esp-c por lado*

Vuelta 3: 1 pr en el esp de esquina de 2 c, 5 c, 3 pa en el mismo esp de esquina, *1 c, 3 pa en el siguiente esp-c, 1 c, [3 pa, 2 c, 3 pa] en el esp de esquina*, rep de * a * dos veces más, 1 c, 3 pa en el siguiente esp-c, 1 c, 2 pa en el esp de esquina inicial, 1 pr en la tercera c de las 5 c iniciales. *11 p/esp-c por lado*

Vuelta 4: 1 pr en el esp de esquina de 2 c, 5 c, 3 pa en el mismo esp de esquina, {1 c, *3 pa en el siguiente esp-c, 1 c*, rep de * a * hasta la siguiente esquina, [3 pa, 2 c, 3 pa] en el esp de esquina}, rep de { a } dos veces más, 1 c, rep de * a * hasta la siguiente esquina, 2 pa en el esp de esquina inicial, 1 pr en la tercera c de las 5 c iniciales. *15 p/esp-c por lado*

Vueltas 5–6: Rep la vuelta 4. *23 p/esp-c por lado tras la vuelta 6*

Vuelta 7: 1 pr en el esp de esquina de 2 c, 1 c (NO se cuenta como p en ninguna de las vueltas), {[1 mpa, 2 c, 1 mpa] en el esp de esquina, *3 mpa, 1 padrdel en el pa central de los 3 pa de la vuelta 5 justo debajo*, rep de * a * hasta que queden 3 p antes de la esquina, 3 mpa}, rep de { a } tres veces más, 1 pr en el primer mpa. *25 p por lado*

Vuelta 8: 1 pr en el esp de esquina de 2 c, 1 c, *[1 pb, 2 c, 1 pb], 25 pb*, rep de * a * tres veces más, 1 pr en el primer pb. Remata. *27 p por lado*

CABEZA

Con el hilo B, 3 c y 1 pr en la primera c para crear un anillo.

Vuelta 1: 1 c, 6 pb en el centro del anillo, 1 pr en el primer pb. *6 p*

Vuelta 2: 1 c, 2 pb en cada p, 1 pr en el primer pb. *12 p*

Vuelta 3: 1 c, *2 pb en el siguiente p, 1 pb*, rep de * a * cinco veces más, 1 pr en el primer pb. *18 p*

Vuelta 4: 1 c, *2 pb en el siguiente p, 2 pb*, rep de * a * cinco veces más, 1 pr en el primer pb. *24 p*

Vuelta 5: 1 c, *2 pb en el siguiente p, 3 pb*, rep de * a * cinco veces más, 1 pr en el primer pb. *30 p*

Vuelta 6: 1 c, *2 pb en el siguiente p, 4 pb*, rep de * a * cinco veces más, 1 pr en el primer pb. *36 p*

Vuelta 7: 1 c, 1 pb en cada p, 1 pr en el primer pb. Remata, dejando un cabo suelto largo para coser.

OREJAS (2)

Con el hilo C, 3 c y 1 pr en la primera c para crear un anillo.

Vueltas 1–3: Rep las vueltas 1–3 de la cabeza. Remata. *18 p*

Vuelta 4: Empalma el hilo B a cualquier p, 1 c, 5 pb, [1 pb, 2 c, 1 pb] en cada uno de los 8 p siguientes, 5 pb, 1 pr en el primer pb. Remata, dejando un cabo suelto largo para coser.

Rep para hacer la segunda oreja y luego cose las dos orejas a la cabeza, una a cada lado.

NARIZ

Con el hilo D, 4 c.

Vuelta 1: 1 pb en la segunda c desde el ganchillo, 1 pb en la siguiente c, 4 pb en la última c para girar en la esquina y, en el otro lado de la c, 1 pb, 3 pb en la c inicial, 1 pr en el primer pb. *10 p*

Vuelta 2: 1 c, 2 pb, [1 mpa, 1 pa] en el siguiente p, 2 mpa, [1 pa, 1 mpa] en el siguiente p, 2 pb, 2 pb en el siguiente p dos veces, 1 pr en el primer pb. Remata, dejando un cabo suelto largo para coser.

Cose la nariz a la cabeza.

OJOS

Con el hilo D, borda un par de ojos en la cabeza.

Cose la aplicación de cabeza de koala al cuadrado.

Aplicación (p. 97)
Puntos en relieve por delante (p. 39)

Cuadrado con cabeza de gato

Con el hilo A, 3 c y 1 pr en la primera c para crear un anillo.

Vuelta 1: 3 c (se cuentan como primer pa en todas las vueltas), 11 pa en el centro del anillo, 1 pr en la tercera c de las 3 c iniciales. *12 p*

Vuelta 2: 3 c, 1 pa en el mismo p, 2 pa en el siguiente p 11 veces, 1 pr en la tercera c de las 3 c iniciales. *24 p*

Vuelta 3: 3 c, 1 pa en el mismo p, *1 pa, 2 pa en el siguiente p*, rep de * a * hasta que quede 1 p, 1 pa, 1 pr en la tercera c de las 3 c iniciales. *36 p*

Vuelta 4: 3 c, 1 pa en el mismo p, *2 pa, 2 pa en el p sig*, rep de * a * hasta que queden 2 p, 2 pa, 1 pr en la tercera c de las 3 c iniciales. Remata. *48 p*

Vuelta 5: Empalma el hilo B a cualquier p, 3 c, 1 pa en el mismo p, *3 pa, 2 pa en el siguiente p*, rep de * a * hasta que queden 3 p, 3 pa, 1 pr en la tercera c de las 3 c iniciales. *60 p*

Vuelta 6: 5 c (se cuentan como primer pa y 2 c en todas las vueltas), 2 pa en el siguiente p, *1 pa, 1 mpa, 9 pb, 1 mpa, 1 pa, 2 pa en el siguiente p, 2 c, 2 pa en el siguiente p*, rep de * a * dos veces más, 1 pa, 1 mpa, 9 pb, 1 mpa, 1 pa, 1 pa en el p inicial, 1 pr en la tercera c de las 5 c iniciales. *17 p por lado, más esp de esquina de 2 c de aquí en adelante*

Vuelta 7: 1 pr en el esp de esquina de 2 c, 5 c, 2 pa en el mismo esp de esquina, *1 pa, 15 mpa, 1 pa, [2 pa, 2 c, 2 pa] en el esp de esquina*, rep desde * hasta * dos veces más, 1 pa, 15 mpa, 1 pa, 1 pa en el esp de esquina inicial, 1 pr en la tercera c de las 5 c iniciales. *21 p por lado*

Vuelta 8: 1 pr en el esp de esquina de 2 c, 1 c (NO se cuenta como p en ninguna de las vueltas), *[2 mpa, 2 c, 2 mpa] en el esp de esquina, 21 mpa*, rep de * a * tres veces más, 1 pr en el primer mpa. Remata. *25 p por lado*

Vuelta 9: Empalma el hilo C a cualquier esp de esquina de 2 c, 1 c, *[1 pb, 2 c, 1 pb] en el esp de esquina, 25 pbdet*, rep de * a * tres veces más, 1 pr en el primer pb. Remata. *27 p por lado*

OREJAS (2)

Con el hilo D, 4 c.

Vuelta 1: 1 pb en la segunda c desde el ganchillo, 1 pb, 4 pb en la última c para girar en la esquina y, por el otro lado de la c, 2 pb. Remata. *8 p*

Vuelta 2: Sin girar, empalma el hilo A al primer p, 1 c, 2 mpa en el mismo p, 1 mpa, 1 pb, [1 pb, 1 mpa, 1 pa] en el siguiente p, 1 piquito, [1 pa, 1 mpa, 1 pb] en el siguiente p, 1 pb, 1 mpa, 2 mpa en el siguiente p. Remata, dejando un cabo suelto largo para coser.

Rep para hacer la segunda oreja. Cose las orejas al cuadrado.

NARIZ

Con el hilo D, 2 c.

Vuelta 1: 2 pb en la segunda c desde el ganchillo. *2 p*

Vuelta 2: 1 c, gira, 2 pb en cada p hasta el final. Remata, dejando un cabo suelto largo para coser. *4 p*

Cose la nariz al cuadrado.

Con el hilo E, borda un par de ojos, los bigotes y una línea vertical debajo de la nariz.

Cuadrado con cabeza de perro

Con el hilo A, 3 c y 1 pr en la primera c para crear un anillo.

Vueltas 1–9: Sigue las vueltas 1–9 del cuadrado con cabeza de gato (p. 164).

OREJAS (2)

Con el hilo D, 12 c.

Vuelta 1: 1 pr en la segunda c desde el ganchillo, 5 pb, 1 mpa, 3 pa, 7 pa en la última c para girar en la esquina, y por el otro lado de la c, 1 pa, 2 mpa, 1 pb, 1 pr. Remata, dejando un cabo suelto largo para coser.

Rep para hacer la segunda oreja. Cose las orejas al cuadrado.

NARIZ

Con el hilo E, 3 c y 1 pr en la primera c para crear un anillo.

Vuelta 1: 1 c, 6 pb en el centro del anillo, 1 pr en el primer pb. Remata, dejando un cabo suelto largo para coser. *6 p*

Cose la nariz en el cuadrado.

Con el hilo E, borda un par de ojos y una línea vertical debajo de la nariz.

Aplicación (p. 97)

Puntos tejidos por detrás (p. 53)

Cuadrado con huellas de patas

Punto de tapiz
(p. 82)

Con el hilo A, 28 c.

Vuelta 1: 1 pb en la segunda c desde el ganchillo, 26 pb. *27 p*

1 c (NO se cuenta como p en ninguna de las vueltas), gira.

Vueltas 2–27: Sigue el gráfico.

Remata.

Vuelta 28: Con el derecho hacia ti, empalma el hilo C al primer p (arriba a la derecha del cuadrado), 1 c, [1 pb, 2 c, 1 pb] en el mismo p para hacer la primera esquina, 25 pb, [1 pb, 2 c, 1 pb] para hacer la segunda esquina, 25 pb hacia abajo (1 p en el lado de cada vuelta), [1 pb, 2 c, 1 pb] para hacer la tercera esquina, 25 pb, [1 pb, 2 c, 1 pb] para hacer la última esquina, 25 pb hacia arriba (1 p en el lado de cada vuelta), 1 pr en el primer pb. Remata. *27 p por lado, más esp de esquina de 2 c*

Hilo A Hilo B

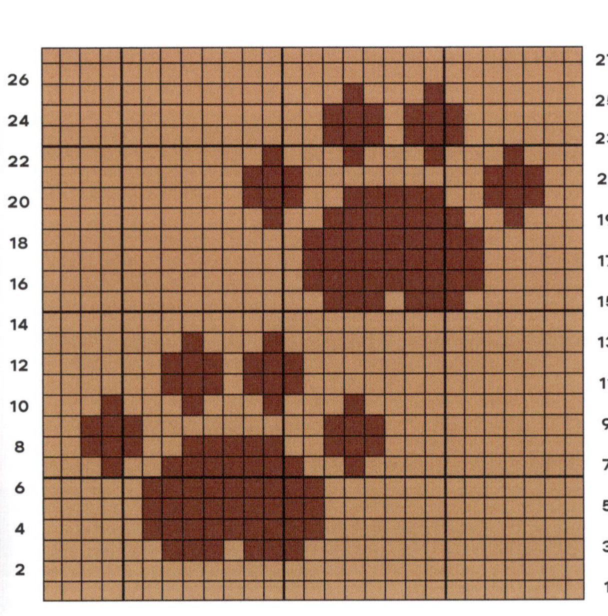

Cuadrado con huella de madroños

Con el hilo A, 26 c.

Vuelta 1: 1 pb en la segunda c desde el ganchillo, 24 pb. *25 p*

1 c (NO se cuenta como p en ninguna de las vueltas), gira.

Vueltas 2–25: Sigue el gráfico.

Remata.

Vuelta 26: Con el derecho hacia ti, empalma el hilo B al primer p (arriba a la derecha del cuadrado), 1 c, [1 pb, 2 c, 1 pb] en el mismo p para hacer la primera esquina, 23 pb, [1 pb, 2 c, 1 pb] para hacer la segunda esquina, 23 pb hacia abajo (1 p en el lado de cada vuelta), [1 pb, 2 c, 1 pb] para hacer la tercera esquina, 23 pb, [1 pb, 2 c, 1 pb] para hacer la última esquina, 23 pb hacia arriba (1 p en el lado de cada vuelta), 1 pr en el primer pb. Remata. *25 p por lado, más esp de esquina de 2 de aquí en adelante*

Vuelta 27: Sin girar, empalma el hilo A a cualquier esp de esquina de 2 c, 1 c, *[1 pb, 2 c, 1 pb] en el esp de esquina, 1 pb en cada p hasta la siguiente esquina*, rep de * a * tres veces más, 1 pr en el primer pb. Remata. *27 p por lado*

Punto de madroño
(p. 55)

☐ Punto bajo ■ Madroño

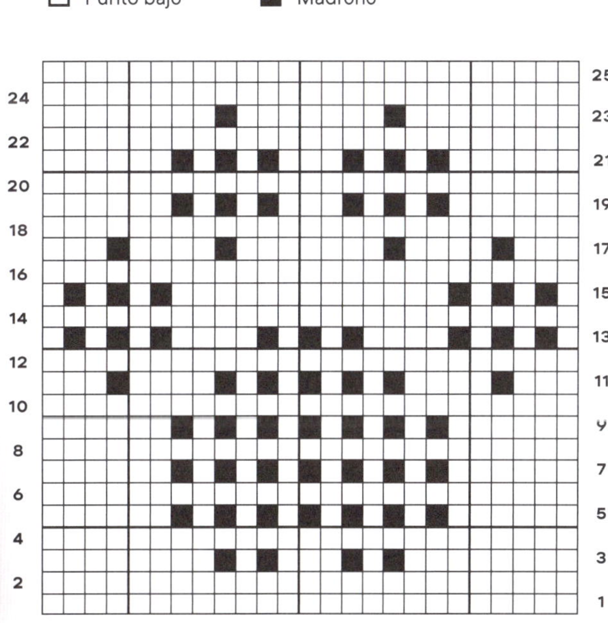

Cuadrado con cisne

Con el hilo A, 26 c.

Vuelta 1: 1 pb en la segunda c desde el ganchillo, 24 pb. *25 p*

1 c (NO se cuenta como p en ninguna de las vueltas), gira.

Vueltas 2–25: Sigue el gráfico.

Continúa con el hilo A.

Vuelta 26: 1 c, gira, [1 pb, 2 c, 1 pb] en el mismo p para hacer la primera esquina, 23 pb, [1 pb, 2 c, 1 pb] para la hacer la segunda esquina, 23 pb hacia abajo (1 p en el lado de cada vuelta), [1 pb, 2 c, 1 pb] para hacer la tercera esquina, 23 pb, [1 pb, 2 c, 1 pb] para hacer la última esquina, 23 pb hacia arriba (1 p en el lado de cada vuelta), 1 pr en el primer pb. *25 p por lado, más esp de esquina de 2 c de aquí en adelante*

Vuelta 27: 1 c, gira, *25 pb, [1 pb, 2 c, 1 pb] en el esp de esquina*, rep de * a * tres veces más, 1 pr en el primer pb. Remata. *27 p por lado*

Punto de tapiz
(p. 82)

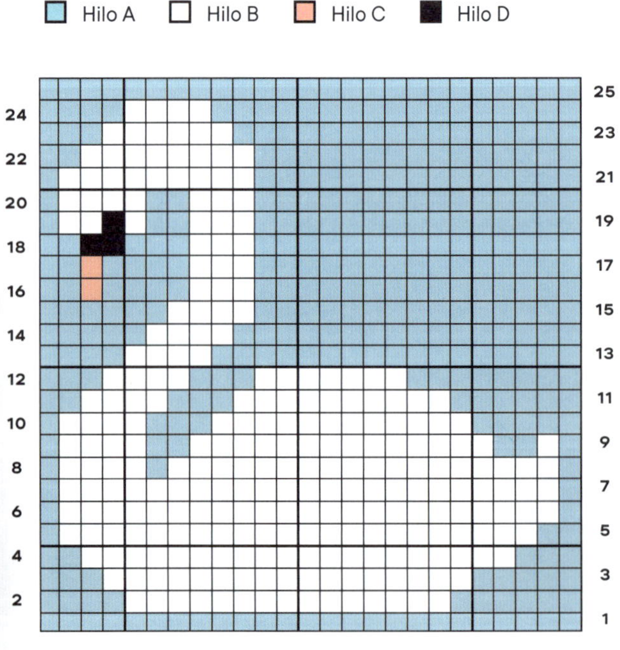

Cuadrado con flamenco

Con el hilo A, 28 c.

Vuelta 1: 1 pb en la segunda c desde el ganchillo, 26 pb. *27 p*

1 c (NO se cuenta como p en ninguna de las vueltas), gira.

Vueltas 2–27: Sigue el gráfico.

Remata.

Vuelta 28: Sin girar, empalma el hilo E al primer p, 1 c, [1 pb, 2 c, 1 pb] en el mismo p para hacer la primera esquina, 25 pb, [1 pb, 2 c, 1 pb] para hacer la segunda esquina, 25 pb hacia abajo (1 p en el lado de cada vuelta), [1 pb, 2 c, 1 pb] para hacer la tercera esquina, 25 pb, [1 pb, 2 c, 1 pb] para hacer la última esquina, 25 pb arriba (1 p en el lado de cada vuelta), 1 pr en el primer pb. Remata. *27 p por lado, más esp de esquina de 2 c*

ALA

Con el hilo C, 3 c y 1 pr en la primera c para crear un anillo.

Vuelta 1: 1 c, 6 pb en el centro del anillo, 1 pr en el primer pb. *6 p*

Vuelta 2: 1 c, 2 pb en el siguiente p cuatro veces, [1 mpa, 1 pa, 1 pad] en el siguiente p, 1 piquito, [1 pad, 1 pa, 1 mpa] en el siguiente p, 1 pr en el primer pb. Remata, dejando un cabo suelto largo para coser.

Coloca el ala sobre el flamenco y cósela en su lugar.

Punto de tapiz (p. 82)
Aplicación (p. 97)
Piquito (p 97)

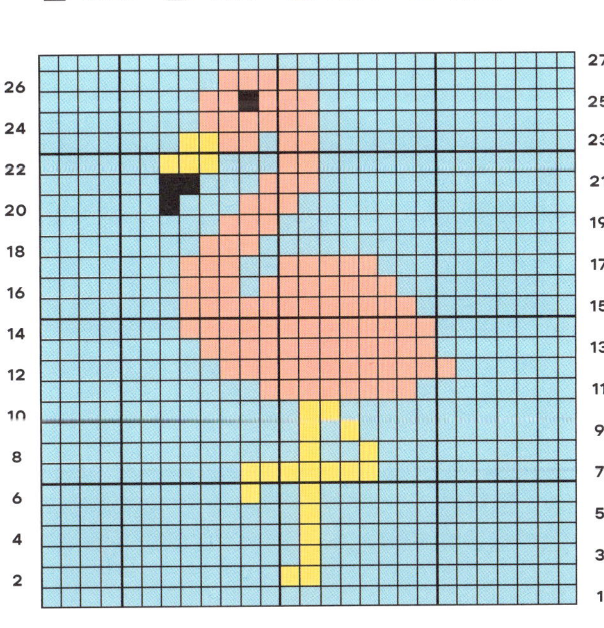

Cuadrado de cara de vaca

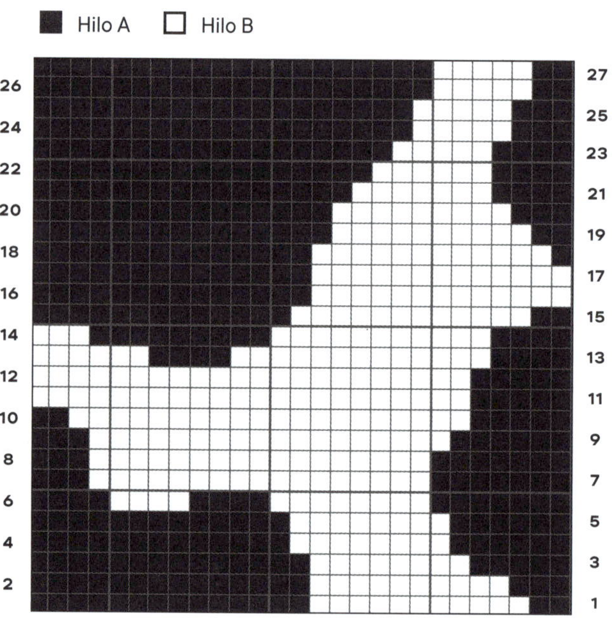

Con el hilo A, 28 c.

Vuelta 1: 1 pb en la segunda c desde el ganchillo, 1 pb con el hilo A; 11 pb con el hilo B; 14 pb con el hilo A. *27 p*

1 c (NO se cuenta como p en ninguna de las vueltas), gira.

Vueltas 2–27: Sigue el gráfico.

Remata los dos hilos.

Vuelta 26: Con el derecho hacia ti, vuelve a empalmar el hilo A al primer p (arriba a la derecha del cuadrado), 1 c, [1 pb, 2 c, 1 pb] en el mismo p para hacer la primera esquina, 25 pb, [1 pb, 2 c, 1 pb] para hacer la segunda esquina, 25 pb hacia abajo (1 p en el lado de cada vuelta), [1 pb, 2 c, 1 pb] para hacer la tercera esquina, 25 pb, [1 pb, 2 c, 1 pb] para hacer la última esquina, 25 pb hacia arriba (1 p en el lado de cada vuelta), 1 pr en el primer pb. Remata. *27 p por lado, más esp de esquina de 2 c*

HOCICO

Con el hilo C, 11 c.

Vueltas 1–2: Sigue las vueltas 1–2 del hocico del cuadrado de cara de caballo (p. 172).

Con el hilo A, borda un par de orificios nasales en el hocico.

Cose el hocico en el cuadrado.

OJOS (2)

BLANCO

Con el hilo B, 6 c.

Vuelta 1: 1 mpa en la segunda c desde el ganchillo, 3 pa, 5 mpa en la última c para girar en la esquina, y por el otro lado de la c inicial, 3 pa, 4 mpa en la c inicial, 1 pr en el primer mpa. Remata, dejando un cabo suelto largo para coser. *16 p*

PUPILA

Con el hilo A, 3 c y 1 pr en la primera c para crear un anillo.

Vuelta 1: Sigue la vuelta 1 de los ojos del caballo. Remata, dejando un cabo suelto largo para coser.

Cose la pupila sobre el blanco del ojo. Rep para hacer el segundo ojo.

Cose los ojos en el cuadrado.

OREJAS (2)

Con el hilo C, 6 c.

Vuelta 1: Sigue la vuelta 1 de las orejas del caballo.

Vuelta 2: Sin girar, empalma el hilo B al primer p y sigue la vuelta 2 de las orejas del caballo.

Rep para hacer la segunda oreja y luego cose las dos orejas en el cuadrado.

CUERNOS (2)

Con el hilo D, 6 c.

Vuelta 1: Sigue la vuelta 1 de las orejas del caballo. Remata, dejando un cabo suelto largo para coser.

Rep para hacer el segundo cuerno y luego cose los dos cuernos en el cuadrado.

Punto de tapiz (p. 82)
Aplicación (p. 97)
Piquito (p. 97)

Cuadrado de cara de caballo

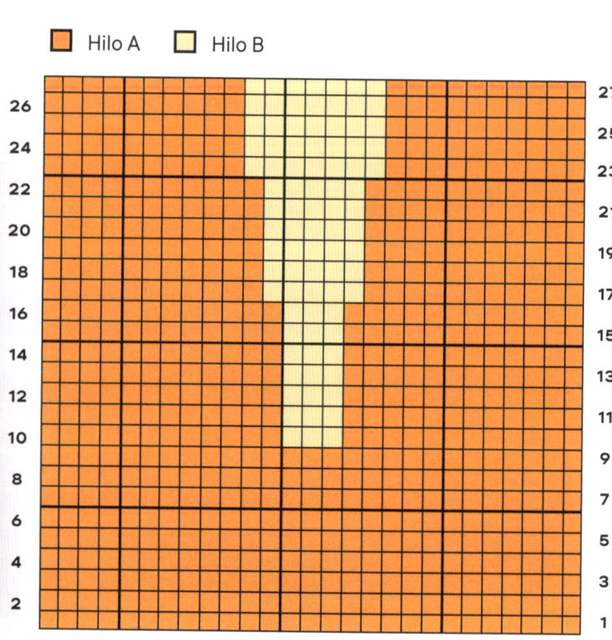

Con el hilo A, 28 c.

Vuelta 1: 1 pb en la segunda c desde el ganchillo, 26 pb. *27 p*

1 c (NO se cuenta como p en ninguna de las vueltas), gira.

Vueltas 2–27: Sigue el gráfico.

Remata los dos hilos.

Vuelta 26: Con el derecho hacia ti, empalma el hilo C al primer p (arriba a la derecha del cuadrado), 1 c, [1 pb, 2 c, 1 pb] en el mismo p para hacer la primera esquina, 25 pb, [1 pb, 2 c, 1 pb] para hacer la segunda esquina, 25 pb hacia abajo (1 p en el lado de cada vuelta), [1 pb, 2 c, 1 pb] para hacer la tercera esquina, 25 pb, [1 pb, 2 c, 1 pb] para hacer la última esquina, 25 pb hacia arriba (1 p en el lado de cada vuelta), 1 pr en el primer pb. Remata. *27 p por lado, más esp de esquina de 2 c*

HOCICO

Con el hilo B, 11 c.

Vuelta 1: 1 pa en la cuarta c desde el ganchillo, 6 pa, 7 pa en la última c para girar en la esquina, y por el otro lado de la c, 6 pa, 5 pa en las c iniciales, 1 pr en la tercera c de las 3 c iniciales. *26 p (las 3 c iniciales se cuentan como un p)*

Vuelta 2: 3 c (se cuentan como primer pa en todas las vueltas), 1 pa en el mismo p, 8 pa, 2 pa en el siguiente p cinco veces, 8 pa, 2 pa en el siguiente p cuatro veces, 1 pr en la tercera c de las 3 c iniciales. Remata, dejando un cabo suelto largo para coser.

Con el hilo C, borda un par de orificios nasales en el hocico.

Cose el hocico al cuadrado.

OJOS (2)

Con el hilo D, 3 c y 1 pr en la primera c para crear un anillo.

Vuelta 1: 1 c, 6 pb en el centro del anillo, 1 pr en el primer pb. Remata, dejando un cabo suelto largo para coser. *6 p*

Rep para hacer el segundo ojo y luego cose los ojos al cuadrado.

OREJAS (2)

Con el hilo C, 6 c.

Vuelta 1: 1 pb en la segunda c desde el ganchillo, 3 pb, 4 pb en la última c para girar en la esquina, y por el otro lado de la c, 4 pb. Remata. *12 p*

Vuelta 2: Sin girar, empalma el hilo A al primer p, 1 c, 2 pb, 3 mpa, 2 pa en el siguiente p, 1 piquito, 2 pa en el siguiente p, 3 mpa, 2 pb. Remata, dejando un cabo suelto largo para coser.

Rep para hacer la segunda oreja y luego cose las dos orejas al cuadrado.

FLEQUILLO (4)

Con el hilo C, 11 c.

Vuelta 1: 1 pb en la segunda c desde el ganchillo, 2 pb, 7 mpa. Remata, dejando un cabo suelto para coser.

Rep para hacer otras tres piezas del flequillo y luego cose las cuatro piezas al cuadrado.

Punto de tapiz (p. 82)
Aplicación (p. 97)
Piquito (p. 97)

Cuadrado de cara de búho

Con el hilo A, 3 c y 1 pr en la primera c para crear un anillo.

Vuelta 1: 3 c (se cuentan como primer pa en todas las vueltas), 11 pa en el centro del anillo, 1 pr en la tercera c de las 3 c iniciales. *12 p*

Vuelta 2: 3 c, 1 pa en el mismo p, 2 pa en el siguiente p 11 veces, 1 pr en la tercera c de las 3 c iniciales. *24 p*

Vuelta 3: 3 c, 1 pa en el mismo p, *1 pa, 2 pa en el siguiente p*, rep de * a * hasta que quede 1 p, 1 pa, 1 pr en la tercera c de las 3 c iniciales. *36 p*

Vuelta 4: 3 c, 1 pa en el mismo p, *2 pa, 2 pa en el siguiente p*, rep de * a * hasta que queden 2 p, 2 pa, 1 pr en la tercera c de las 3 c iniciales. *48 p*

Vuelta 5: 2 c (NO se cuentan como p), 1 r en el mismo p, *2 c, salta 1 p, 1 r en el siguiente p*, rep de * a * 22 veces más, 2 c, 1 pr en el primer r. Remata. *24 r y 24 esp de esquina de 2 c*

Vuelta 6: Empalma el hilo B a cualquier esp de esquina de 2 c, 6 c (se cuentan como primer pad más 2 c), 3 pad en el mismo esp-c, {*3 pa en el siguiente esp-c, 3 mpa en el siguiente esp-c, 3 pb en el siguiente esp-c, 3 mpa en el siguiente esp-c, 3 pa en el siguiente esp-c*, [3 pad, 2 c, 3 pad] en el siguiente esp-c}, rep de { a } dos veces más, rep de * a * una vez más, 2 pad en el esp-c inicial, 1 pr en la cuarta c de las 6 c iniciales. *21 p por lado, más esp de esquina de 2 c de aquí en adelante*

Vuelta 7: 1 pr en el esp de esquina de 2 c, 1 c (NO se cuenta como p en ninguna de las vueltas), [1 mpa, 2 c, 2 mpa] en el esp de esquina, *1 mpa en cada p hasta la siguiente esquina, [2 mpa, 2 c, 2 mpa] en el esp de esquina*, rep de * a * dos veces más, 1 mpa en cada p hasta la esquina, 1 mpa en el esp de esquina inicial, 1 pr en el primer mpa. Remata. *25 p por lado*

Vuelta 8: Empalma el hilo C a cualquier esp de esquina de 2 c, 1 c, *[1 pb, 2 c, 1 pb] en el esp de esquina, 1 pb en cada p hasta la siguiente esquina*, rep de * a * tres veces más, 1 pr en el primer pb. Remata. *27 p por lado*

OJOS (2)

Con el hilo D, 3 c y 1 pr en la primera c para crear un anillo.

Vuelta 1: 1 c, 6 pb en el centro del anillo, 1 pr en el primer pb. Remata. *6 p*

Vuelta 2: Empalma el hilo A a cualquier p, 1 c, 2 pb en cada p, 1 pr en el primer pb. *12 p*

Vuelta 3: 1 c, *2 pb en el siguiente p, 1 pb*, rep de * a * cinco veces más, 1 pr en el primer pb. *18 p*

Vuelta 4: 1 c, *2 pb en el siguiente p, 2 pb*, rep de * a * cinco veces más, 1 pr en el primer pb. *24 p*

Vuelta 5: 1 c, *2 pb en el siguiente p, 3 pb*, rep de * a * cinco veces más, 1 pr en el primer pb. Remata, dejando un cabo suelto largo para coser. *30 p*

Vuelta 6: Empalma el hilo C a cualquier p, 1 c, 1 pb en cada p, 1 pr en el primer pb. Remata.

Rep para hacer el segundo ojo y luego cose los ojos al cuadrado.

PICO

Con el hilo E, 7 c.

Vueltas 1–5: Sigue las vueltas 1–5 del pico del cuadrado de cara de pingüino (p. 177).

Cose el pico al cuadrado.

Aplicación (p. 97)
Punto de racimo (p. 67)

Cuadrado de cara de pingüino

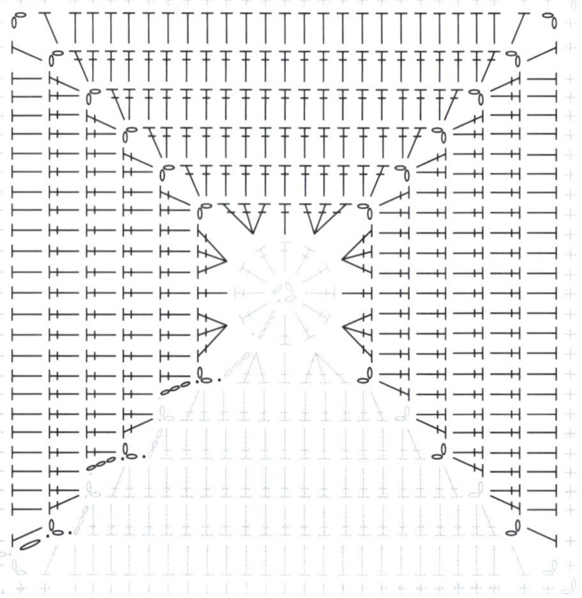

Con el hilo A, 3 c y 1 pr en la primera c para crear un anillo.

Vuelta 1: 3 c (se cuentan como primer pa en todas las vueltas), 11 pa en el centro del anillo, 1 pr en la tercera c de las 3 c iniciales. *12 p*

Vuelta 2: 3 c, 2 pa en el mismo p, 1 pa, 3 pa en el siguiente p con el hilo A; *2 c, 3 pa en el siguiente p, 1 pa, 3 pa en el siguiente p*, rep de * a * dos veces más, 2 c, 1 pr en la tercera c de las 3 c iniciales con el hilo B. *7 p por lado, más esp de esquina de 2 c de aquí en adelante*

Vuelta 3: Gira, 1 pr en el esp de esquina de 2 c, 3 c, 1 pa en el mismo esp de esquina, *1 pa en cada p hasta la siguiente esquina, [2 pa, 2 c, 2 pa] en el esp de esquina*, rep de * a * una vez más, 1 pa en cada p hasta la siguiente esquina, 2 pa en el esp de esquina con el hilo B; 2 c, 2 pa en el mismo esp de esquina, 1 pa en cada p hasta la siguiente esquina, 2 pa en el esp de esquina inicial, 2 c, 1 pr en la tercera c de las 3 c iniciales con el hilo A. *11 p por lado*

Vuelta 4: Gira, 1 pr en el esp de esquina de 2 c, 3 c, 1 pa en el mismo esp de esquina, 1 pa en cada p hasta la siguiente esquina, 2 pa en el esp de esquina con el hilo A; 2 c, 2 pa en el mismo esp de esquina, *1 pa en cada p hasta la siguiente esquina, [2 pa, 2 c, 2 pa] en el esp de esquina*, rep de * a * una vez más, 1 pa en cada p hasta la siguiente esquina, 2 pa en el esp de esquina inicial, 2 c, 1 pr en la tercera c de las 3 c iniciales con el hilo B. *15 p por lado*

Vuelta 5: Rep la vuelta 3. *19 p por lado*

Vuelta 6: Rep la vuelta 4. *23 p por lado*

Vuelta 7: Gira, 1 pr en el esp de esquina de 2 c, 1 c (NO se cuenta como p en ninguna de las vueltas), 1 mpa en el mismo esp de esquina, *1 mpa en cada p hasta la siguiente esquina, [1 mpa, 2 c, 1 mpa] en el esp de esquina*, rep de * a * una vez más, 1 mpa en cada p hasta la siguiente esquina, 1 mpa en el esp de esquina con el hilo B; 2 c, 1 mpa en el mismo esp de esquina, 1 mpa en cada p hasta la siguiente esquina, 1 mpa en el esp de esquina inicial, 2 c, 1 pr en el primer mpa con el hilo A. Remata el hilo B. *25 p por lado*

Continúa con el hilo A.

Vuelta 8: Gira, 1 pr en el esp de esquina de 2 c, 1 c, *[1 pb, 2 c, 1 pb] en el esp de esquina, 1 pb en cada p hasta la siguiente esquina*, rep de * a * tres veces más, 1 pr en el primer pb. Remata. *27 p por lado*

CÍRCULO DE LOS OJOS (2)

Con el hilo B, 3 c y 1 pr en la primera c para crear un anillo.

Vuelta 1: 3 c, 11 pa en el centro del anillo, 1 pr en la tercera c de las 3 c iniciales. *12 p*

Vuelta 2: 3 c, 1 pa en el mismo p, 2 pa en el siguiente p 11 veces, 1 pr en la tercera c de las 3 c iniciales. *24 p*

Vuelta 3: 1 c, *2 mpa en el siguiente p, 1 mpa*, rep de * a * 11 veces más, 1 pr en el primer mpa. Remata, dejando un cabo suelto largo para coser. *36 p*

Rep para hacer un segundo círculo y luego cose los dos círculos al cuadrado.

OJOS (2)

Con el hilo A, 3 c y 1 pr en la primera c para crear un anillo.

Vuelta 1: 1 c, 6 pb en el centro del anillo, 1 pr en el primer pb. Remata, dejando un cabo suelto largo para coser.

Rep para hacer el segundo ojo y luego cose los ojos al cuadrado sobre los círculos de hilo B.

PICO

Con el hilo C, 7 c.

Vuelta 1: 1 pb en la segunda c desde el ganchillo, 5 pb. *6 p*

Vuelta 2: 1 c, gira, 1 pb, 2 pb juntos, 3 pb. *5 p*

Vuelta 3: 1 c, gira, 1 pb, 2 pb juntos, 2 pb. *4 p*

Vuelta 4: 1 c, gira, 2 pb juntos dos veces. *2 p*

Vuelta 5: 1 c, gira, 2 pb juntos. Remata, dejando un cabo suelto largo para coser.

Cose el pico al cuadrado.

Aplicación (p. 97)

Cuadrado con cabeza de osito

Con el hilo A, 3 c y 1 pr en la primera c para crear un anillo.

Vuelta 1: 3 c (se cuentan como primer pa en todas las vueltas), 11 pa en el centro del anillo, 1 pr en la tercera c de las 3 c iniciales. *12 p*

Vuelta 2: 3 c, 1 pa en el mismo p, 2 pa en el siguiente p 11 veces, 1 pr en la tercera c de las 3 c iniciales. *24 p*

Vuelta 3: 3 c, 1 pa en el mismo p, *1 pa, 2 pa en el p siguiente*, rep de * a * hasta que quede 1 p, 1 pa, 1 pr en la tercera c de las 3 c iniciales. *36 p*

Vuelta 4: 3 c, 1 pa en el mismo p, *2 pa, 2 pa en el siguiente p*, rep de * a * hasta que queden 2 p, 2 pa, 1 pr en la tercera c de las 3 c iniciales. Remata. *48 p*

Vuelta 5: Empalma el hilo B a la hebra posterior de cualquier p, 3 c, y trabajando por detrás, 1 pa en el mismo p, *3 pa, 2 pa en el siguiente p*, rep de * a * hasta que queden 3 p, 3 pa, 1 pr en la tercera c de las 3 c iniciales. *60 p*

Vuelta 6: 5 c (se cuentan como primer pa y 2 c en todas las vueltas), 2 pa en el siguiente p, *1 pa, 1 mpa, 9 pb, 1 mpa, 1 pa, 2 pa en el siguiente p, 2 c, 2 pa en el siguiente p*, rep de * a * dos veces más, 1 pa, 1 mpa, 9 pb, 1 mpa, 1 pa, 1 pa en el p inicial, 1 pr en la tercera c de las 5 c iniciales. *17 p por lado, más esp de esquina de 2 c de aquí en adelante*

Vuelta 7: 1 pr en el esp de esquina de 2 c, 5 c, 2 pa en el mismo esp de esquina, *1 pa, 15 mpa, 1 pa, [2 pa, 2 c, 2 pa] en el esp de esquina*, rep de * a * dos veces más, 1 pa, 15 mpa, 1 pa, 1 pa en el esp de esquina inicial, 1 pr en la tercera c de las 5 c iniciales. *21 p por lado*

Vuelta 8: 1 pr en el esp de esquina de 2 c, 1 c (NO se cuenta como p en ninguna de las vueltas), *[2 mpa, 2 c, 2 mpa] en el esp de esquina, 21 mpa*, rep de * a * tres veces más, 1 pr en el primer mpa. Remata. *25 p por lado*

Vuelta 9: Empalma el hilo C a cualquier esp de esquina de 2 c, 1 c, *[1 pb, 2 c, 1 pb] en el esp de esquina, 25 pb*, rep de * a * tres veces más, 1 pr en el primer pb. Remata. *27 p por lado*

BORDE DE LA CARA Y OREJAS

Vuelve a empalmar el hilo A a una lazada anterior no trabajada de la vuelta 4 cerca de cualquier esquina, y tejiendo por delante, 1 c, 12 pb, 9 pad en el siguiente p, salta 1 p, 1 pr en el siguiente p, 30 pb, 1 pr en el siguiente p, salta 1 p, 9 pad en el siguiente p, 1 pr en el primer pb. Remata.

HOCICO

Con el hilo D, 3 c y 1 pr en la primera c para crear un anillo.

Vueltas 1–2: Rep las vueltas 1–2 del cuadrado. Remata, dejando un cabo suelto largo para coser.

Cose el hocico al cuadrado.

NARIZ

Con el hilo E, 3 c y 1 pr en la primera c para crear un anillo.

Vuelta 1: 1 c, 6 pb en el centro del anillo, 1 pr en el primer pb. Remata, dejando un cabo suelto largo para coser. *6 p*

Cose la nariz al cuadrado cerca de la parte superior central del hocico.

Con el hilo E, borda un par de ojos a tu osito.

Aplicación (p. 97)
Puntos tejidos por detrás (p. 53)
Puntos tejidos por delante (p. 107)

Cuadrado con cabeza de mono

Con el hilo A, 3 c y 1 pr en la primera c para crear un anillo.

Vueltas 1–8: Sigue las vueltas 1–8 del cuadrado con cabeza de león (pp. 182–183).

CABEZA

Con el hilo B, 3 c y 1 pr en la primera c para crear un anillo.

Vueltas 1–6: Sigue las vueltas 1–6 de la melena del león. *36 p*

Vuelta 7: 1 c, 1 pb en cada p, 1 pr en el primer pb. Remata, dejando un cabo suelto largo para coser.

CARA

Con el hilo C, 3 c y 1 pr en la primera c para crear un anillo.

Vueltas 1–4: Sigue las vueltas 1–4 de la melena del león. *24 p*

Vuelta 5: 1 c, 9 pb, salta 1 p, 7 pa en el siguiente p, salta 1 p, 1 pr en el siguiente p, salta 1 p, 7 pa en el siguiente p, salta 1 p, 8 pb, 1 pr en el primer pb. Remata, dejando un cabo suelto largo para coser.

Cose la cara en el centro de la cabeza.

HOCICO

Con el hilo C, 6 c.

Vuelta 1: 1 pb en la segunda c desde el ganchillo, 3 pb, 4 pb en la última c para girar en la esquina, y por el otro lado de la c, 3 pb, 3 pb en las c iniciales, 1 pr en el primer pb. *14 p*

Vuelta 2: 1 c, 2 mpa en el siguiente p, 3 mpa, 2 mpa en el siguiente p cuatro veces, 3 mpa, 2 mpa en el siguiente p tres veces, 1 pr en el primer mpa. *22 p*

Vuelta 3: 1 c, 7 mpa, 2 mpa en el siguiente p cuatro veces, 7 mpa, 2 mpa en el siguiente p cuatro veces, 1 pr en el primer mpa. Remata, dejando un cabo suelto largo para coser. *30 p*

Cose el hocico a la cabeza horizontalmente en la parte inferior de la cara.

NARIZ

Con el hilo D, 3 c y 1 pr en la primera c para crear un anillo.

Vuelta 1: 1 c, 6 pb en el centro del anillo, 1 pr en el primer pb. Remata, dejando un cabo suelto largo para coser. *6 p*

Cose la nariz en la cara, en la parte superior del hocico.

OJOS (2)

Con el hilo D, borda un par de ojos en la cara.

OREJAS (2)

Con el hilo C, 3 c y 1 pr en la primera c para crear un anillo.

Vueltas 1–3: Sigue las vueltas 1–3 de la melena del león. Remata. *18 p*

Vuelta 4: Empalma el hilo B a cualquier p, 1 c, 1 pb en cada p, 1 pr en el primer pb. Remata, dejando un cabo suelto largo para coser. *18 p*

Rep para hacer la segunda oreja y luego cose las dos orejas a la cabeza, una a cada lado.

Cose la aplicación de cabeza de mono al cuadrado.

Aplicación (p. 97)
Punto de madroño (p. 55)

Cuadrado con cabeza de león

Con el hilo A, 3 c y 1 pr en la primera c para crear un anillo.

Vuelta 1: 5 c (se cuentan como primer pa y 2 c en todas las vueltas), *3 pa en el centro del anillo, 2 c*, rep de * a * dos veces más, 2 pa en el centro del anillo, 1 pr en la tercera c de las 5 c iniciales. *3 p por lado, con esp de esquina de 2 c en todas las vueltas*

Vuelta 2: 1 pr en el esp de esquina de 2 c, 5 c, 2 pa en el mismo esp de esquina, *1 pa en cada p hasta la siguiente esquina, [2 pa, 2 c, 2 pa] en el esp de esquina*, rep de * a * dos veces más, 1 pa en cada p rest, 1 pa en el esp de esquina inicial, 1 pr en la tercera c de las 5 c iniciales. *7 p por lado*

Vueltas 3–6: Rep la vuelta 2. *23 p por lado tras la vuelta 6*

Vuelta 7: 1 pr en el esp de esquina de 2 c, 1 c (NO se cuenta como p en ninguna de las vueltas), gira, {[1 pb, 2 c, 1 pb] en el esp de esquina, *1 m, 2 pb*, rep de * a * seis veces más, 1 m, 1 pb}, rep de { a } tres veces más, 1 pr en el primer pb. *25 p por lado*

Vuelta 8: 1 pr en el esp de esquina de 2 c, 1 c, gira, *[1 pb, 2 c, 1 pb] en el esp de esquina, 25 pb*, rep de * a * tres veces más, 1 pr en el primer pb. Remata. *27 p por lado*

MELENA

Con el hilo B, 3 c y 1 pr en la primera c para crear un anillo.

Vuelta 1: 1 c, 6 pb en el centro del anillo, 1 pr en el primer pb. *6 p*

Vuelta 2: 1 c, 2 pb en cada p, 1 pr en el primer pb. *12 p*

Vuelta 3: 1 c, *2 pb en el siguiente p, 1 pb*, rep de * a * cinco veces más, 1 pr en el primer pb. *18 p*

Vuelta 4: 1 c, *2 pb en el siguiente p, 2 pb*, rep de * a * cinco veces más, 1 pr en el primer pb. *24 p*

Vuelta 5: 1 c, *2 pb en el siguiente p, 3 pb*, rep de * a * cinco veces más, 1 pr en el primer pb. *30 p*

Vuelta 6: 1 c, *2 pb en el siguiente p, 4 pb*, rep de * a * cinco veces más, 1 pr en el primer pb. *36 p*

Vuelta 7: 1 c, *2 pb en el siguiente p, 5 pb*, rep de * a * cinco veces más, 1 pr en el primer pb. *42 p*

Vuelta 8: 1 c, 1 pb en cada p, 1 pr en el primer pb.

Vuelta 9: 1 c (se cuenta como primer pr), *salta 1 p, 7 pa en el siguiente p, salta 1 p, 1 pr en el siguiente p*, rep de * a * ocho veces más, salta 2 p, 7 pa en el siguiente p, 1 pr en la c inicial. Remata, dejando un cabo suelto largo para coser.

CARA

Con el hilo C, 3 c y 1 pr en la primera c para crear un anillo.

Vueltas 1–6: Rep las vueltas 1–6 de la melena. *36 p*

Vuelta 7: 1 c, 13 pb, 6 mpa en el siguiente p, 10 pb, 6 mpa en el siguiente p, 11 pb, 1 pr en el primer pb. Remata, dejando un cabo suelto largo para coser.

Cose la cara en el centro de la melena.

HOCICO

Con el hilo D, 5 c.

Vuelta 1: 1 pb en la segunda c desde el ganchillo, 2 pb, 4 pb en la última c para girar en la esquina, y por el otro lado de la c, 2 pb, 3 pb en las c iniciales, 1 pr en el primer pb. *12 p*

Vuelta 2: 1 c, 1 pb, 2 mpa, 1 pb, 2 pb en el siguiente p dos veces, 1 pb, 2 mpa, 1 pb, 2 pb en el siguiente p dos veces, 1 pr en el primer pb. Remata, dejando un cabo suelto largo para coser. *16 p*

Cose el hocico en la cara horizontalmente, cerca de la parte inferior.

NARIZ Y OJOS

Con el hilo E, borda una nariz en el hocico y un par de ojos en la cara.

Cose la aplicación de cabeza de león al cuadrado.

Aplicación (p. 97)
Punto de madroño (p. 55)

Cuadrado con pulpo

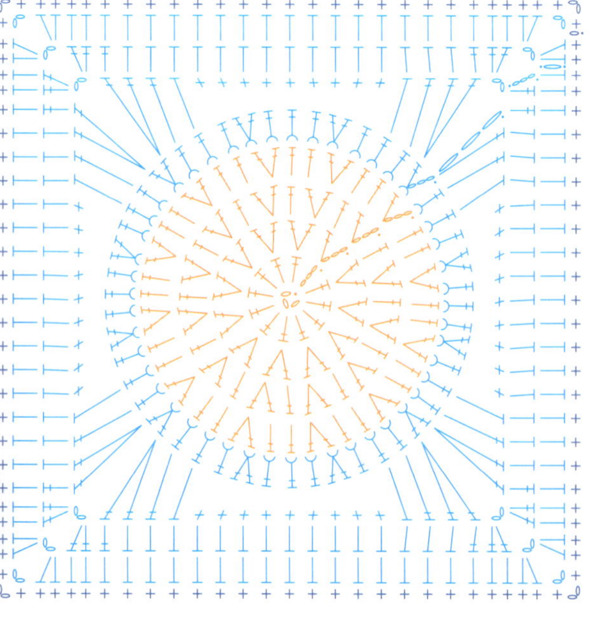

Con el hilo A, 3 c y 1 pr en la primera c para crear un anillo.

Vuelta 1: 3 c (se cuentan como primer pa en todas las vueltas), 11 pa en el centro del anillo, 1 pr en la tercera c de las 3 c iniciales. *12 p*

Vuelta 2: 3 c, 1 pa en el mismo p, 2 pa en el siguiente p 11 veces, 1 pr en la tercera c de las 3 c iniciales. *24 p*

Vuelta 3: 3 c, 1 pa en el mismo p, *1 pa, 2 pa en el siguiente p*, rep de * a * hasta que quede 1 p, 1 pa, 1 pr en la tercera c de las 3 c iniciales. *36 p*

Vuelta 4: 3 c, 1 pa en el mismo p, *2 pa, 2 pa en el siguiente p*, rep de * a * hasta que queden 2 p, 2 pa, 1 pr en la tercera c de las 3 c iniciales. Remata. *48 p*

Vuelta 5: Empalma el hilo B a la hebra posterior de cualquier p, y trabajando por detrás, 3 c, 1 pa en el mismo p, *3 pa, 2 pa en el siguiente p*, rep de * a * hasta que queden 3 p, 3 pa, 1 pr en la tercera c de las 3 c iniciales. *60 p*

Vuelta 6: 5 c (se cuentan como primer pa y 2 c en todas las vueltas), 2 pa en el siguiente p, *1 pa, 1 mpa, 9 pb, 1 mpa, 1 pa, 2 pa en el siguiente p, 2 c, 2 pa en el siguiente p*, rep de * a * dos veces más, 1 pa, 1 mpa, 9 pb, 1 mpa, 1 pa, 1 pa en el p inicial, 1 pr en la tercera c de las 5 c iniciales. *17 p por lado, más esp de esquina de 2 c de aquí en adelante*

Vuelta 7: 1 pr en el esp de esquina de 2 c, 5 c, 2 pa en el mismo esp de esquina, *1 pa, 15 mpa, 1 pa, [2 pa, 2 c, 2 pa] en el esp de esquina*, rep de * a * dos veces más, 1 pa, 15 mpa, 1 pa, 1 pa en el esp de esquina inicial, 1 pr en la tercera c de las 5 c iniciales. *21 p por lado*

Vuelta 8: 1 pr en el esp de esquina de 2 c, 1 c (NO se cuenta como p en ninguna de las vueltas), *[2 mpa, 2 c, 2 mpa] en el esp de esquina, 1 mpa en cada p hasta la siguiente esquina*, rep de * a * tres veces más, 1 pr en el primer mpa. Remata. *25 p/esp-c por lado*

Vuelta 9: Empalma el hilo C a cualquier esp de esquina de 2 c, 1 c, *[1 pb, 2 c, 1 pb] en el esp de esquina, 1 pb en cada p hasta la siguiente esquina*, rep de * a * tres veces más, 1 pr en el primer pb. Remata. *27 p por lado*

TENTÁCULOS

Empalma el hilo A a una hebra anterior no trabajada de la vuelta 5 cerca de una esquina, *18 c, 1 mpa en la segunda c desde el ganchillo, 16 pa, 1 pr por delante en el siguiente p, 18 c, 1 mpa en la segunda c desde el ganchillo, 16 pa, 1 pr por delante en el siguiente p, 1 pb*, rep de * a * tres veces más, omitiendo el último pb de la última rep. Remata. *8 tentaculos*

OJOS (2)

Con el hilo D, 3 c y 1 pr en la primera c para crear un anillo.

Vuelta 1: 1 c, 6 pb en el centro del anillo, 1 pr en el primer pb. Remata, dejando un cabo suelto largo para coser.

Rep para hacer el segundo ojo.

Con el hilo E, borda una pequeña línea cerca del borde de cada ojo.

Cose los ojos al cuadrado.

Aplicación (p. 97)
Puntos tejidos por detrás (p. 53)
Puntos tejidos por delante (p. 107)

Cuadrado de piel de cebra

Punto de tapiz
(p. 82)

Con el hilo A, 28 c.

Vuelta 1: 1 pb en la segunda c desde el ganchillo con el hilo A; 2 pb con el hilo B; 4 pb con el hilo A; 2 pb con el hilo B; 3 pb con el hilo A; 4 pb con el hilo B; 2 pb con el hilo A; 2 pb con el hilo B; 3 pb con el hilo A; 1 pb con el hilo B; 3 pb con el hilo A. *27 p*

1 c (NO se cuenta como p en ninguna de las vueltas), gira.

Vueltas 2–27: Sigue el gráfico.

Remata los dos hilos.

Vuelta 28: Con el derecho hacia ti, empalma el hilo C al primer p (arriba a la derecha del cuadrado), 1 c, [1 pb, 2 c, 1 pb] en el mismo p para hacer la primera esquina, 25 pb, [1 pb, 2 c, 1 pb] para hacer la segunda esquina, 25 pb hacia abajo (1 p en el lado de cada vuelta), [1 pb, 2 c, 1 pb] para hacer la tercera esquina, 25 pb, [1 pb, 2 c, 1 pb] para hacer la última esquina, 25 pb hacia arriba (1 p en el lado de cada vuelta), 1 pr en el primer pb. Remata. *27 p por lado, más esp de esquina de 2 c*

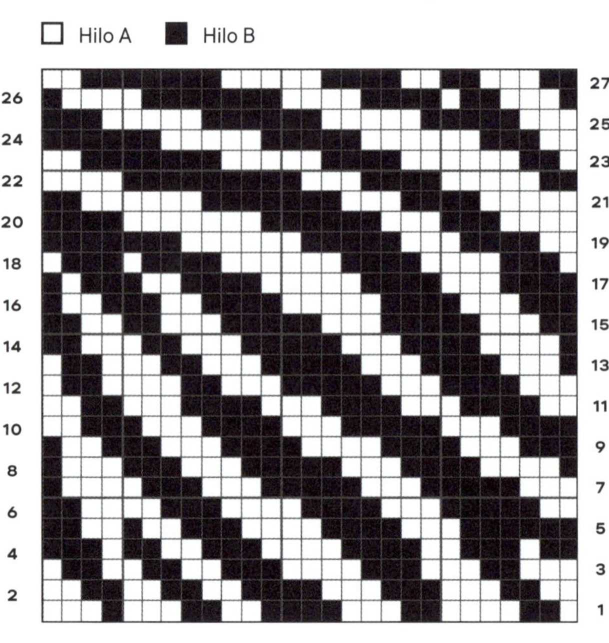

Cuadrado de piel de jirafa

Punto de tapiz
(p. 82)

Con el hilo A, 28 c.

Vuelta 1: 1 pb en la segunda c desde el ganchillo, 1 pb con el hilo A; 6 pb con el hilo B; 3 pb con el hilo A; 4 pb con el hilo B; 3 pb con el hilo A; 7 pb con el hilo B; 2 pb con el hilo A. *27 p*

1 c (NO se cuenta como p en ninguna de las vueltas), gira.

Vueltas 2–27: Sigue el gráfico.

Remata los dos hilos.

Vuelta 28: Con el derecho hacia ti, empalma el hilo C al primer p (arriba a la derecha del cuadrado), 1 c, [1 pb, 2 c, 1 pb] en el mismo p para hacer la primera esquina, 25 pb, [1 pb, 2 c, 1 pb] para hacer la segunda esquina, 25 pb hacia abajo (1 p en el lado de cada vuelta), [1 pb, 2 c, 1 pb] para hacer la tercera esquina, 25 pb, [1 pb, 2 c, 1 pb] para hacer la última esquina, 25 pb hacia arriba (1 p en el lado de cada vuelta), 1 pr en el primer pb. Remata. *27 p por lado, más esp de esquina de 2 c*

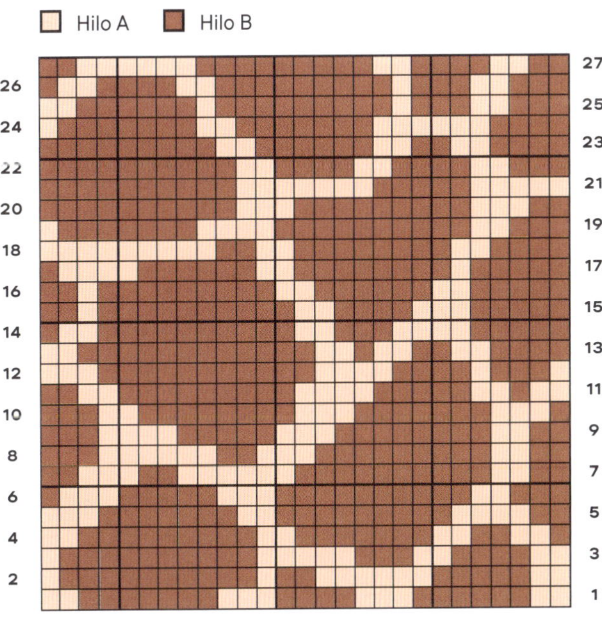

Índice

I

J, K

L

M

N, O

P

R

S

T

U, V, Z

Agradecimientos de la autora

En primer lugar quisiera aclarar que la creación de un libro como este no es fruto del trabajo de una sola persona. Si no hubiera sido por los extraordinarios conocimientos y profesionalidad de las encantadoras Amy Slack y Rachel Malenoir, junto con el resto del equipo de DK, *Granny square* no habría llegado a ser lo que es: de hecho; lo más probable que no hubiera pasado de ser un sueño.

Así que muchas gracias a ti, Amy, por haber sabido ver mi potencial, y a Amy y Rachel por guiarme a lo largo del proceso de hacer que este proyecto fuera una realidad y no un mero sueño.

Debo agradecer a Damian, mi marido, su apoyo inquebrantable. Gracias por creer en mí y permitirme alcanzar mis ambiciones.

A mi madre, Janet, por ser mi fan número uno y mi mayor motivadora.

A mis muchos otros amigos y parientes que me han animado y prestado apoyo. Podría llenar otro libro entero solo para daros las gracias adecuadamente a todos, pero vosotros ya sabéis quienes sois.

A mis maravillosos fans y seguidores: sin vosotros, nada de esto habría sido posible.

Y, por encima de todo, a mi preciosa hija, Olivia, mi mayor inspiración y la principal persona para la que he hecho este libro, para demostrarle que siempre debes perseguir tus sueños y que puedes lograr cualquier cosa que te propongas verdaderamente.

Agradecimientos de la editorial

DK desea agradecer a Annette Lambert y Kelly Johnson su colaboración en la prueba de nuevos patrones para *Granny square*.

Gracias también a Dan Crisp por las ilustraciones de los puntos, a Phil Gamble por las ilustraciones de los esquemas adicionales, a Adam Brackenbury por el tratamiento de las imágenes, a Susan McKeever por la revisión de texto y a Vanessa Bird por la elaboración del índice.

Foto de la autora de la p. 192: © Katy Mitchell. Todas las demás imágenes: © DK.

DK UK
Coordinación de adquisiciones Amy Slack
Dirección de adquisiciones Zara Anvari
Dirección de diseño Barbara Zuniga
Producción editorial Tony Phipps
Control de producción Luca Bazzoli
Coordinación de cubiertas Emily Cannings
Coordinación de diseño y maquetación Heather Blagden
Dirección artística Maxine Pedliham
Dirección de publicaciones Katie Cowan y Stepanie Jackson

Edición Rachel Malenoir
Diseño Double Slice Studio (Bonnie Eichelberger & Amelia Leuzzi)
Fotografía Ruth Jenkinson

DE LA EDICIÓN EN ESPAÑOL
Servicios editoriales deleatur, s.l.
Traducción María Ángeles Martínez de Marigorta
Diseño de cubierta Sara García Pérez
Coordinación de proyecto Cristina Sánchez Bustamante
Dirección editorial Elsa Vicente

Publicado originalmente en Gran Bretaña
en 2025 por Dorling Kindersley Limited
20 Vauxhall Bridge Road, London SW1V 2SA

Parte de Penguin Random House

001-348877-May/2026

Título original: *Granny Squares*
Primera edición 2026

Copyright © 2025 Dorling Kindersley Limited

© Traducción en español 2026 Dorling Kindersley Limited

Todos los derechos reservados. Queda prohibida, salvo excepción prevista en la Ley, cualquier forma de reproducción, distribución, comunicación pública y transformación de esta obra sin contar con la autorización de los titulares de la propiedad intelectual.

Ninguna parte de esta obra podrá utilizarse ni reproducirse de ninguna manera con el objeto de entrenar tecnologías o sistemas de inteligencia artificial. Según lo dispuesto en el Artículo 4 (3) de la Directiva (UE) 2019/790, DK reserva expresamente el uso de la obra de la excepción relativa a la minería de textos y datos.

ISBN: 979-8-2173-0756-2

Impreso y encuadernado en China

www.dkespañol.com

Este libro se ha impreso con papel certificado por el Forest Stewardship Council™ como parte del compromiso de DK por un futuro sostenible. Para más información, visita **www.dk.com/uk/information/sustainability**

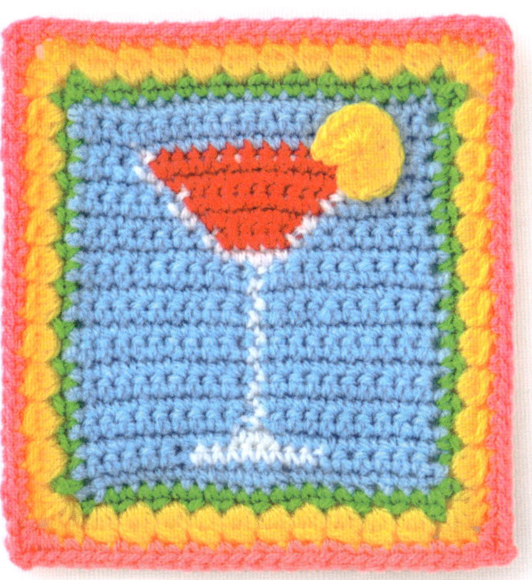

Acerca de la autora

Katy Mitchell es una diseñadora de ganchillo de Yorkshire (RU). Aprendió a hacer ganchillo en 2017, cuando empezó a hacer gorros y complementos para ella y los suyos. No tardó en quedarse enganchada y hoy en día está especializada en diseños de cuadrados de ganchillo originales y llenos de color.

Su canal de Instagram **@kates.crochet.creations** es una de las mayores plataformas de redes sociales enfocadas exclusivamente en los *granny squares*, con un número de seguidores en rápido crecimiento compuesto por fans de sus colecciones de cuadrados temáticos repartidos por todo el mundo. Ha escrito instrucciones de diseños para Hobbycraft (como parte de sus eventos anuales Granny Square Crochet-a-long) y los ha presentado en las revistas *Simply Crochet* y *Crochet Now*.

En su tiempo libre le gusta viajar con su familia, pasear por el campo y dedicarse a la fotografía y la repostería. También podrías encontrarla en el teatro, disfrutando de un concierto o planeando la próxima aventura de su familia.

Para ver en qué trabaja actualmente, consulta en Instagram **@kates.crochet.creations** y busca otros diseños de ganchillo suyos en Etsy, en **katescrochetpatterns.etsy.com**.